D1548827

Mariage et famille

au temps de Papineau

$\mathcal{M}$ariage et famille

au temps de Papineau

SERGE GAGNON

LES PRESSES DE L'UNIVERSITÉ LAVAL
Sainte-Foy, 1993

Les Presses de l'Université Laval reçoivent chaque année
du Conseil des arts du Canada une subvention pour l'ensemble
de leur programme de publication.

Données de catalogage avant publication (Canada)

Gagnon, Serge, 1939-

Mariage et famille au temps de Papineau

    Comprend des références bibliogr.

    ISBN 2-7637-7341-9

1. Mariage – Québec (Province) – Histoire. 2. Couples – Québec
(Province) – Histoire. 3. Québec (Province) – Mœurs et coutumes.
4. Parenté – Québec (Province) – Histoire. 5. Mariage – Québec
(Province) – Aspect religieux – Église catholique. I. Titre.

HQ560.15.Q8G33 1993   306.8'09714   C93-097114-0

Conception graphique
Norman Dupuis

Couverture
William Berczy, *La famille Woolsey* (détail), huile sur toile,
59,9 × 86,5 cm, 1809. Collection : Musée des beaux-arts du Canada,
Ottawa. Don du major Edgar C. Woolsey, Ottawa, 1952.

© Les Presses de l'Université Laval
Tous droits réservés. Imprimé au Canada.
Dépôt légal (Québec et Ottawa), 4ᵉ trimestre 1993
ISBN 2-7637-7341-9

Les Presses de l'Université Laval
Cité universitaire
Sainte-Foy (Québec)
Canada   G1K 7P4

À la mémoire de Robert Mandrou,
conseiller, contradicteur et ami

AVANT-PROPOS

Ce dernier-né achève une trilogie consacrée à la religion et aux mœurs des Québécois de langue française à une époque où le territoire qu'ils habitent s'appelait le Bas-Canada. Dès la première excursion *(Mourir hier et aujourd'hui)*, j'ai pensé écrire une sorte d'épître aux historiens qui aurait servi de justification à mes écritures un peu perverses. J'ai préféré garder le silence. Je le romps aujourd'hui, persuadé qu'il n'est jamais trop tard pour bien faire.

Mon histoire de la mort est le résultat d'une longue gestation. Au début des années 1970, je voulais seulement rééditer une dissertation sur le suicide publiée par le docteur Hubert Larue au milieu du XIXe siècle. Une introduction à l'œuvre du médecin, qui n'a pas cessé de prendre de l'ampleur, devait servir à camper l'expérience du mourir et, de manière privilégiée, celle des fins dramatiques. La seule source vraiment sérielle que j'avais rassemblée en archives ne concernait-elle pas la mort par suicide ? À cause de l'interdit de sépulture ecclésiastique frappant les suicidés, les curés rédigeaient à la hâte un récit du drame adressé à l'évêque pour savoir s'il y avait lieu de sévir ou de pardonner le geste.

Dire que la richesse de la source m'a conduit à accorder un traitement préférentiel à la mort violente serait me défiler. Au début des années 1960, en lisant Albert Camus, j'avais nourri mes réflexions sur le problème de la souffrance et de la mort. Le grand moraliste français, on s'en souvient, concluait que la vie, absurde et sans but, valait malgré tout d'être vécue jusqu'à son terme naturel, parce que la mort était révoltante, un mal absolu. Deux ou trois décennies de révolution morale m'ont fait prendre conscience que beaucoup de contemporains choisissaient une autre voie, moins stoïque, mieux accordée aux valeurs hédonistes de notre époque. D'où mon exploration de la dialectique qui oppose la souffrance rédemptrice d'hier et la souffrance scandaleuse d'aujourd'hui.

Après avoir rédigé trois chapitres remplis de mortalité concrète et empirique, j'avais épuisé mon fichier documentaire. Dans la dernière partie du livre, l'historien s'est tu pour faire place au philosophe. Ce serait trop simple d'expliquer cette confusion des genres par le défaut de documentation. Fatigué de me taire par devoir professionnel, j'ai voulu réfléchir à haute voix sur la condition humaine, risquant, je le savais, l'excommunication du temple de la science positive. J'ai toujours pensé que, à côté des problématiques scientifiques, des problèmes humains, trop humains, auxquels les sciences fondamentales sont trop peu attentives, méritaient qu'on les aborde en philosophe. Certains de mes collègues ont été agacés du fait que, tournant le dos à l'épistémologie freudo-marxiste, j'ai présenté le christianisme historique non pas comme un ignoble sédatif aux mains des classes dominantes, mais comme une expérience humanisante qui avait donné sens au versant tragique de la condition humaine.

À demi-repenti, je me suis gardé de récidiver dans *Plaisir d'amour et crainte de Dieu*, du moins dans le corps du texte. Car ma conclusion est au moins aussi philosophique, certains diront moralisante, que le dernier chapitre de *Mourir*. Je prétends néanmoins qu'il s'agit d'une faute vénielle.

Il n'y a pas, à mon sens, matière grave à dénoncer, en filigrane, une histoire militante et présentiste du catholicisme québécois, fabriquée au Québec depuis les années 1960, à grands coups d'anachronismes, péchés mortels d'historiens. Les aînés de cette fin du xxe siècle peuvent à bon droit condamner le christianisme totalitaire de leur jeunesse. Mais la charge affective de leurs dénonciations ne convient guère à la connaissance de leurs lointains ancêtres. La religion chrétienne a forcément été valorisante pour ceux qui l'ont accueillie et y sont demeurés fidèles, génération après génération. Que le christianisme se meure n'est pas une raison d'écrire son histoire comme s'il avait été imposé par la force. Comme toute forme culturelle – la consommation aujourd'hui –, la conviction s'est répandue que le message des élites religieuses était porteur de sens.

Après avoir exploré les terres d'Éros et de Thanatos, j'étudie, dans ce livre, l'institution matrimoniale, jadis à peu près universellement partagée par les adultes chargés de reprogrammer l'espèce humaine. Le mariage est un objet de recherche aussi chaud que la souffrance et la jouissance. Mais cette fois, je me suis appliqué à interpréter sans trahir mes états d'âme. La conclusion réchauffera, j'en conviens, les esprits et les cœurs. Ce serait trop simple de confesser que cette sortie provient d'un irrésistible besoin de polémiquer. Pour reconquérir leur autorité perdue, les historiens ont besoin d'élargir leur auditoire au-delà du petit cercle des initiés. Vous souvient-il des belles années de la Révolution tranquille, de cette époque où l'on demandait à des spécialistes de la Nouvelle-France ce qu'il fallait faire pour bâtir le Québec ? Qu'un livre d'histoire serve d'amorce à un débat sur le destin des peuples, les artisans de Clio devraient s'en réjouir plutôt que de plisser le nez.

Plusieurs collègues m'ont demandé pourquoi je suis avare de références infrapaginales. D'un commun accord avec mon éditeur, j'ai voulu délester les bas de pages de plusieurs centaines de références au corpus de base mettant à profit la correspondance manuscrite du clergé. Si les notes infrapaginales sont plus nombreuses et plus longues dans ce dernier-né, c'est que la documentation à l'origine de ce livre est cette fois beaucoup plus copieuse et, surtout, plus diversifiée que dans les deux premiers. Que mes pairs se rassurent. Mon fichier documentaire de sources manuscrites comporte les références scrupuleuses habituelles. Et cette documentation est un patrimoine collectif, consultable à volonté.

Pour libérer pleinement ma conscience, je dois avouer un dernier péché mignon. J'ai modernisé l'orthographe ancienne : les enfans et les sentimens du début du xixᵉ siècle sont devenus les enfants et les sentiments de notre langue à nous. Je m'accuse d'avoir péché par souci d'esthétique et d'amour de cette belle langue française que je vois mourir sous nos yeux, en même temps que le christianisme où les anciens ont puisé l'espérance.

Un livre d'histoire ne s'écrit pas tout seul. Merci aux nombreux archivistes qui m'ont vu venir et revenir, ainsi qu'à mes collègues du Centre d'études québécoises et de l'Université du Québec à Trois-Rivières. Grâce à une riche écologie intellectuelle, j'ai pu sereinement mener l'enquête dans la quiétude universitaire d'antan. Merci au père Rodrigue Larue pour ses traductions du latin au français, merci à Hubert Charbonneau et à Gérard Bouchard, ces deux locomotives de la démographie historique, pour m'avoir mis sur les rails de leur vaste culture scientifique. Merci à Jacques Mathieu, à Christian Dessureault, à Pierre Tousignant, à Lucien Lemieux, mes confrères historiens. Des anthropologues comme Bernard Arcand, des juristes comme Édith Deleury, Louis Duchesne du Bureau de la statistique du Québec ont éclairé ma lanterne, et tant d'autres que j'ai importunés à temps et à contretemps. Merci à René Hardy et Normand Séguin qui sont plus que de simples collègues. Leur indéfectible amitié, ainsi que celle de mes proches, m'a fourni, comme on disait jadis, ce supplément d'âme où il m'a fallu souvent puiser pour ne pas abandonner. Merci à Jacques Chouinard, le directeur des éditions aux Presses de l'Université Laval, ainsi qu'à ses camarades, avec qui il fait toujours bon travailler. Sans l'accueil d'un éditeur, nos écritures resteraient sous le boisseau. Merci, enfin, à Pauline Tremblay, du secrétariat du Centre des études québécoises.

INTRODUCTION

Le mariage met en jeu l'intérêt des familles. Il est aussi une institution éminemment sociale réglementée par l'instance politique. Avant l'entrée de la modernité séculière, la religion était non seulement croyance mais aussi pouvoir. Voilà pourquoi l'Église a été chargée d'établir les règles de formation des couples.

En Occident, la socialisation du mariage coïncide avec la naissance et l'expansion du christianisme. À compter des IVe et Ve siècles, les « noces cessent d'être une cérémonie purement privée » qui se déroule uniquement dans les demeures familiales. Les lieux collectifs de prière deviennent des espaces où se déroule l'engagement nuptial. En donnant « sa bénédiction au cours d'une assemblée liturgique », le chef religieux assure « la publicité des noces [...] et [...] rend plus difficile ce divorce que permet la loi civile » dans l'Empire romain[1]. Le mariage prépubertaire est répudié par les premiers chrétiens qui mettent à l'honneur le principe d'égalité des époux, alors inconnu du droit civil.

Les règles qui s'appliquent à l'institution matrimoniale vont évoluer rapidement à l'orée du second millénaire. La cérémonie du mariage est progressivement monopolisée par les prêtres. Dans les célébrations fortement ritualisées de la chevalerie, le père de la mariée se voit écarté de certaines fonctions comme la coutume de donner la main de sa fille au prétendant et de

---

1. Les citations sont empruntées à Charles PIETRI, « Le mariage chrétien à Rome », dans Jean DELUMEAU (dir.), *Histoire vécue du peuple chrétien*, t. 1, p. 122-123.

1

joindre les mains du couple[2]. Tout en devenant les officiants exclusifs du mariage, les ministres du culte se désignent néanmoins comme des témoins privilégiés des engagements. La théologie sacramentelle soutient que le mariage est un sacrement laïque. Les époux se le confèrent eux-mêmes, bien qu'il soit pleinement validé par la rencontre sexuelle.

La réglementation matrimoniale s'inspire en partie des énoncés bibliques comme la défense de l'adultère et du divorce[3]. Mais en règle générale, la procédure est une création de l'appareil ecclésiastique, codifiée dans le droit canonique.

Au XIe siècle, la définition juridique de l'inceste interdit à quiconque d'épouser un parent jusqu'au septième degré. Le nombre de degrés correspond à une génération. L'empêchement de parenté est *dirimant*, c'est-à-dire qu'il rend nul tout mariage contracté sans égard aux interdits. Au Concile de Latran de 1215, le nombre de degrés prohibés est réduit à quatre. L'interdiction du degré le plus éloigné renvoie désormais à deux personnes ayant un même trisaïeul. À la parenté « naturelle », c'est-à-dire de sang, les canonistes ont ajouté la notion d'*affinité* : le survivant d'un couple séparé par la mort ne peut épouser un parent du partenaire décédé. On imagine facilement les inconvénients découlant de ces règles pour les sociétés rurales d'autrefois. D'une part, le marché matrimonial étant réduit à quelques paroisses, l'*endogamie géographique et familiale* était restreinte par les interdits canoniques. Jean-Louis Flandrin a donné une saisissante idée des obstacles aux mariages entre proches :

> J'ai deux parents, 4 grands-parents, 8 bisaïeuls et 16 trisaïeuls. Toutes les filles descendant de ces 16 trisaïeuls me sont interdites.

> Admettons qu'à chacune de ces générations chaque couple n'a marié que deux de ses enfants [...]. Mes 16 trisaïeuls n'ont donc

2. Martin AURELL, « Le triomphe du mariage chrétien », *L'Histoire*, mai 1991, p. 18-23.

3. Voir : Mt, 5, 27-28 ; 19, 3-12 ; Mc, 10, 2-12 ; Lc, 16, 18.

marié que 16 de leurs enfants ; ceux-ci ont marié 32 des leurs qui ont à leur tour marié 64 enfants à la génération de mes parents. À ma génération cela donne 128 jeunes gens à marier, dont 64 filles en admettant que les filles se marient autant que les garçons. Voilà donc 64 filles à marier qui me sont interdites. Encore est-ce un minimum qui serait augmenté si l'un de mes ancêtres avait adopté des enfants étrangers à la famille [l'adopté acquiert la parenté du chef de la famille d'accueil] ; si certains avaient contracté plusieurs mariages successifs ; si l'on n'avait pris garde de toujours choisir parrains et marraines parmi les consanguins [il existe un empêchement de parenté dite spirituelle entre l'enfant et ses parrain et marraine] ; et si j'avais par fornication contracté des affinités illégitimes avec d'autres familles [l'affinité illicite dite *ex copula illicita* se contracte par simple rapport sexuel complet avec un parent de sa future].

Si malgré tout je réussis à me marier et si ma femme a une parenté aussi nombreuse que la mienne, je contracte une affinité légitime avec ses 64 sœurs et cousines. De sorte que, si elle meurt après quelques années de mariage [...] 128 filles de ma génération me seront interdites, à moins que certaines des cousines de ma femme n'aient déjà fait partie de ma parenté[4].

Les interdits concernant la parenté s'appliquent à tous les catholiques et, dès lors, la simulation de Flandrin permet de comprendre ce qui va se passer au Bas-Canada. Le nombre de partenaires interdits était probablement plus élevé dans la vallée du Saint-Laurent que dans l'ancienne France. Pays de stagnation démographique, la France d'Ancien Régime était composée de familles plus réduites que celles du Bas-Canada où le taux de natalité faisait doubler la population en moins de 30 ans.

En France, après la Révolution, l'apparition du mariage civil et du divorce allait modifier les règles de la formation du couple. Au pays de Louis-Joseph Papineau, l'Église catholique continue d'exercer un monopole à peu près absolu sur l'institution matrimoniale. L'évêque de Québec partage, avec son auxiliaire

---

4. Jean-Louis FLANDRIN, *Les amours paysannes*, p. 31-32. Voir aussi, du même auteur, *Familles, parenté, maison, sexualité dans l'ancienne société*, p. 24-25.

montréalais, l'entière responsabilité des mariages entre catholiques, l'immense majorité de la population. Rome est à peu près la seule autorité susceptible de limiter la gestion épiscopale.

Outre les interdits de parenté, l'épiscopat est tenu de respecter d'autres décisions survenues au Concile de Trente, au milieu du xvie siècle. En 1824, l'évêque de Québec reçoit l'ordre de faire publier le décret conciliaire *Tametsi* dans chacune des unités pastorales sous sa juridiction. Le décret[5] commence par reconnaître la validité des mariages clandestins lorsqu'ils sont « faits par le libre consentement des parties contractantes ». En conséquence, un engagement pris sans témoins désignés pour la circonstance, voire sans la présence du curé de l'une des parties est reconnu par l'Église qui « frappe d'anathème, ceux qui [...] assurent faussement que les mariages contractés par les enfants de famille [mineurs] sans le consentement de leurs parents sont nuls ». Voulant faire cesser les mariages clandestins que les pères conciliaires disent avoir « toujours détestés et défendus », ils veulent surtout mener une lutte contre les bigames, « ceux qui [...] ayant quitté la première femme avec laquelle ils avaient contracté mariage en secret [...] se marient avec une autre ». Le décret *Tametsi* stipule que, « à l'avenir, avant que l'on contracte mariage, le propre curé des parties contractantes » annoncera « publiquement dans l'église, à la grand-messe, par trois jours de fête consécutifs, les noms de ceux entre qui doit être contracté le mariage ». L'institutionnalisation des *bans* ou publications des projets de mariage achève l'œuvre de socialisation entreprise au début du christianisme. Le Concile prévoit des dispenses de bans pour justes causes, par exemple, « s'il y avait quelque apparence que le mariage pût être malicieusement empêché à l'occasion de tant de publications ».

---

5. La traduction du décret citée plus loin est celle qui a été reproduite dans Diocèse de Québec, *Formule des annonces des fêtes et solennités qui doivent être lues au prône, dans les églises du diocèse de Québec* [...], p. 11-15.

L'annonce devant l'assemblée des fidèles avait pour but de faire connaître les empêchements de mariage. Certains obstacles ne pouvaient être levés ; la bigamie est du nombre. Tel n'est point le cas des empêchements de parenté ou d'affinité, généralement connus et déclarés au prêtre avant la publication des bans. Les vicaires généraux ont le pouvoir de concéder des dispenses pour les degrés éloignés. La proche endogamie familiale relève directement de l'évêque. Des cousins germains (second degré) désireux de se marier doivent en faire la demande au chef du diocèse par l'intermédiaire de leur curé. La gestion du système de parenté est complexe ; les deux premiers chapitres du présent ouvrage lui sont consacrés.

Se marier en toute liberté, tel est le thème abordé au troisième chapitre. Diverses restrictions à la liberté de contracter y sont étudiées. Une femme doit consentir librement aux engagements matrimoniaux ; ses parents, son ravisseur ne sauraient la contraindre au mariage. Au *rapt de violence*, le droit civil a ajouté le concept de *rapt de séduction* dans le but de fournir aux parents le pouvoir de s'opposer au mariage d'un enfant. L'Église ne partage pas cette volonté de soumettre les jeunes à l'autorité parentale. Ces divergences de vues sont sources de conflits et d'affrontements entre l'État à l'écoute des parents soucieux d'orienter l'avenir de leurs enfants et une Église disposée à seconder des projets de mineurs. Les tensions s'avivent quand, à la fin du XVIIIe siècle, la majorité est abaissée à 21 ans pour les deux sexes.

La liberté de contracter est parfois limitée par la présomption de bigamie. Un immigrant doit prouver qu'il n'a pas abandonné femme et enfants dans son pays d'origine. Une femme dont le mari est absent depuis plusieurs années ne peut se remarier si on doute de la mort du disparu.

L'homogamie sociale étant une des règles non écrites du marché matrimonial, les familles veillent à éviter le mariage mal assorti, source de tensions, de conflits dans la vie de couple. La liberté de choix du conjoint est inversement proportionnelle à la

5

richesse des patrimoines. Comme les familles élitaires s'échangent des partenaires grâce à des dots substantielles, la circulation du capital est une responsabilité parentale qui limite l'autonomie des jeunes. Les règles d'homogamie s'étendent à la sphère culturelle : elles visent à détourner du mariage des amoureux de religions ou de races différentes.

Au quatrième chapitre, la formation des couples est étudiée sous l'angle de la procédure civile et des cérémonies religieuses. À côté du cérémonial réglé par l'Église, la culture populaire a inventé des codes de savoir faire... la noce et aussi des sanctions – le charivari – à l'endroit des personnes remariées après un veuvage jugé trop court, ou lorsqu'il y a grande disparité d'âge ou de fortune entre les époux.

Le cinquième et dernier chapitre essaie de percer le mystère de la vie de couple. Tentative périlleuse entre toutes. D'un côté, une profusion de témoignages laissent deviner la vie intime des élites, de l'autre, un silence que l'historien n'a pas le pouvoir de rompre. Des certitudes statistiques concernant le milieu d'origine des époux, l'âge moyen au mariage, la proportion de premiers-nés conçus avant la cérémonie sacramentelle, l'espacement des naissances sont une bien maigre consolation pour quiconque voudrait se représenter la vie quotidienne de la majorité silencieuse. Le chercheur doit se garder de généraliser à partir des impressions que lui laissent les dossiers concernant les mariages malheureux. Le lecteur est convié à la nuance lorsqu'il lira l'enfilade de séparations accordées à des partenaires déçus de l'impuissance, de l'alcoolisme ou de la violence de l'autre.

Au temps des patriotes, le mariage-sacrement paraît subordonné au mariage-contrat. La communauté fidèle à un Dieu qui manifeste certaines exigences morales apparaît donc moins déterminante que le cadre juridique entourant la formation des couples. Le décret *Tametsi* est à ce propos exemplaire. Après avoir énuméré les éléments légaux de la réforme, comme l'obligation de la publicité et de l'inscription au registre, il « exhorte [...]

l'époux et l'épouse à ne point demeurer ensemble dans une même maison avant d'avoir reçu dans l'église la bénédiction du prêtre ». On recommande aux mariés, sans leur en faire une obligation stricte, « de se confesser avec soin et [...] recevoir avec dévotion [...] l'Eucharistie avant la célébration du mariage, ou au moins trois jours avant sa consommation ». Ces suggestions concernent l'engagement devant Dieu ; elles s'opposent au contrat social confié en grande partie à la gestion des prêtres. Ceux-ci, nous le verrons, n'ont d'autre choix que de s'incliner devant quiconque répudie les exigences morales et religieuses. La menace de l'enfer ne saurait convertir les plus tièdes auxquels Mgr Plessis s'adressait sans doute à la fin du *Petit catéchisme* : « À quoi s'exposent ceux qui se marient en péché mortel ? [...] à attirer sur eux et sur leurs enfants la malédiction de Dieu[6]. » Cette pastorale de la peur a laissé indifférents un certain nombre de couples appelés, dans ce livre, à témoigner de leur dissidence.

Histoire d'une institution sociale, le présent ouvrage est une étude de la norme entendue au sens traditionnel et juridique du terme. La normalité sociologique moderne, déduite à partir de méthodes quantitatives, procède d'une épistémologie étrangère à l'argumentation qui va suivre. Au reste, la connaissance des normes juridico-institutionnelles n'est-elle pas essentielle à l'interprétation de séries statistiques ? En ce sens, les chapitres qui suivent constituent un préalable aux enquêtes sérielles qui ne manqueront pas de faire progresser les connaissances au-delà de ce point de départ.

L'institution matrimoniale a été reconstituée à partir de deux ensembles de sources : les unes, *sérielles*, concernent surtout la masse anonyme des gens ordinaires. Les habitants des campagnes, plus des trois quarts de la population, y sont probablement surreprésentés, tout comme les populations immigrantes, principalement les Irlandais catholiques. Certains types de phé-

---

6. *Le petit catéchisme du diocèse de Québec*, p. 66.

nomènes comme les mariages entre cousins ont donné lieu à une recherche plus systématique. Sans être exhaustive, l'étude de la proche endogamie familiale est nettement plus représentative. Pour la dernière décennie du xviiie siècle et les trois décennies suivantes, l'ensemble de la correspondance échangée entre les prêtres et l'évêque ainsi que divers dossiers conservés dans les archives épiscopales ont été mis à contribution. À une périodisation stricte (1790-1830) s'est conjuguée une séquence temporelle plus lâche lorsqu'est venu le moment de reconstituer les destins élitaires. Symbolisés par Philippe-Joseph Aubert de Gaspé et Louis-Joseph Papineau, nés et morts la même année (1786-1871), les aristocrates et les bourgeois de la première moitié du xixe siècle font partie du paysage, grâce à une foule de sources dites *ponctuelles*.

1

La gestion du système de parenté

Les raisons ordinaires pour solliciter une dispense de parenté, sont : 1. *lorsqu'une fille est pauvre et qu'elle ne peut trouver à se marier sans dot, et qu'un de ses parents consent à l'épouser et à la doter ;* 2. *lorsqu'une fille est parvenue à un âge avancé, comme celui de vingt-quatre ou vingt-cinq ans, sans avoir trouvé de parti convenable pour se marier selon sa condition ;* 3. *lorsqu'un mariage entre parents doit empêcher ou terminer des procès ou des divisions scandaleuses entre deux familles ;* 4. *lorsqu'une veuve est chargée d'enfants qu'elle ne peut soutenir, parce qu'elle est incapable de faire valoir son bien, et qu'un parent consent à l'épouser pour la tirer d'embarras et lui aider à élever sa famille ;* 5. *lorsqu'un père ayant un grand nombre de filles, se trouve hors d'état de les doter pour les marier à d'autres qu'à quelques-uns de ses parents ;* 6. *le danger que court, pour ses mœurs, une jeune fille orpheline ou obligée d'aller en service, et qui trouve à se marier avec un de ses parents en état de l'établir convenablement ;* 7. *la position d'une fille maladive ou disgraciée du côté de la nature, ou infirme, qui trouve à se marier avec un de ses parents, capable de la faire vivre*[1].

---

1. Alexis MAILLOUX, *Manuel des parents chrétiens*, p. 215.

Toutes les cultures prohibent l'inceste quoique selon des degrés variables. Les anthropologues y ont reconnu les fondements de la cohésion sociale. On ne tue pas son beau-frère[2]. Théologiens et canonistes ne pensaient pas différemment. Alexis Mailloux (1801-1877), prêtre-essayiste, énonçait comme suit ce principe de la stabilité sociale : les interdits de mariage entre parents et alliés ont pour but d'obliger des unions avec des personnes « étrangères par les liens du sang, resserrant par là l'union, la paix et les liaisons d'amitié avec un plus grand nombre ». Pour intéressante qu'elle paraisse, cette interprétation ne rend compte que d'une partie de la réalité. Mailloux s'empresse d'exprimer les fondements éthico-religieux de la conception très extensive de l'inceste en régime catholique : « Les proches parents ayant d'ailleurs de fréquentes relations les uns avec les autres, sans cet empêchement qui ôte l'idée même de l'amour charnel par l'impossibilité de le rendre légitime, quel prodigieux nombre de crimes ne résulterait pas de la liberté et de la nécessité qu'ils ont de se voir et même de demeurer ensemble[3] ! » En somme la sociabilité familiale est à l'origine du grand nombre d'interdits touchant le mariage entre consanguins et affins, c'est-à-dire parents du conjoint. Un mari n'aura donc pas pu, durant la maladie de sa femme, former des projets d'autant plus faciles à imaginer qu'une parente sera venue au chevet de la malade pour l'assister dans ses derniers moments et éventuellement prendre soin de ses enfants.

La conception catholique de l'inceste

Le droit canonique en vigueur au XIXe siècle interdisait le mariage entre affins jusqu'au quatrième degré de parenté de la

---

2. Sur la parenté, l'alliance et le tabou de l'inceste, il faut lire les classiques : en sociologie, Émile DURKHEIM, « La prohibition de l'inceste », L'Année sociologique, 1896-1897, p. 2-70 ; en psychanalyse, Sigmund FREUD, Totem et tabou ; en anthropologie, Claude LÉVI-STRAUSS, Les structures élémentaires de la parenté.

3. Alexis MAILLOUX, op. cit., p. 212.

computation ecclésiastique[4], soit entre les enfants de cousins issus de germains. L'interdit s'étend au même degré pour les affins. Un veuf ne peut marier la sœur (premier degré d'affinité) ou la cousine (second degré) de sa femme, ainsi du reste jusqu'au quatrième degré. L'Église, comme on sait, accorde néanmoins des dispenses de mariage. Dans l'Europe moderne, la levée des interdits touchant les cousins issus de germains ainsi que leurs descendants du quatrième degré était un pouvoir attribué aux autorités diocésaines. Une division de la chancellerie romaine nommée « daterie » dispensait du second degré ou de niveaux plus rapprochés, par exemple l'oncle et la nièce. Dans les diocèses éloignés comme celui de Québec, le pouvoir de dispenser au second degré était délégué par permission spéciale (indult) aux évêques. Des Acadiens réfugiés sur les côtes normandes ont étonné des évêques français lorsqu'ils ont invoqué, pour obtenir dispense, les privilèges de l'évêque de Québec, dont dépendaient alors les Provinces maritimes. La décentralisation des autorités romaines en faveur des diocèses de mission a également surpris des prêtres français réfugiés au Canada par suite des persécutions révolutionnaires.

Jacques-Ladislas-Joseph de Calonne (1743-1822), le frère du ministre des finances de Louis XVI, arrive dans l'île du Prince-Édouard à la toute fin du XVIIIe siècle. Le 14 août 1800, il sollicite de Québec une dispense du second degré. Plaidant en faveur du couple, le nouveau venu n'en remarque pas moins : « si votre grandeur l'accordait […] ce serait une bonne occasion d'annoncer que pareille dispense ne s'accordera plus et que même il nous est défendu de dispenser au-delà de tel degré ». Le coadjuteur de l'évêque de Québec, Joseph-Octave Plessis, fait remarquer au nouveau prêtre missionnaire que « l'empêchement de parenté au

---

4. Il existe une autre classification universelle en usage dans les sciences humaines : les cousins y sont considérés du quatrième degré. Dans « La consanguinité des Canadiens français », *Population*, sept.-oct. 1967, p. 861-896, Claude LABERGE utilise cette computation des juristes. Dans la classification ecclésiastique, les cousins germains sont du deuxième degré.

2^d degré n'excède pas les pouvoirs que l'évêque a reçus du S. Siège», tout en concédant qu'il n'y avait «peut-être pas de diocèse au monde où les dispenses s'accordent aussi aisément que dans celui-ci». Exagération typique de Plessis? C'est ce qu'a prétendu son biographe[5]. Il est improbable que l'évêque se soit servi d'hyperbole dans le but de confondre son interlocuteur. Il a vraisemblablement voulu le rassurer à propos de privilèges spéciaux accordés aux Églises d'outre-mer. À titre d'ex-secrétaire de Mgr Jean-François Hubert, évêque en titre de 1788 à 1797, Plessis devait connaître une lettre que son ancien patron avait adressée au préfet de la Propagande, le 26 octobre 1792. «Il n'y a peut-être pas de diocèse au monde où les dispenses d'affinité et de consanguinité s'accordent aussi facilement que dans celui-ci» commençait par déclarer Hubert pour mieux réclamer des pouvoirs spéciaux revendiqués par le siège épiscopal de l'immense diocèse de Québec. Au début du XIXe siècle, celui-ci comprenait les Haut et Bas-Canada, l'Ouest canadien, alors propriété de compagnies de traite de la fourrure, la région de Détroit ainsi que les actuelles provinces canadiennes situées à l'est du Québec.

Que voulaient dire les évêques en affirmant que les dispenses étaient ici plus faciles à obtenir qu'en Europe? Il ne faut pas prendre leurs témoignages au pied de la lettre. À 200 ans d'écart, ils pourraient bien involontairement tendre un piège aux historiens. Prisonniers de nos réflexes quantophréniques[6], nous pensons peut-être que les dispenses devaient être nombreuses s'il était facile de les obtenir. Or, d'après un faisceau d'indices, il semble que, au contraire, elles furent assez rarement accordées, du moins pour la proche endogamie familiale (second degré). Par ailleurs, l'appareil bureaucratique de l'Église canadienne, pauvre

---

5. James H. LAMBERT, «Monseigneur, the Catholic Bishop: Joseph-Octave Plessis. Church, State and Society in Lower Canada: Historiography and Analysis», thèse de Ph.D., p. 733.
6. Sociologue harvardien, P.-A. Sorokin est l'auteur du néologisme «quantophrénie» qui «désigne la tendance excessive à introduire la mesure dans les sciences de l'esprit». (*Dictionnaire des philosophes*, p. 259.)

en ressources humaines, escamotait les étapes suivies en Europe pour la gestion du système de parenté. Là-bas, les *impétrants* devaient faire rédiger leur *supplique* d'une manière plus formelle qu'ici. Au Bas-Canada, le curé formulait la demande dans une lettre qui pouvait traiter de plusieurs autres objets. La facilité dont parlent les évêques renvoie probablement au caractère sommaire des formalités en usage ici. L'opinion épiscopale traduit aussi un changement important dans la gestion des dispenses. À compter du début du xixᵉ siècle, l'on entend resserrer les critères d'octroi des permis de mariage, afin d'en diminuer le nombre.

Au moment de prendre possession du siège de Québec (1806), J.-O. Plessis informe les vicaires généraux, concessionnaires de dispenses à des degrés mineurs, qu'on ne va désormais « plus accorder de dispenses sans quelque raison, même au 3ᵉ et 4ᵉ degré ». En annonçant la décision au supérieur du Séminaire de Montréal, faisant office de vicaire général pour l'ouest du Québec, Plessis lui confie que sa nouvelle politique est exploratoire : « Essayons de ce système pour voir quel en sera le succès. Il sera toujours aisé de reprendre l'ancienne routine, si elle devient nécessaire. Mais la conscience crie contre. » Des prêtres âgés présument que les populations vont offrir de la résistance. En 1808, Jean-Baptiste Corbin, curé sexagénaire de Saint-Joachim, près de Sainte-Anne de Beaupré, prenant prétexte de l'échec d'un paroissien venu réclamer en vain une dispense directement à l'évêché, réagit avec fermeté aux nouvelles exigences :

> Quant aux raisons qu'il m'a fait entendre que vous lui aviez demandées d'un ton un peu courroucé, je vous avoue, Monseigneur, que depuis plus de trente-huit ans que je suis en cure, vous êtes le premier qui m'en ayez fait demander. Les autres évêques, vos prédécesseurs, n'en demandaient point du tout, au moins pour des dispenses dans les degrés les plus éloignés soit de parenté, soit d'affinité, excepté quand cette parenté ou affinité était double ce que j'ai toujours eu soin de marquer [...].
> Je n'ignore pas à mon âge, et je n'ai même jamais ignoré depuis que je suis prêtre ce que le concile de Trente a décrété [...] mais j'ai vu depuis que je suis dans le ministère et ai entendu dire à ceux qui étaient plus anciens que moi qu'on n'exigeait pas des

curés du diocèse d'exposer les raisons qu'avaient la plupart ou du moins un grand nombre de gens de la campagne de se marier à leurs parentes ou alliées. J'ai pensé que les évêques du Canada avaient, pour des raisons légitimes, obtenu une dispense de l'exécution rigoureuse du décret du concile au moins à l'égard de ces degrés éloignés.

S'il est nécessaire de modifier les principes jusque-là en usage, le curé de Saint-Joachim pense qu'il faut en avertir rapidement les fidèles. À son avis, il en résultera probablement « des inconvénients et des abus plus dangereux que ceux qu'on prétendrait corriger ». Corbin craint les « progrès qu'a faits et que fait encore graduellement tous les jours l'esprit de liberté du protestantisme [...]. Il ne faudrait peut-être pas renvoyer souvent des gens de loin sans leur accorder des dispenses sous prétexte de l'insuffisance de leurs raisons pour les obliger à se récrier bien haut et se pourvoir ailleurs sous prétexte de la perte de leur temps en des voyages longs et souvent pénibles et inutiles. »

Plessis ne peut passer outre aux objections d'un prêtre d'expérience. La crainte que les habitants ne se tournent vers l'État pour obtenir des faveurs refusées par l'Église n'est pas imaginaire. L'évêque n'écrivait-il pas à son représentant londonien, en 1807, que son homologue anglican était jaloux de le voir « accorder des dispenses de mariage, tandis que celles des Anglicans sont accordées par le gouvernement au nom du roi ». Mais qu'importent les risques. Plessis opte pour la fermeté qui, en matière de dispense, sera la marque de son épiscopat.

Dispenser en faveur des femmes et des enfants

Quel que soit le degré de parenté ou d'affinité, « les raisons de dispenser sont toujours du côté des filles, celles qui sont avancées en âge, comme de 24 ans et au-dessus, ou qui sont en service, mais qui trouvent un parent qui peut les faire vivre passablement », ainsi que le précisent les instructions adressées aux vicaires généraux[7]. Le document poursuit :

> L'Auteur des *Conférences de Paris* estime que, s'il en doit résulter le bonheur de deux familles, c'est une cause suffisante de dispenser du 3ᵉ au 4ᵉ degré, si une fille qui appartient à une nombreuse famille débarrasse son père en s'établissant ; si une pauvre fille trouve un de ses parents qui la retire de la misère en l'épousant ; si deux jeunes personnes se recherchant avec une âpreté qui puisse les conduire à des sottises, soit que les parents ne les surveillent pas assez, soit qu'ils désespèrent de les détacher l'un de l'autre ; si une veuve chargée d'enfants trouve un parent capable de faire valoir son bien, ce sont là autant de raisons de dispenser. Il n'en est pas de même si c'est le garçon qui soit pauvre et qui recherche une fille […]. Dites-en autant d'une fille au-dessous de 24 ans et médiocrement accommodée. Souvent je refuse des dispenses à des filles mineures, à moins qu'elles ne soient excessivement pauvres.

Dans ces sociétés où les hommes exercent le pouvoir, les femmes font l'objet d'une protection spéciale. Une fille de moins de 24 ans est jugée susceptible de trouver facilement preneur sur le marché matrimonial. Mais au-delà de cet âge l'Église ne réprouve pas son choix, même si elle se déniche un mari dans la parenté. À une requête qui lui vient des Éboulements, en 1807, Plessis répond : « si la fille, par exemple, est vieille, si c'est une veuve chargée d'enfants, et qui n'ose en confier l'éducation à un étranger, si c'est une orpheline exposée à des accidents faute de support », il faut y voir autant de motifs légitimes de dispenser. Le curé de Sainte-Croix de Lotbinière expose, en 1802, la situation d'un couple apparenté « du deux au trois d'affinité, du trois au quatre d'affinité, du quatre au quatre de consanguinité ». Peu importe le nombre de liens. Le préjugé favorable aux femmes et aux enfants plaide en faveur de la demande. Or, le futur veut se marier « à cause de ses enfants […] la femme qu'il prend est une pauvre femme âgée qu'il tire de misère […] il a beaucoup

---

7. Nous citons ici un spécimen daté de 1827. Voir Archives du Collège de Sainte-Anne-de-la-Pocatière, Fonds Gauvreau, 10-XXXV.

d'enfants, c'est un parfait honnête homme qui aurait pu se marier à quelque jeune fille, mais qui a préféré l'avantage de ses enfants, à son goût ». Ce témoignage, comme tant d'autres, laisse entendre que l'inclination n'est pas un critère déterminant. Au reste, quand l'attirance physique paraît à peu près le seul motif, la dispense est refusée : ainsi d'un veuf qui « laisse clairement apercevoir que l'amour de cette cousine est le motif principal qui la lui fait rechercher » [Madawaska, 1822]. Un couple de Montmagny essuie un refus semblable, en 1807, parce qu'il « n'y a aucune raison [...] qu'une amitié réciproque, raison qui se trouve toujours en pareil cas ». Ce genre de délibérations a fait croire aux historiens de l'Europe occidentale que l'Église s'opposait au mariage d'inclination. On ne doit pas généraliser à partir de ces cas exceptionnels. Tout compte fait, les mariages entre apparentés constituaient une fraction des unions légitimes. Par ailleurs, les prêtres percevaient un sacrifice charitable chez celui qui préférait le bien de ses enfants à son goût personnel, d'où leur approbation de la demande de dispense. Quelles que soient les situations, les dépendants obtiennent protection. Voici quelques exemples :

[...] c'est une orpheline [Kamouraska, 12 novembre 1793].

[...] la fille est très pauvre, et [...] et le veuf qu'elle épousera pourra la faire vivre [Kamouraska, 7 novembre 1793].

[L'homme] est chargé de sept enfants dont aucun n'est établi [...] la fille dont il s'agit est âgée de 26 ans [Lotbinière, 1809].

Ils sont pauvres, mais le garçon est travaillant et rendra le sort de la fille plus heureux, car elle est privée de tout secours.

Le garçon a une terre et la fille n'a que 200 # d'héritage pour le temps de sa majorité [Sainte-Élisabeth, 1827].

Ci-incluse est la dispense de J. Bte Blais, accordée pour la raison que ce mariage devient avantageux pour une pauvre fille et la tire de misère [Saint-François de Montmagny, 1812].

La suppliante est à la vérité mineure de dix-huit ans prenant dix-neuf, mais elle n'est pas fréquentée ou ne paraît pas l'être ; elle est un peu laide et a une mère de parents inconnus ce qui peut lui nuire devant ceux qui ont une certaine délicatesse [Saint-Roch des Aulnaies, 1823].

[…] la fille [45 ans] n'ayant rien et n'étant plus d'âge à se produire avec ses infirmités, trouvera, en épousant son cousin, un mari qui lui assurera une terre [Saint-Eustache, 1824].

La fille ne trouvera peut-être jamais à se marier et elle restera avec des parents incapables de la soutenir ou avec des étrangers avec qui elle vivra mal […]. C'est une pomme entamée qu'on regardera difficilement comme saine. Tous les libertins y voudront mordre [Saint-Hyacinthe, 1811].

[…] la fille n'est pas belle […] la mère de la fille étant folle, il n'y a personne pour veiller sur la jeune fille [Saint-Nicolas, 1818].

[…] la fille, élevée chrétiennement par sa mère, n'est pas libre de trouver des partis comme une autre, parce que son père a diffamé sa famille par un concubinage public [Saint-Roch de l'Achigan, 1820].

[…] sa cousine germaine […] est une orpheline qui […] se trouve dépourvue du secours qu'elle a reçu jusqu'à présent d'un de ses frères qui l'a maintenue, mais qui veut s'en décharger, en conséquence de sa faute [elle a un enfant] [Île aux Coudres, 1806].

Victimes plus souvent qu'à leur tour d'une société où le pouvoir est masculin, les femmes comptent sur un parent pour les tirer d'embarras. Certaines ont eu des aventures sexuelles compromettantes ; elles sont rejetées par leur famille. Il faut protéger les enfants d'un premier mariage, ou un enfant naturel conçu ou non avec le concours du cousin. Tel curé craint que « les mauvais traitements continuels qu'a à essuyer la fille de la part de ses parents n'engagent […] à quelque émigration et abandon » du fruit d'amours illégitimes [Neuville, 1791]. Plus les dossiers sont étoffés, plus ils révèlent de grandes solidarités entre les générations. Ces liens, ces charges, ces responsabilités inclinent les prêtres à accorder des dispenses refusées lorsque des aspirations personnelles sont seules en cause. L'interdépendance concerne aussi bien les aînés que les enfants, parfois les deux. Tel cousin

« demande quelque grâce pour la bonté de ses motifs et sept enfants de son premier mariage à pourvoir » [Longueuil, 1794]. Une cousine « n'a aucune dot [...] si ce mariage manque, elle n'a rien à espérer de ses grand-père et grand-mère et elle se trouve obligée d'aller en service aussitôt chez des étrangers. Le bien qu'ils espèrent par ce mariage vaut, à mon estimé, dix-huit mille francs, cependant il faut pour l'acquérir prendre soin du grand-père et de la grand-mère leur vie durante, l'un est âgé de soixante-dix ans, et l'autre de soixante-douze. » En 1806, un jeune homme de Sainte-Geneviève de Batiscan veut épouser sa cousine. L'évêque la trouve jeune (22 ans) et, quoique pauvre, dans une situation matérielle acceptable. Elle obtient dispense parce qu'elle va secourir « des parents infirmes et des sœurs en bas âge » de son conjoint. Celui-ci « est le soutien d'un père et d'une mère incapables de gagner leur vie depuis près de dix ans », ce qui l'a obligé d'élever ses frères et sœurs dont il a toujours la charge. La cousine désirée vient secourir tout ce monde.

Les vues des prêtres en paroisse et celles de l'évêque ne concordent pas toujours, tant s'en faut. En 1825, l'évêque félicite le curé de Sainte-Famille, île d'Orléans, parce qu'il est à son image : « Vous ne pouvez [...] entrer plus parfaitement dans mes vues, que de repousser, autant que possible, les parents qui cherchent à s'épouser. Ce n'est qu'à mon corps défendant que j'accorde ces sortes de dispenses, qui seraient de moitié plus rares, si les curés avaient tous la même fermeté que vous. » Le curé de l'île est un prêtre modèle, trop zélé même. Plessis lui conseille de jeter du lest pour de justes causes. D'autres prêtres, moins scrupuleux, sont rappelés à l'ordre. En 1798, le curé de L'Islet se fait faire la leçon par le coadjuteur de Mgr Denaut (1797-1806). Disant partager les vues de son supérieur, Plessis proclame une politique que lui-même, devenu évêque, entend bien appliquer. Contrairement à ce que soutient le curé de la Côte-du-Sud, la pauvreté n'est pas un motif de dispense. La protection morale et matérielle d'une fille, surtout si elle est au milieu de la vingtaine, ou encore « si elle ou son futur époux sont chargés d'enfants d'un premier lit, ou de parents infirmes pour le soutien desquels le mariage serait avantageux [...] s'il est utile à la réconciliation de deux familles», voilà autant de motifs jugés acceptables pour marier des personnes apparentées. Un an plus tôt, le curé de Baie-Saint-Paul s'est fait adresser par Québec des remarques analogues : une fille âgée, pauvre, orpheline suscitera toujours la compassion du supérieur, surtout «si elle est exposée à quelque danger [...] si elle ou le garçon sont chargés de leurs père ou mère âgés, si la future est une veuve chargée d'enfants, et réciproquement si le futur époux est dans le même cas».

Faisons le point. Pour qu'une dispense soit accordée, l'amour, le désir, la passion ne suffisent pas. Il faut aussi l'amour du prochain, des intentions de porter secours à une jeune fille, à des enfants, à des vieillards, parfois plus dépendants que la future elle-même. Un jeune homme ne peut invoquer pour lui-même un besoin de protection. Un célibataire, «fils d'un homme qui a une grosse famille et [...] paraît pressé» de marier une parente «pour établir une terre» située à 25 kilomètres du domicile des parents (Saint-Roch des Aulnaies), ne sera pas exaucé s'il ne se trouve pas d'autres motifs favorables à sa cause. L'homme est un protecteur ; la fille est protégée. Si une fille est bien dotée et que le garçon est pauvre, il n'est pas question d'avantager ce dernier. L'*incompetentia dotis* du Concile de Trente joue seulement en faveur des femmes. La laideur aussi : « Que le Gros soit borgne n'est pas précisément une raison d'accorder dispense à sa fille très jeune et qui peut trouver un autre parti. Si c'était elle qui fût borgne, la raison aurait plus de poids» [Les Éboulements, 1809]. Dites-moi, écrit Plessis au curé de Saint-Pierre de Montmagny, en 1809, si telle jeune fille est « par sa position exposée à tomber dans le libertinage, soit avec d'autres, soit avec ce jeune homme [un parent], supposé qu'ils se fréquentent trop chaudement (circonstance que j'ignore) », auquel cas le dispensateur accordera un permis de mariage. Car des fréquentations assidues entre parents disqualifient la jeune fille sur le marché matrimonial. En toutes circonstances, la sécurité psychologique et matérielle de celle-ci est un motif de dispense. Même les belles-mères sont soupçonnées de rendre malheureuses les enfants du veuf qu'elles ont épousé. Devant une requête qui lui vient de Saint-Pierre de Montmagny, en 1809, l'évêque veut savoir si le « père [de la future] était en secondes noces et qu'elle s'accordât mal avec sa belle-mère ».

Habituellement, la *supplique* rédigée par le curé est laconique. L'évêque ne se jugeant pas suffisamment informé pour prendre une décision pose un certain nombre de questions. Pour des requêtes du second degré, le couple et les familles d'origine ne sont pas seules en cause. Toute la paroisse est appelée à comparaître. Le supérieur ecclésiastique veut savoir « quelle réputation ont ces jeunes gens [...] s'ils passent pour honnêtes ou de la canaille ». En 1809, le curé de Cap-Saint-Ignace prodigue en ces termes les renseignements demandés :

> Il est vrai que le père a cinq enfants, elle [la future] comprise ; et qu'il n'a que cinq perches de terre. La fille aura 24 ans dans avril prochain. Pour le garçon, je le crois sobre et laborieux ; mais pour avoir de la misère avec sa prétendue, il paraît qu'ils peuvent s'y attendre. Car le garçon est pauvre, il n'a que trois perches de terre, encore pas trop bonne ; mais avec tout cela, je ne crois pas que la fille puisse jamais trouver mieux. Voilà ce que j'en pense. Vous me demandez quelle réputation ont ces gens-là ; pour du côté de la fille, c'est la réputation des F., c'est-à-dire pour la plus grande partie presque pas de religion, des gens pour la plupart qui ne payent pas la dîme [...] le père de cette fille est de ce nombre. Voilà peut-être quinze ans, s'il n'y a pas plus qu'il est impossible de leur faire entendre raison [...]. Quant au garçon, il appartient à une honnête famille ; même le garçon a eu soin de son père pendant sept ans qui était très infirme, et qu'il l'est encore, et c'est ce qui l'a empêché de gagner.

Entre un jeune homme de famille pauvre, mais de bonne réputation, et une fille de famille indocile, il faut donner sa chance à la jeune fille parce qu'elle est âgée et membre d'une famille qui dispose d'un capital féminin considérable.

Quand les décisions tardent à venir, les familles prennent les grands moyens. En 1813, à L'Ancienne-Lorette, on institue une enquête en vue de faire céder l'évêque qui trouve la fille fort jeune. Des témoins affirment qu'ils « connaissent depuis long-temps Marie-Marguerite Parent, fille âgée d'environ dix-neuf ans, qui a continuellement demeuré jusqu'à ce jour dans la maison de [...] ses père et mère ». Elle est fréquentée depuis longtemps par un cultivateur de la paroisse. Si le mariage n'est pas célébré, la jeune fille « pourrait être exposée à manquer de se marier et de s'établir [...] parce que l'inclination [...] et leur promesse mutuelle de s'épouser étant généralement connues, elle ne peut s'attendre que par hasard à être recherchée en mariage d'aucun autre ». Les chances de trouver un jeune homme non apparenté sont d'autant plus minces que la future « n'a présentement aucun bien que ses hardes et linges, n'étant logée et nourrie chez ses père et mère que par [...] son frère cultivateur, donataire de tous les biens de ses père et mère, aux charges de les loger, nourrir et soutenir, à condition qu'elle travaillera pour son frère jusqu'à ce qu'elle puisse se marier ». Pour dot, elle ne va recevoir que « vingt livres seize shillings et huit deniers [...] payable moitié trois mois après le décès de chacun de ses dits père et mère, en outre une taure d'un an et demi ou trente-cinq shillings en argent, suivant la donation faite » par les parents du frère nourricier. La modicité de la dot est une cause canonique de dispense. Le poids des contraintes matérielles pèse lourd sur les familles paysannes, sur-tout lorsque les enfants sont nombreux, comme dans le cas cité en exemple.

Critères sociaux d'octroi des dispenses

Aux considérations sexistes, ainsi qu'au bien-être des familles, s'ajoutent des paramètres de nature plus spécialement sociale relevant de la sphère publique. La petitesse du lieu (*angustia loci*) est un élément favorable à l'octroi d'une dispense. Les historiens de la famille et des populations anciennes ont étudié ce critère à la lumière des pratiques paysannes. Pour l'Europe des xviiᵉ et xviiiᵉ siècles, on a d'abord constaté l'exiguïté territoriale du marché matrimonial. Comme le dit le proverbe québécois, « marie-toi dans ta place avec une fille de ta race ». Dans la culture populaire, le mot « race » voulait-il aussi désigner un désir de convoler en justes noces à l'intérieur de la parenté ? Est-ce que l'endogamie géographique, résultat de contraintes, aurait été renforcée par une volonté d'endogamie familiale ? Qu'on ait constaté une proportion élevée de mariages consanguins, non seulement dans les pays de montagne, mais aussi dans la plaine fertile a fait conclure au désir de marier des personnes fréquemment rencontrées par le jeu de la sociabilité familiale. À ces circonstances favorables à l'émergence de désirs et de liens affectifs se seraient conjuguées des stratégies visant à consolider le patrimoine familial, ou encore à éviter de le disperser au profit de personnes étrangères à la famille[8]. Quel a été le niveau d'endogamie familiale au Bas-Canada ? On a célébré environ 100 000 mariages dans la province entre 1790 et le début des années 1830[9]. Il faudra dépouiller les actes inscrits aux registres de catholicité pour déterminer les proportions et les niveaux d'endogamie familiale. Pour l'heure, nous devons nous rabattre sur les pratiques de gestion du système de parenté, tout en lançant des hypothèses qui seront confirmées ou infirmées par les recherches futures.

L'octroi des dispenses permet de repérer un certain nombre de régions pour lesquelles l'épiscopat tient compte de la petitesse du lieu. Ce sont Charlevoix, certaines localités de la Gaspésie, les îles de la Madeleine, le Madawaska. La Beauce et le Bas-Saint-Laurent n'en sont pas. Le 1ᵉʳ avril 1809, Charles Hot, curé

---

8. Il faudrait citer des dizaines d'études. Pour un aperçu rapide, voir : Jean-Louis FLANDRIN, *Les amours paysannes*, p. 30 et suiv. et, du même auteur, *Familles, parenté, maison, sexualité dans l'ancienne société*, p. 39 ; Martine SEGALEN, *Mari et femme dans la société paysanne*, p. 18-19 ; Jack GOODY, *L'évolution de la famille et du mariage en Europe*, p. 188-189 ; André BURGUIÈRE et collab. (dir.), *Histoire de la famille*, t. 2, p. 81 ; Jean-Marie GOUESSE, « Mariages de proches parents (xviᵉ-xxᵉ siècle) », dans ÉCOLE FRANÇAISE DE ROME, *Le modèle familial européen*, p. 31-62.

9. *Annuaire statistique du Québec*, 1914, p. 88.

de l'île Verte, desservant du Bic et de Rimouski, reçoit un certain nombre de consignes : « les familles y sont assez étrangères les unes aux autres », pour être « rarement dans la nécessité de se marier entre parents ». En Acadie, le critère « petitesse du lieu » s'applique apparemment plus souvent que dans la vallée du Saint-Laurent. En 1800, le missionnaire de l'île du Prince-Édouard plaide en faveur de Malpèque, Rusticot et Baie de Fortune où l'endogamie familiale est très élevée : « je ne puis désapprouver l'aversion qu'ils ont pour s'allier avec les Anglais, Écossais ou Irlandais, leurs voisins, parce qu'il en est résulté qu'ils ont conservé intacts leur foi, leurs mœurs et leur piété. Ils ne peuvent guère s'allier entre les trois établissements parce qu'ils sont trop éloignés pour se connaître. Il en résulte que tous les mariages se font entre parents et jusqu'au moment de mon arrivée, on les mariait sans difficulté du trois au trois [...] en sorte que j'excitai de grands murmures lorsque l'année dernière je refusai de le faire. » Non seulement la population acadienne est-elle dispersée, mais encore est-elle surexposée aux mariages interconfessionnels. Joseph-Édouard Morrisset, curé de Saint-Jean au Nouveau-Brunswick, reçoit, en 1822, « une dispense du 2^d degré de consanguinité pour Jacques et Marie Godin, ayant pour motif l'étendue de la famille Godin, qui ne laisse dans tout l'endroit que deux filles avec lesquelles il ne soit pas cousin germain ».

Dans les vieilles paroisses du Bas-Canada, il est plus difficile d'invoquer l'exiguïté du marché matrimonial afin de marier un parent, même si ces espaces, après cinq ou six générations d'occupation, recelaient un potentiel considérable d'endogamie familiale. En revanche, les chances d'épouser un partenaire étranger y sont néanmoins fort grandes parce que la densité de population des basses terres du Saint-Laurent est assez élevée. D'autres critères y sont plus couramment utilisés pour demander des dispenses de mariage. Ce sont l'âge de la fille, la pauvreté, la laideur, la dépendance d'un père, d'un frère, les charges familiales d'un veuf, les conflits avec une belle-mère ou l'obligation de se faire domestique.

Déclarer l'inceste

En 1803, Mgr Plessis assure le curé de Saint-Pierre-les-Becquets que, au Bas-Canada, « même en supposant » que des cousins germains « eussent consommé avant d'obtenir dispense [...] leur silence sur ce crime ne peut invalider la dispense ». Interrogé deux ans plus tard par le curé de Deschambault, l'évêque explicite ses vues : « l'intention des évêques de ce pays, autant que je l'ai pu connaître depuis 22 ans, n'a jamais été que l'effet de la dispense fût suspendue à raison d'un libertinage secret soit antérieur ou postérieur à la concession d'icelle [dispense], surtout quand il n'a pas eu lieu dans la vue d'être mariés plus aisément ». Conclusion : que le curé de Deschambault ne se fasse pas de souci. Cette façon de faire est néanmoins une dérogation par rapport à la procédure suivie en cour de Rome. À la chancellerie romaine, des rapports sexuels non déclarés annulent la dispense.

Au début de son épiscopat (1806), Plessis interroge un expert, le sulpicien Jean-Henri-Auguste Roux. Avant d'œuvrer à Montréal, à compter de 1794, ce vicaire général du diocèse de Québec avait enseigné la théologie morale au séminaire Saint-Sulpice de Paris. Aussi versé en morale qu'en droit canonique, Roux fut un des plus importants conseillers des évêques Denaut et Plessis. Le 26 octobre 1806, ce dernier demande à l'éminent expert : « sur quoi s'appuie-t-on pour exiger que les parents qui ont péché ensemble, le déclarent en demandant leur dispense et cela sous peine de nullité [...] peut-on regarder comme ayant contracté ou consommé le mariage ceux qui se sont simplement rendu coupables d'inceste ? Cette question m'embarrasse ; parce qu'il paraît d'ailleurs dur d'obliger quelqu'un à révéler sa turpitude dans des demandes qui se font ailleurs qu'au confessionnal. » Trois jours plus tard, le conseiller montréalais signe une réplique truffée de savantes références. Le *Traité des dispenses* de Collet, les *Conférences d'Angers*, la *Théologie* de Poitiers, Thomas Sanchez, Billuart et d'autres théologiens sont unanimes à recommander la pratique de la cour de Rome. Le diocèse de Québec doit s'y conformer. Pour respecter l'anonymat, « on demande [à Rome] la dispense [d'empêchement occulte] à la Pénitencerie », sans citer le nom des personnes en cause. Après y avoir mentionné l'inceste, « on redemande à la Daterie » la dispense de parenté ou d'affinité ; l'empêchement étant alors public, l'identification des requérants ne pose pas problème. Dans la région montréalaise, « les gens ne sont pas très difficiles à faire cet aveu », selon le témoignage du sulpicien qui se dit étonné qu'on suive une pratique différente ailleurs. Plessis n'est pas aussitôt convaincu de se mal conduire. Les échanges se poursuivent. En 1809, l'évêque apprend à son conseiller que « la moitié des curés ne soupçonnent pas même que l'on doive s'inquiéter s'il y a eu ou non quelque commerce secret entre les futurs époux » liés par un empêchement de parenté. « Quelques-uns des plus anciens supportent avec peine et regardent comme une nouveauté, comme une tracasserie que nous exigions des causes de dispenses. Autrefois, disent-ils, on n'en faisait pas tant de façon[10]. » Roux n'en démord pas : « Mgr Denaut [résidant à Longueuil au cours de son épiscopat] et nous ici, l'avons constamment demandé. »

La gestion des dispenses n'était donc pas alors uniforme. Dans l'est et le centre du Bas-Canada, des curés ne se mettaient pas en peine de demander à des parents des questions embarras-santes sur d'éventuelles privautés sexuelles. Un jeune prêtre (28 ans) est nommé curé des Éboulements en 1816. Il y remplace un curé ayant occupé le poste pendant 18 ans. Le nouveau venu demande à Plessis « la permission de réhabiliter autant de mariages nuls comme j'en trouvai, car il paraît qu'il y en a plu-sieurs d'après ce qu'on me répond ; les gens me disent qu'on leur disait qu'il n'y avait point de mal dès qu'on prenait en mariage celui ou celle avec qui on péchait, et qu'ils n'en ont jamais parlé ni en confession ni autrement, et il se trouve que ce sont des gens qui étaient parents ». Après s'être laissé convaincre, l'évêque

---

10. Cité par James H. LAMBERT, *op. cit.*, p. 699.

établit l'obligation de déclarer tout commerce sexuel antérieur à une demande de dispense. Consultée, Rome pourvoit aux moyens de revalider rétroactivement (in radice) les mariages antérieurs sans rien exiger des couples vivant en union nulle.

Quand une réhabilitation[11] ou revalidation est sollicitée par le couple, on n'est jamais trop prudent pour la faire. « La mariée dit hautement que si le mariage était à refaire, elle ne se remarierait pas » déclare le curé de Saint-Joseph de Soulanges, le 22 juillet 1821. Il ne faut pas donner aux fidèles un prétexte pour rompre une union malheureuse... Pour ceux dont le lien paraît plus solide, la procédure normale suit son cours. La réhabilitation n'en doit pas moins être discrète. Voici un exemple de marche à suivre dressée par Plessis en 1817 :

> Comme le mauvais commerce antérieur à la première dispense ne peut vous être d'abord communiqué que par la confession et que ceux mêmes qui s'en accusent peuvent ignorer que la nullité de leur dispense en a été la cause, il ne faut pas vous presser de la leur faire connaître, jusqu'à ce que les deux parties se soient accusées du même péché. Alors vous déclarerez à chacune d'elles au tribunal qu'elles doivent renouveler entre elles leur consentement en se prenant de nouveau pour mari et femme sans témoins et sans qu'il soit nécessaire de se présenter devant vous. Vous les préparerez à ce sacrement par l'absolution, après que chacune d'elles se sera accusée de tous les péchés commis depuis le commencement de leur commerce incestueux, leur déclarant que je les ai dispensés à cet effet, en vertu des pouvoirs que j'ai reçus du Saint-Siège. Si une seule des parties s'accuse du

11. « Réhabilitation de mariage. L'évêque, en accordant la dispense pour réhabiliter un mariage, a coutume de régler si cette cérémonie doit être publique ou privée. Lorsque l'empêchement est connu et la réhabilitation publique, il en faut dresser un acte au registre ; ou au moins ajouter une apostille en marge vis-à-vis l'acte de la première célébration. Lorsque l'empêchement vient d'un crime secret, et que la forme du concile de Trente a été suivie dans le premier mariage, alors on marie les parties secrètement et sans témoins, et on en dresse un acte dans un registre particulier et secret qui reste déposé aux archives de la paroisse. Si l'empêchement secret ne provient pas de crime, la réhabilitation se fait alors devant deux témoins seulement, et l'acte s'inscrit au registre ordinaire. » (Thomas MAGUIRE, *Recueil de notes diverses sur le gouvernement d'une paroisse* [...], p. 238-239.)

commerce antérieur à l'obtention de leur première dispense, vous lui demanderez si elle a lieu de croire que l'autre partie s'en soit aussi confessée. Si elle croit que non, vous la chargerez de l'engager à le faire, après quoi vous agirez comme ci-dessus, déclarant à chacune d'elles la nullité de leur lien, et leur prescrivant de s'abstenir de l'usage du mariage jusqu'au moment de la réhabilitation à faire comme ci-dessus mentionnée.

Curé de Rivière-Ouelle de 1781 à 1826, Bernard-Claude Panet est coadjuteur de Plessis à compter de 1806. Depuis qu'il a reçu l'ordre d'interroger sur la commission de l'inceste, il s'exécute avec peine lorsque des *impétrants* s'adressent directement à lui : « c'est une chose qui coûte toujours à faire et qui en expose à cacher leur faute qu'ils découvriront plus volontiers à leur propre pasteur ». Pourquoi ces derniers ne pourraient-ils pas obtenir eux-mêmes l'aveu de privautés sexuelles en même temps qu'ils interrogent sur les motifs de la demande de dispense ? Une dizaine d'années après avoir fait cette réflexion, Panet remplace son patron défunt sur le siège épiscopal de Québec. Le vénérable évêque – il est sexagénaire – se demande comment savoir sans trahir le secret de la confession, ou sans faire soupçonner au public, lorsque les choses traînent, qu'il y a plus qu'un simple interdit de consanguinité ou d'affinité. Pour apaiser sa conscience, et sans doute persuadé que plusieurs couples ont été mariés sans avoir déclaré leurs rencontres sexuelles, l'évêque songe à demander à Rome le pouvoir de revalider rétroactivement et en bloc ces unions entachées d'un vice de procédure. Jean-Jacques Lartigue, son interlocuteur, depuis 1821 évêque auxiliaire de la région montréalaise, n'a pas d'objection à ce que son supérieur sollicite les autorités romaines. Il insiste néanmoins pour redire après Roux combien il est facile d'obtenir les confidences des *impétrants*, à tel point qu'il faut se demander si, dans l'ouest de la province, les gens ne sont pas moins intimidés par la question indiscrète.

Jérôme Demers, supérieur du Séminaire de Québec, « exagère beaucoup les difficultés de l'usage de s'enquérir s'il y a eu inceste avant d'accorder la dispense », selon Lartigue ; « depuis la sixième année que je suis cette pratique, je n'y ai trouvé encore aucun inconvénient ». Pour préserver le secret de la confession, il suffit de demander au pénitent coupable du péché d'inceste de répéter ses aveux hors du tribunal, stratégie proposée par feu Mgr Plessis. Si le curé du futur n'a pu obtenir le renseignement avant d'acheminer une demande, il suffit que celle-ci soit délivrée avec « la clause *nisi præcesserit incestus*, que le curé vérifierait avant de procéder au mariage ». Telle est la proposition de l'auxiliaire de Montréal. Scrupuleux, Panet « préfère ajouter à la marge de la dispense *nisi præcesserit* etc. que de charger le confesseur de demander à son pénitent hors du tribunal s'il y a eu inceste entre eux. Ce serait faire croire que le confesseur se sert de sa confession pour l'interroger là-dessus. » Rédigée par Panet, une description de tâche de vicaire général, concessionnaire de la majorité des dispenses, rappelle la nécessité d'interroger en ces termes :

> Les dispenses, au reste, sont invalides (retenez bien ceci), si les parties liées d'empêchements dirimants, ont eu un commerce ensemble et ne le déclarent pas au supérieur avant d'être dispensées. Pour obvier à cet inconvénient, lorsqu'il est à présumer qu'il a eu lieu, il faut interroger le garçon qui vient solliciter la dispense et lui déclarer la subrepticité à laquelle il s'expose en ne vous avouant pas sa faute. Si c'est une autre personne que le garçon qui vienne demander la dispense, ou si c'est le garçon lui-même, mais que vous ne jugez pas devoir interroger là-dessus, vous mettrez à la marge de votre dispense par un renvoi après le *Dummodo*, ces mots *Non præcesserit incestus*, que vous souscrirez des lettres initiales de votre nom. Dans ce cas, si le curé à qui est adressé la dispense interroge lui-même le garçon sur l'inceste qui aurait précédé, comme il le doit faire, il vous écrira pour obtenir un *Perinde valere*[12].

Comment, dans la pratique, obtenait-on le renseignement tant recherché par les prêtres ? Mystère. Quelques énoncés glanés ici et là en donnent une vague idée. Au début des années 1840, Mgr Signay rappelait à un nouveau vicaire général : « On a cou-

---

12. Instructions privées données en 1827 à un vicaire général. Voir Archives du Collège de Sainte-Anne-de-la-Pocatière, Fonds Gauvreau, 10-XXXV.

tume de demander aux époux s'ils ont été à confesse ; et si leur curé leur a dit qu'ils auraient quelque chose de particulier à faire connaître à l'évêque ou au gr. vicaire [...]. Voilà pourquoi il faut recommander aux curés d'avoir soin de confesser les postulants [...]. C'est le moyen de prévenir ce qui est arrivé plusieurs fois, la rénovation du consentement et réhabilitation *in radice*[13].» À l'occasion, l'évêque instruit de simples curés. L'exposé est d'autant plus détaillé que le prêtre est embarrassé par ce genre de situation. Le 10 avril 1828, pour le bénéfice du curé de Saint-Nicolas, près de Québec, Mgr Panet envisage toutes les possibilités :

> [...] il faut exprimer s'il y a eu inceste même secret entre les suppliants, et même s'ils ont commis cet inceste pour obtenir plus facilement la dispense. S'ils ont caché cela, la dispense est nulle. L'évêque qui ne dispense qu'en vertu d'un indult du Saint-Siège ne peut pas [...] accorder une dispense valide, si on ne lui exprime l'inceste qui a précédé et l'intention de ceux qui y sont tombés d'obtenir plus facilement leur dispense par ce crime. C'est pour cela que, si c'est le suppliant lui-même qui vient demander la dispense (ce qui devrait se faire toujours autant que possible) le supérieur l'interroge sur cela, si la supplique n'en fait aucune mention, et pour l'obliger à y répondre suivant la vérité, il lui en fait connaître les conséquences, je veux dire la nullité de la dispense. Mais si c'est une autre personne qui vient demander la dispense, il ne peut l'interroger là-dessus et en conséquence, il faut qu'il mette nécessairement dans cette dispense la condition *Si non præcesserit incestus* laquelle dispense devient nulle, si l'inceste lui est caché. Pour la revalider il faut obtenir du supérieur un *perinde valere*. Ainsi un curé qui voit dans cette dispense cette condition *si non præcesserit* etc. doit en avertir son paroissien ; et s'il est dans le cas de ne lui avoir point déclaré, ou caché à dessein, il doit ou aller trouver le même supérieur, ou lui faire écrire pour obtenir un *perinde valere* même sous des noms empruntés en exprimant les degrés de parenté ou d'affinité de la dispense accordée. Pour prévenir ces embarras, il faut que ce confesseur à qui son pénitent est pour se marier s'accuse d'inceste avec celle qu'il veut épouser (et il faut que le péché ait

---

13. Signay à Célestin Gauvreau, 25 sept. 1843. Voir Archives du Collège de Sainte-Anne-de-la-Pocatière, Fonds Gauvreau, 9-XLI.

été consommé) lui dire qu'il doit le déclarer lui-même au supérieur à qui il ira demander dispense, et s'il y a eu en cela intention d'obtenir plus facilement cette dispense ou s'il ne veut pas y aller lui-même qu'il lui donne permission hors du tribunal d'en écrire par lui au supérieur, et le suppliant peut même dans ce cas envoyer cette lettre par un autre, sans la porter lui-même.

La clarté de la procédure ne saurait faciliter la tâche des prêtres aux prises avec des fidèles indifférents à l'égard de normes qu'ils jugent abusives. En 1829, le curé Jacques Paquin de Saint-Eustache se fait leur avocat. Lartigue a refusé de dispenser un de ses paroissiens coupable d'un « empêchement occulte qui, par cela même, ne peut admettre aucune intervention juridique, ni publique ». Paquin prétend qu'il serait tenu de marier le couple si celui-ci recourait aux tribunaux civils pour le forcer de s'exécuter. Le curé se sent mal à l'aise « que des déclarations qui ne se font à l'extérieur que pour acquitter un devoir de conscience et qui ne sont, après tout, qu'une espèce de découlement d'un secret inviolable pussent jamais arrêter des publications de bans qui intriguent toutes les têtes et exposent par là même la réputation des personnes ». Cet incident illustre à quel point des curés de campagne pouvaient se trouver embarrassés par l'obligation de garder le secret de la confession et celle de ne point diffamer des candidats au mariage[14]. Heureusement pour les couples, des rapports sexuels postérieurs à l'octroi de la dispense n'annulaient pas la permission de se marier...

La parenté éloignée

Nos connaissances sur l'octroi des dispenses sont limitées parce que la grande majorité d'entre elles sont concédées par les vicaires généraux. Ceux-ci reçoivent une délégation des pouvoirs épiscopaux pour tous les cas concernant le second degré « mêlé » au troisième, ainsi que les degrés inférieurs de consanguinité et

---

14. Dans Serge GAGNON, *Plaisir d'amour et crainte de Dieu*, aux pages 167-180, nous avons longuement étudié ces empêchements occultes provenant de « copulations illicites ».

d'affinité. Dans les territoires de mission où il n'y a point de vicaires généraux, c'est-à-dire dans des régions éloignées et peu peuplées, les missionnaires s'adressent à l'évêché quand ils ne sont pas eux-mêmes munis de pouvoirs extraordinaires. Dans quelle mesure la distribution des dispenses est-elle à l'image de la rigueur épiscopale ? Les vicaires généraux et missionnaires tiennent registre des dispenses qu'ils accordent ; mais ces documents sériels ne permettent pas de reconstituer les pratiques concrètes de gestion. Dès lors, il faut se rabattre sur des indices ou des sources indirectes comme les instructions données aux fondés de pouvoir, si nous voulons reconstituer la gestion du système de parenté. Pierre Viau, nommé curé de Rivière-Ouelle pour remplacer Bernard-Claude Panet, devenu évêque en titre, reçoit les instructions relatives à sa fonction de vicaire général. Les motifs de dispense aussitôt énoncés[15], le nouvel évêque prévient son subalterne contre les tentatives de fraude. Comment se sont comportés les vicaires généraux ? La gamme des pratiques a probablement été aussi variée que les tempéraments des personnes. Des prêtres naïfs, libéraux ou laxistes ont été permissifs, alors que des scrupuleux ont géré la parenté avec rigueur. Il en est de même des attitudes paysannes, depuis les dociles jusqu'aux rusés stratèges. Un nouveau curé ignorant des liens de famille aura de temps à autre improvisé une généalogie plus ou moins exacte, se fiant aux déclarations des suppliants. Sans curé résident, de nombreuses paroisses et missions étaient des lieux propices aux déclarations des intéressés. Plusieurs prêtres, faute de pouvoir s'en rapporter commodément au vicaire général, ou parce que le territoire qu'ils desservent n'est pas sous la juridiction d'un tel fonctionnaire épiscopal, transigent directement avec l'évêché. C'est grâce à eux qu'on connaît la gestion du système de parenté pour les degrés mineurs de consanguinité et d'affinité.

La parenté est d'autant plus difficile à établir qu'elle est éloignée. L'évêque n'est pas dupe. L'ignorance lui paraît « difficile

---

15. Le document est cité à la note 7.

à supposer pour l'empêchement» du troisième degré. Pour le quatrième et dernier degré prohibé de parenté, les prêtres semblent généralement croire sur parole les exposés généalogiques. Quand des couples se marient sans avoir établi leur parenté, leur fraude est découverte au hasard des circonstances. Les publications de promesses de mariage étant faites justement pour connaître les empêchements de mariage, tout paroissien adulte a le devoir d'avertir le curé s'il connaît un interdit touchant une union projetée. Au moment de l'union sacramentelle d'un frère ou d'une sœur déjà marié, on retrace un lien de parenté prohibé dont se trouve frappé rétroactivement le couple déjà engagé depuis longtemps. L'évêque dispose-t-il des pouvoirs nécessaires à la régularisation ? Au début de son épiscopat, Plessis s'interroge : « Deux personnes ayant contracté un mariage nul à raison d'un empêchement de parenté connu de l'un et de l'autre, pensez-vous que je puisse les dispenser validement ? » demande-t-il à son éternel conseiller montréalais. « Il me semble qu'il ne peut y avoir de doute sur votre pouvoir de dispenser envers ceux qui se sont mariés de mauvaise foi avec un empêchement dirimant, nonobstant la déclaration du concile de Trente » qui renvoyait les fraudeurs à la cour romaine. En fait, l'impossibilité de recourir à Rome et la fréquence relative des fraudes rendaient l'exigence conciliaire inopérante. Qu'il y ait eu fraude ou que le mariage ait été contracté de bonne foi, la réhabilitation est de rigueur. Certains couples s'entêtent à ne point vouloir se plier à la revalidation du sacrement. Mais la plupart finissent par céder, quelques-uns de bonne grâce, d'autres après plusieurs exhortations. Tels sont ceux qui ont caché sciemment un empêchement avant la célébration de leur mariage.

Quand l'évêque apprend l'existence d'un mariage nul, il veut savoir si le couple était de bonne foi au moment du mariage. Les curés tranchent ; « plus par manque d'attention que par mauvaise foi » mérite aux intéressés une bénédiction nuptiale privée, devant témoins, mais non assortie de pénitence. Le ministre du sacrement écrit à la marge du registre qu'une réhabilitation a été faite en faveur des conjoints, « au cas qu'ils soient inquiétés là-dessus par les curés à venir ». À la limite, peut-être parce qu'il s'agit du troisième degré, plus facilement susceptible d'être connu des membres de la communauté, l'épiscopat exige l'annulation du premier acte de mariage et la rédaction d'un nouveau.

Exceptionnellement, les empêchements sont découverts très longtemps après le mariage. Louis Gauthier et Josephte Perron de Deschambault, mariés depuis 1810, déclarent leur parenté du troisième au quatrième degré après 12 ans de mariage ! Le mari s'est rendu lui-même à la chancellerie épiscopale. L'évêque l'a trouvé

> extrêmement docile, et nous sommes convenus 1. que de ce moment ils se séparent de lit d'avec Josephte Perron avec laquelle il affirme n'avoir point eu de commerce depuis un mois, 2. qu'ils iraient tous deux à confesse dans le plus court délai, 3. que quand vous [le curé] les trouveriez suffisamment préparés, vous leur feriez renouveler leur consentement de mariage dans la sacristie, devant vous et deux témoins de leur choix […] je vous autorise à les marier sans égard au temps prohibé, dont la présente leur tiendra lieu de dispense. Vous ferez mention dans vos registres et de ces dispenses et de la réhabilitation.

Le couple Gauthier-Perron n'est pas soumis à des conditions particulières. L'interdiction de relations sexuelles avant la réhabilitation fait partie des exigences usuelles. Aux yeux des prêtres, ce sont des concubinaires incestueux, si bien que quand le curé détient la preuve qu'un empêchement invalide une union, il doit baptiser leurs enfants « fils ou fille de tel ou telle, sans mentionner qu'ils sont ou ne sont pas époux ». En revanche, la réhabilitation a pour effet de légitimer la descendance et de faciliter la transmission du patrimoine.

La normalisation d'une union est plus difficile lorsque les partenaires « persistent à vivre comme mari et femme, sans vouloir se pourvoir d'une dispense » écrit le curé de Boucherville en 1789, désespérant de convaincre les récalcitrants. Pour des irréductibles, l'évêque dispose du pouvoir de réhabiliter *in radice*, sans qu'il en coûte la moindre démarche aux intéressés. Contrairement aux conjoints ignorant l'empêchement, les couples unis de mauvaise foi doivent accomplir une pénitence avant d'être admis à une nouvelle bénédiction nuptiale : « Cette pénitence pourra consister dans la récitation journalière de quelques prières ou encore mieux dans la séparation *a thoro* pour ceux qui pourront l'observer sans scandale » [Saint-Jean-Port-Joli, 1795]. D'autres « réciteront en leur particulier par cinq dimanches consécutifs, le chapelet de la Sainte Vierge, ou telles autres prières que vous trouverez bon de leur enjoindre, suivant leur degré d'instruction » [Kamouraska, 1800]. En 1804, le curé de Saint-André de Kamouraska demande « de quelle manière il faut agir avec un nommé Jos Fournier [...] témoin au mariage de François Violet en 1802, connaissant bien une parenté du deux au trois d'affinité et ne la déclarant point ». L'évêché soumet le « pécheur qui a concouru au péché » des conjoints à « une pénitence, soit publique, soit secrète, suivant qu'il sera capable de la porter, de manière néanmoins qu'il répare, du moins par une vie chrétienne [...], le scandale qu'il a pu donner à ses frères ». Même les complices sont punis pour leur silence. La pénitence des fraudeurs est proportionnelle à la gravité de l'infraction. En 1815, un conjoint réticent finit par consentir à corriger une irrégularité. Sa pénitence sera « assez forte [...] pour six mois, un jeûne par semaine ou un chapelet tous les jours, avec l'éloignement des assemblées et divertissements publics. Vous les priverez trois mois de la Ste communion, à dater du jour où ils auront contracté de nouveau. »

À péché scandaleux, pénitence publique. Voici un cas qui se produit à Lotbinière en 1804 : deux partenaires dont la femme est enceinte sont liés par un empêchement du troisième degré. On doit solliciter une permission de conclure un *mariage de réparation*[16]. En implorant l'évêque d'accorder dispense, leur curé souhaite une rétractation publique. Le permis de mariage lui arrive assorti d'une amende honorable prononcée par le curé

---

16. Sur le mariage de réparation, voir Serge GAGNON, *op. cit.*, p. 129-133.

devant les fidèles rassemblés : « Vous ne les publierez qu'après qu'ils se seront tous deux confessés et qu'ils auront assisté deux fois à la grand-messe et à vêpres, dans le bas de l'église, vers le bénitier, mais sans assujettir à une posture plutôt qu'à une autre. En leur donnant l'absolution avant le mariage, vous les préviendrez qu'ils seront trois mois sans communier. » Dociles paroissiens que les jeunes promis. Ils acceptent l'humiliation publique parce qu'ils se soumettent aux normes. D'autres couples les remettent en cause, usent de diverses stratégies, y compris la mise en route d'un enfant dans le but d'obtenir plus facilement l'autorisation de se marier.

Des déclarations incomplètes ou fausses ne sont pas toujours la faute des fidèles. Des curés sont quelquefois responsables de certaines irrégularités. Même dans le cas où la dispense est directement sollicitée par les intéressés au bureau épiscopal, le chef du diocèse exige un exposé du curé. Les parents « s'expliquent généralement assez mal » sur leurs liens de consanguinité et d'alliance, déclare le jeune Plessis, alors secrétaire de Mgr Hubert, au curé de Saint-Antoine de Tilly, en 1791 : « Si au défaut de votre écrit on obligeait les gens qui demandent des dispenses à se pourvoir auprès des notaires des certificats qui constatent leur parenté (comme on aurait droit de l'exiger) ce serait pour eux bien des frais et des voyages qui leur coûteraient gros. Vous avez sur les lieux des anciens qui sont en état de débrouiller et d'expliquer les généalogies. » Le service de recherche est gratuit. En 1797, le curé de Sainte-Marie de Beauce est réprimandé pour avoir exigé des honoraires. Prêtre français, récemment arrivé au Bas-Canada, il ignorait peut-être ce que tous les curés du cru devaient savoir. Mais la connaissance n'est pas une garantie de docilité, ni pour les fidèles ni pour les prêtres. En 1798, le curé de L'Ancienne-Lorette est mortifié que, à l'évêché, on n'ait pas accordé de dispense à l'un de ses paroissiens. Il s'y était présenté accompagné de « deux personnes anciennes et raisonnables », jugées capables d'éclairer le secrétaire épiscopal sur les niveaux de parenté. Le curé de L'Ancienne-Lorette dit agir régulièrement ainsi avec les vicaires généraux de la ville épiscopale. Il n'entend pas déroger à ses habitudes. Selon le prêtre contrarié, les curés ne « sont point obligés » de faire des recherches, à moins de preuve du contraire. Pour tout renseignement en faveur du couple débouté, le curé termine son épître par : « Un vieillard de la paroisse m'a dit que les jeunes gens en question étaient parents au 3ème degré, c'est là tout ce que j'ai à vous dire. » Le secrétaire de la chancellerie a compris le message : « Je n'ai pas interrogé les anciens que vous m'avez adressés. Votre déclaration me suffit. » Dispense accordée.

Les évêques insistent sans relâche sur la nécessité d'un exposé rédigé par les curés des parties. C'est le moyen par excellence d'éviter les faux témoignages. Les rusés seraient bien capables de se faire accompagner par des complices pour tromper le chef du diocèse. En 1809, Mgr Plessis renvoie un paroissien de Saint-Joseph de Beauce avec la lettre que voici à l'adresse du curé :

> Ce bonhomme a obtenu la dispense qu'il sollicitait, non parce que son fils allait devenir fou d'envie de se marier, mais parce qu'il m'a assuré que la fille était âgée d'environ 28 ans. Si cet exposé était faux et que la fille ne fût âgée que de 24, sa dispense serait nulle. Il en serait de même si les jeunes gens avaient eu un mauvais commerce ensemble et qu'ils ne le déclarassent point. En général le curé des impétrants devrait toujours exposer lui-même les raisons de dispense quand il y en a, sans renvoyer l'évêque à prendre des informations de personnes qu'il ne connaît pas assez et qui seraient peut-être intéressées à déguiser la vérité ou à alléguer des raisons fausses.

En 1821, Mgr Lartigue fait remarquer au curé de Saint-Hyacinthe qu'il faut « exposer toujours les raisons des parties, qui ordinairement ne savent pas elles-mêmes les expliquer ». Comment interpréter cette insistance des autorités, sinon comme un indice que les gens trompent assez souvent pour qu'on s'en inquiète.

Des curés usent d'une vigilance nouvelle pour améliorer la gestion du système. C'est le cas du curé Joseph-Claude Poulin de Courval Cressé, desservant la paroisse de Neuville. Avant lui, Charles-François Bailly de Messein, coadjuteur de Mgr Hubert, avait desservi cette paroisse pendant 17 ans, mais sans toujours y résider. Son successeur raconte :

> [...] plusieurs de cette paroisse prennent des noms qui ne leur appartiennent pas et font écrire ainsi des actes sur les registres et cela depuis environ 40 ans. Ainsi Lefebvre dit Anger est dans les actes d'à présent Anger tout court, Pinel dit la France veut qu'on marque la France et ne veulent pas que l'on mette Pinel dit la France. Il y en a bien d'autres qui ne veulent que du surnom et point du nom ce qui met une si grande confusion dans la génération présente que quoiqu'ils soient presque tous parents, on ne peut connaître la lignée par le changement de nom. Le cas est si peu métaphysique que monsieur Bailly encore qu'il ait mis sur les registres les noms au lieu des surnoms a été obligé de réhabiliter des mariages.

Dans de telles circonstances, comment pouvait-on dresser un arbre généalogique ? Là où les registres sont plus exacts, un nouveau curé, sans prendre la précaution de consulter, pouvait donc marier des couples apparentés à des degrés mineurs. Au reste, les chargés de paroisse n'avaient pas tous la même habileté à la recherche. Originaire de Québec, Jean-Baptiste Boucher dit Belleville, curé de La Prairie depuis près de 20 ans, déclare en 1810 ne plus savoir si son frère Antoine, marié à Catherine Racine, est apparenté à cette dernière :

> Ma bisaïeule du côté paternel, était, je crois, une Racine ; j'avais quelque degré de parenté avec M. Racine, curé de Pointe-aux-Trembles. Le père de Catherine Racine qui a plus de 70 ans, était de Sainte-Anne de Québec : il ne s'est pas connu de consanguinité avec M. le curé Racine. Mais il pourra se faire qu'il y aurait parmi les ancêtres quelque consanguinité, quoique ma famille fut de Québec et celle de Racine, de Sainte-Anne.

Pour avoir la conscience en paix, Boucher demande la réhabilitation *in radice* du mariage de son frère, si jamais les conjoints sont, au sens canonique du terme, des incestueux qui s'ignorent...

Les paramètres de gestion de la parenté éloignée s'améliorent au cours du demi-siècle que dure le Bas-Canada. En 1830, un manuel à l'usage des curés de campagne contribue à uniformiser les requêtes. On y lit :

> Dans la supplique, après avoir détaillé avec exactitude les degrés de parenté, d'alliance, etc., on doit, sous peine de *nullité de la dispense*, mentionner si les parties ont été coupables d'inceste (pourvu toutefois que le crime soit connu du public[17]), et de plus si elles l'ont commis dans la vue d'obtenir plus facilement la dispense ; exposer ensuite l'âge des impétrants, leur condition dans la société, leurs qualités de corps et d'esprit ; dire s'ils sont veufs et chargés d'enfants ; s'ils refusent d'autres partis convenables ; s'ils sont pauvres, etc. Quant à la pauvreté, il est à remarquer qu'au premier aspect, on serait porté à regarder comme pauvres, et à recommander comme tels la presque totalité de nos jeunes gens de campagne ; car il est rare qu'un cultivateur qui a une demi-douzaine d'enfants, quoiqu'il soit d'ailleurs assez aisé, puisse leur fournir à chacun un très petit établissement[18].

Sans uniformiser complètement la procédure, faute de formulaires, ces conseils d'un ex-curé de campagne eurent pour effet d'améliorer, tout en les rendant plus succinctes, les requêtes en faveur des couples apparentés désirant le mariage.

Malgré toutes les précautions prises pour gérer avec rigueur le système de parenté, les fidèles prennent divers moyens pour plier les prêtres à leurs désirs. Tel couple des Éboulements menace de recourir à la justice pour forcer le curé à les marier. Pour ajouter de la pression, il menace de solliciter son mariage auprès d'un ministre protestant (1818). Des couples déboutés devant l'évêque ou le vicaire général avertissent les prêtres qu'ils vont se

---

17. Dans sa critique détaillée du manuel, Mgr Lartigue écrit : « il faut effacer du livre la parenthèse ». Voir Archives de la chancellerie de l'archevêché de Montréal, Dossier 901.037, 830-1, p. 15.

18. Thomas MAGUIRE, *op. cit.*, p. 81-82.

mettre en ménage, même s'ils ne sont pas mariés. Plessis est désarçonné par de telles stratégies. Tantôt il refuse, tantôt il se plie à la volonté populaire. Parfois, il ne sait que faire. Si deux partenaires menacent de vivre en union libre, il faut les laisser « donner un coup de pied à la religion » : « Tant que d'honnêtes gens, dont les raisons d'obtenir dispense au second degré sont insuffisantes, se privent du mariage par respect pour les lois de l'Église, ne serait-il pas scandaleux de dispenser de préférence ceux qui dominés par un amour charnel ont pris le parti du concubinage public et incestueux ? » [Saint-Joseph de Maskinongé, 1821]. Le crime ne doit pas payer. Belle maxime, mais comment l'appliquer ? Dire non à ceux qui exercent des pressions ? Dire oui à ceux dont on craint le recours à des procédés interdits ? « Des impétrants qui ont péché ensemble se sont par là rendus indignes de la dispense qu'ils sollicitent. Elle serait regardée par les autres comme la récompense du crime, et sous ce rapport, deviendrait scandaleuse » [Saint-Basile de Madawaska, 1814].

En 1816, le vicaire général Roux ne veut pas « regarder la crainte qu'on aille au ministre, comme une raison suffisante de dispenser au second degré : parce que ce serait détruire cette importante discipline, en donnant le moyen de l'éluder [...] parce que ce serait inviter au crime, en récompensant l'irreligion par une si grande faveur ». Plessis partage du moins théoriquement ce point de vue, mais ne peut y souscrire dans tous les cas. Le 28 janvier 1808, il écrit au curé de Saint-Luc : « Ne vous laissez pas effrayer par les menaces que font les gens de s'aller présenter aux ministres hérétiques. Ceux qui sont rendus au point de menacer de la sorte, ne méritent pas d'être retenus. Laissez-les aller. Avec le temps ils reviendront à résipiscence, s'ils ont un peu de foi. S'ils n'en ont plus, ils ne valent pas la peine que l'on fasse des efforts pour les arrêter. » Pourtant, le 12 novembre 1809, il confie à Roux les embarras du curé de Saint-Luc, aussi mal en point que ses confrères voisins tout près de la frontière américaine : « Le peu de foi qu'il y a dans la paroisse de Blairfindie

[L'Acadie] et dans celles du voisinage, où il est presque impossible de refuser une dispense sans que les impétrants tombent dans le concubinage ou aillent contracter devant les juges à paix des États-Unis » peut-il fléchir l'autorité ecclésiastique ? L'évêque est accommodant pour ces régions frontalières. Il écrit au missionnaire de Saint-Régis [Akwesasne] le 9 avril 1810 : « Les deux catholiques cousins germains concubinaires doivent, avant tout, être séparés et mis en pénitence l'espace de trois mois. J'en exigerais six ou peut-être douze dans un autre endroit du diocèse, moins voisin des États-Unis. »

Les esquisses de scénarios dont nous venons de prendre connaissance, l'avons-nous remarqué, mettent en présence des couples et des familles d'une exceptionnelle hardiesse. Or, ils concernent la proche endogamie familiale, soit le second degré de consanguinité ou d'affinité. Relevant exclusivement de l'évêque, le pouvoir de dispenser dans ce cas a donné lieu à une volumineuse correspondance. Les cousins germains constituent une série à part qui fait l'objet du prochain chapitre.

2

L'endogamie familiale : les cousins germains

Un misérable de votre paroisse a eu l'ignorance ou l'effronterie de venir cet hiver me demander une dispense pour faire marier le frère avec la sœur, sous prétexte qu'ils étaient de deux lits différents. Il n'avait point de lettre de vous, et vous étiez trop sage pour lui en donner une. Je l'ai reçu comme il le méritait, sans même lui demander son nom[1].

Quand les aînés du Québec rural d'aujourd'hui sont interrogés à propos des mariages de cousins germains d'autrefois, ils racontent des histoires d'infirmes qui, dans le troisième rang, au village, jamais dans leur famille, étaient nombreux, d'intelligence précaire, parce que les pères avaient épousé les filles de leurs oncles et tantes. Ce faisant, ils souscrivent à une thèse médicale récente[2] partagée par les milieux populaires autant que par les élites religieuses.

Comment diminuer le nombre de dispenses ? se demandait l'évêque de Montréal au milieu du xixᵉ siècle. L'Église vit dans la médecine un moyen de réduire l'endogamie familiale. Selon Bourget, « la doctrine médicale vient ici justifier la sagesse de l'Église ». Des médecins européens et américains commencent alors à observer des liens entre le taux de consan-

---

1. Plessis au curé de Maskinongé, 29 mars 1808.
2. Dans « La prohibition de l'inceste », *L'Année sociologique*, 1896-1897, p. 36-38, Émile DURKHEIM la fait remonter au xviiᵉ siècle. En fait, il semble qu'elle se soit enrichie et diffusée au xixᵉ.

41

guinité et l'incidence de certaines maladies, surtout chez les descendants de cousins germains. L'évêque cite un médecin de Genève, un autre de Paris. Dans le canton de Berne, où les mariages de cousins germains seraient nombreux, le « Dr Henri Cotin [...] observe dans toute sa laideur, la dégradation de l'espèce humaine ». On impute la dégénérescence à la consanguinité. Le médecin américain S.M. Bemis a constaté pour l'Ohio, en 1850, « 483 mariages entre cousins germains ». Trois ans plus tard, il note la stérilité de 332 de ces mariages et précise que « les 151 autres ont donné naissance à une génération maladive ». Le Kentucky vient d'interdire les mariages entre cousins germains. Sage législation, de repartir l'évêque de Montréal. Les unions en dehors du groupe familial, croit-il, ont un effet bénéfique sur la santé des populations[3].

Les spécialistes du droit entérinent à leur tour les positions médicales. Trente ans après les réflexions de Bourget à l'intention des titulaires de paroisses, Eusèbe Belleau soutient, à l'Université Laval, une thèse de doctorat sur les empêchements de mariage. L'auteur se rallie à « l'opinion unanime de la science médicale » pour condamner les unions consanguines « entre frères et sœurs [...] de père à fille, et de mère à fils » ainsi que de consanguins de degrés élevés de la ligne collatérale[4]. Pour appuyer ses dires, l'avocat Belleau renvoie à un ouvrage du médecin français Auguste Debay, *L'hygiène et la physiologie du mariage*. Paru pour la première fois en 1848, ce livre de vulgarisation a connu plus d'une centaine d'éditions entre le milieu du xixe siècle et les années 1880[5]. Après les toutes premières publications du traité, la pensée se fixe sur la conviction que l'on doit

---

3. Diocèse de Montréal, *Questions sur le mariage*, p. 78-84.

4. Eusèbe Belleau, *Des empêchements dirimants de mariage*, p. 48-49.

5. Selon le *Catalogue général des livres imprimés de la Bibliothèque nationale*, la 172e édition est parue en 1883. Nous avons comparé plusieurs éditions sur la question de la consanguinité et autres points mineurs. Plusieurs éditions sont en fait des réimpressions.

interdire [...] l'union des sujets dont la consanguinité est trop rapprochée, parce que ces unions donnent toujours des fruits défectueux ; et, de plus, elles redoublent toutes les infirmités existant déjà dans les familles qui ont une même souche. L'histoire nous montre, en effet, les aristocraties, réduites à se recruter dans leur propre sein, se dégrader peu à peu, tomber dans l'imbécillité, et disparaître. Les observations invariables des plus célèbres physiologistes et éleveurs [...] nous prouvent que les accouplements consanguins réussissent mal, et que, si l'on persiste à les continuer, espèce, vigueur, santé, fécondité, tout se dégrade et s'éteint[6].

Le livre de Debay n'est guère apprécié du clergé québécois. En 1871, Mgr Bourget oblige « ceux qui l'auraient entre les mains à le jeter au feu, même sous peine de refus des sacrements[7] ». Pourquoi pareil ostracisme d'un médecin pourtant fort populationniste ? Le médecin est entre autres thèses opposé à la chasteté des prêtres et des religieux : « Tous les médecins s'accordent à reconnaître que la continence réelle [...] est un acheminement à la folie[8]. » Pourfendeur de l'« exaltation religieuse », Debay n'est pas le type du médecin nuancé. Sa position en matière de consanguinité est contestée. Les rédacteurs du très sérieux *Dictionnaire de médecine* de Littré, édition de 1886, font le point en ces termes :

L'alliance consanguine élève l'hérédité à sa plus haute puissance. Elle assure dans le produit la répétition des qualités ou des vices dès ascendants dont elle transmet les mérites ou les défauts. Elle agit plus promptement et plus sensiblement sur l'homme que sur les animaux [...]. Il n'existe dans la science aucune doctrine à laquelle puisse se rattacher la théorie des dangers de la consanguinité pure et simple [...]. L'étude de la consanguinité dans certaines localités ou dans certaines classes sociales n'a relevé aucun fait pathologique qui ne pût être imputé à des causes très

6. Auguste DEBAY, *L'hygiène et la physiologie du mariage*, 81ᵉ éd., 1875, p. 201. On retrouve l'énoncé tel quel dans plusieurs éditions antérieures et subséquentes.

7. DIOCÈSE DE MONTRÉAL, *Mandements, lettres pastorales, circulaires et autres documents* [...], t. VI, p. 213.

8. Auguste DEBAY, *op. cit.*, 6ᵉ éd., 1856, p. 208.

nombreuses, à l'hérédité surtout ; d'ailleurs les faits ont été exagérés, et l'on a passé sous silence ceux qui tendraient à valider les unions consanguines (les Basques, par exemple) [...] quant aux statistiques concernant le rapport des mariages consanguins avec le nombre de sourds-muets, elles sont entachées d'une telle obscurité ou de telles erreurs, qu'il y a lieu de les considérer comme non avenues[9].

Tous ces débats de la seconde moitié du XIXe siècle font partie de l'histoire de la médecine génétique. Or, aucune théorie médicale ne semble avoir influencé l'épiscopat dans l'octroi des dispenses au début du siècle. L'évêque met autant d'énergie à combattre les mariages du deuxième degré d'affinité – cousins, cousines de la conjointe, du conjoint – qu'à s'opposer aux unions de cousins germains.

En ce qui concerne la proche endogamie familiale, des estimés d'une assez grande précision ont permis de découvrir que, à compter de la fin du XVIIIe siècle, on assiste à une croissance remarquable des mariages de proches apparentés (oncle-nièce, tante-neveu, cousins germains). L'ampleur des différences régionales est aussi notable. On se mariait davantage entre parents rapprochés en Espagne qu'en France et en Italie : « 2 à 3 couples sur 1 000 en France ; moitié moins en Italie, deux fois plus en Espagne [...] ces mariages se multiplient peut-être par cent entre la fin du XVIe et la fin du XVIIIe siècle[10] ». Il y a donc eu, du moins dans l'Europe catholique, relâchement de la discipline établie à Trente au XVIe siècle. Au milieu du XIXe siècle, le nombre de mariages de cousins germains est, en France, de 8 pour 1 000 unions légitimes[11]. L'Église catholique n'y détient pas, comme au Bas-Canada, le monopole de la gestion du système de

9. Émile LITTRÉ, *Dictionnaire de médecine* [...], p. 357-358.

10. Jean-Marie GOUESSE, « Démographie et couples à l'époque moderne », *Rapport d'activité du Centre de recherche en histoire quantitative de l'Université de Caen*, 1981, p. 122. Du même auteur, voir « Mariages de proches parents (XVIe-XXe siècle) », dans ÉCOLE FRANÇAISE DE ROME, *Le modèle familial européen*, p. 31-62.

11. D'après Jean-Marie GOUESSE, « Mariages de proches parents (XVIe-XXe siècle) », *art. cit.*, p. 59.

parenté. Mais cette variable n'influence guère, nous le verrons, la demande de dispenses et le succès des requêtes.

En l'absence de grands travaux sur le xixe siècle québécois, il est hasardeux de vouloir estimer l'évolution du nombre de dispenses du second degré. Les études quantitatives menées à ce jour semblent indiquer qu'elles furent très peu nombreuses au début du xixe siècle. Le curé de la paroisse de Sainte-Famille, île d'Orléans, n'a pas marié un seul couple de cousins germains avant 1830. Les trois cas de proche endogamie portés au registre entre 1750 et 1789 concernent des couples consanguins du second au troisième degré[12]. Sur 4 866 mariages célébrés dans Charlevoix du xviie au milieu du xixe siècle, les démographes en ont retracé seulement 3 : un au milieu du xviiie siècle, aucun sous l'épiscopat de Mgr Plessis (1806-1825), 2 durant le deuxième quart du xixe siècle. Vers la fin du siècle, 2 mariages sur 100 sont contractés par des cousins germains dans le diocèse de Québec. Il y aurait donc eu une très forte augmentation de la proche endogamie familiale, au Québec comme ailleurs en Occident. Dès lors, les commentaires des aînés d'aujourd'hui s'appuieraient sur une fréquence réelle[13]. Et Rome a sans doute voulu en diminuer le nombre en se réservant, pour chaque cas, le pouvoir d'accorder de telles dispenses au début des années 1920[14].

Un pouvoir épiscopal incertain

Consentir au mariage de parents du second degré est considéré comme une suspension majeure des interdits canoniques. En général, personne n'ignore dans la paroisse, et même dans les localités voisines, la démarche des familles qui favorisent ce niveau de consanguinité, sauf si deux tourtereaux ont fui leur

---

12. Jean-Pierre BARDET et Hubert CHARBONNEAU, « Culture et milieux en France et en Nouvelle-France », dans Joseph GOY et Jean-Pierre WALLOT (dir.), *Évolution et éclatement du monde rural* [...], p. 87, tableau XII.

13. Gérard BOUCHARD et Marc DE BRAEKELEER (dir.), *Histoire d'un génôme*, p. 110, 112, 114 et 118.

14. *La Semaine religieuse de Montréal*, 11 oct. 1923, p. 227-228.

domicile à l'aventure et se présentent ni vu ni connu pour se faire marier loin des leurs.

À cause de l'éloignement du diocèse, les évêques recevaient, au début de leur mandat, une permission spéciale (indult) de dispenser au second degré de consanguinité et d'affinité. Mgr Jean-Olivier Briand reçut un tel permis le 26 mars 1766, année de sa nomination au siège de Québec. Son successeur, Mgr Mariauchau Desgly, reçut un indult semblable vers la fin de son épiscopat, soit le 1er avril 1787. Mgr Jean-François Hubert, évêque de 1788 à 1797, fut à son tour nanti de ce privilège à compter du 5 juin 1791. Le 13 septembre 1801, Rome concéda cet indult à Pierre Denaut, évêque en titre depuis 1797. Ces quatre évêques successifs ont chacun reçu leurs pouvoirs pour une durée de 20 ans. Quel délai s'est-il écoulé entre la signature romaine et la réception du document à Québec ? Nous l'ignorons. Les évêques furent-ils les seuls à posséder ce privilège conféré aux diocèses éloignés ? L'ont-ils délégué aux vicaires généraux postés en région ? Certains indices portent à croire que oui.

Le 19 décembre 1806, au tout début de son épiscopat, Mgr Plessis écrit au curé de Sainte-Geneviève de Batiscan, apparemment surpris que le vicaire général de Trois-Rivières ait débouté un de ses paroissiens : « M. le grand vicaire a eu raison de déclarer que la dispense du 2^d degré était au-dessus de ses pouvoirs. Je suis le seul dans le diocèse qui la puisse maintenant accorder. » Scrupuleux, Plessis ne permettait pas d'en octroyer quand il était coadjuteur de Mgr Denaut, laissant à ce dernier la responsabilité de se prononcer sur les demandes. Bernard-Claude Panet, coadjuteur de Plessis, se trouvait lui aussi fort aise que son patron se fût attribué ce pouvoir en exclusivité. Devenu archevêque de Québec au milieu des années 1820, Panet poursuivit la politique de son prédécesseur. L'auxiliaire du district de Montréal depuis 1821, Mgr Jean-Jacques Lartigue, était ennuyé par cette centralisation des pouvoirs. À son avis, elle entraînait « des longueurs et des inconvénients » faciles à éliminer, puisque l'archevêque pouvait déléguer ses facultés à ses suffragants. En 1828, Lartigue voulut faire partager ses vues par son supérieur hiérarchique. Panet lui intima que son refus de déléguer constituait un moyen de « rendre les dispenses du 2^d degré plus difficiles à obtenir. Le voyage que ces demandes nécessitent peut seul arrêter beaucoup d'impétrants. » Nous sommes dès lors assurés que, au cours des trois premières décennies du XIXe siècle, l'octroi des dispenses du second degré était une prérogative de l'évêque de Québec.

Mgr Plessis possédait des pouvoirs beaucoup moins étendus que ses prédécesseurs. Jusqu'à son voyage à Rome, en 1819-1820, il s'est trouvé démuni du fameux indult dévolu aux évêques de la seconde moitié du XVIIIe siècle. Ses réticences à concéder des dispenses pourraient bien venir de là. Il dut s'en expliquer au curé Lanctôt de L'Acadie. Ce quinquagénaire au tempérament bon enfant œuvrait depuis 20 ans dans cette paroisse assez indocile lorsqu'il mit à l'épreuve la nouvelle rigueur annoncée par Plessis en début de mandat. Un jeune homme de L'Acadie voulait épouser sa cousine germaine. L'un et l'autre étaient au milieu de la trentaine. Le garçon « n'a d'autre raison qu'une ancienne et forte amitié » vieille de plus de dix ans, « qu'il n'a pu vaincre, malgré nombre de voyages ». Bon chrétien, le requérant est fortement recommandé par le curé. Pour fléchir le nouvel évêque, le vicaire général de Montréal ajoute un élément au dossier : le curé a oublié de mentionner que « le suppliant était le soutien de sa cousine et [de] sa famille ». Plessis refuse. Le curé insiste : « Vous n'ignorez pas, Monseigneur, combien il est difficile de faire entendre raison à ces pauvres gens, l'horreur que l'Église a de tels mariages [...]. Selon eux, c'est toujours la faute du curé, ou de quelque ennemi caché qu'ils soupçonnent d'agir contre eux. » Les cousins vont-ils imiter « deux personnes de la même paroisse qui vivent en concubinage depuis de longues années pour n'avoir pu obtenir une semblable dispense » ? Le curé appréhende cette possibilité. Pour Plessis, « l'exemple des autres ne signifie rien » ; puisque les *impétrants* sont réputés bons chrétiens, ils vont respecter les interdits de l'Église. On ne sait ce qu'il est advenu du couple, l'évêque mettant leur sort entre les mains du vicaire général de Montréal.

Le curé de L'Acadie, le 7 février 1814, intervient en faveur d'une autre paire de germains. Veuf, le futur, 32 ans, « est seul chez lui [...] son ménage est en désordre [...] les bons partis sont rares ». La cousine, 25 ans, lui paraît le meilleur choix pour son ménage. Ce sont des raisons d'intérêt privé, réplique l'évêque. Elles « pourraient suffire à des degrés inférieurs ». Mais au second, ainsi que le prescrivent les arrêtés du Concile de Trente, il faut une cause publique. Repartie du curé : n'est-ce pas favoriser l'injustice ? Les raisons publiques ne seraient-elles pas celles des princes ? Le curé rappelle qu'il n'a « jamais vu ni ouï dire qu'il y ait eu des princes catholiques dans le Canada [...] cependant grand nombre de dispenses au second degré ont été accordées : que répondre à ceux qui nous les objectent ? [...] Les grâces extraordinaires [...] ne seraient-elles que pour les personnes de la première classe ? [...] il faudrait prendre tous les moyens possibles pour conserver à la religion des petits et des grands. » Les deux couples parrainés par Lanctôt sont de condition modeste. Le curé aimerait que l'évêque les traite avec « cette tendresse de l'Église notre mère ». Le 6 avril 1814, Plessis informe son interlocuteur des éléments qui justifient son refus : « Le pouvoir de dispenser au second degré n'est pas attaché à mon siège. Je ne puis l'exercer qu'en vertu d'une délégation du Siège apostolique. Or cette délégation même n'a pas été renouvelée en ma faveur. Personne n'a donc plus de raison que moi d'en user avec sobriété. » Et quelle sobriété ! Selon son témoignage, Plessis en refuserait « 9 sur 10, et l'expérience m'a démontré que l'on commençait à perdre l'espérance de les obtenir et que beaucoup se gardaient par cette raison, de former des liaisons avec leurs parentes à ce degré ». On a été autrefois plus libéral ? Les circonstances ont changé :

> Dans les premières années qui ont suivi la conquête de ce pays, on se crut autorisé à accorder de ces sortes de dispenses par la

crainte que des filles catholiques ne contractassent avec des protestants des alliances dont la validité même n'était pas encore reconnue. Mais les mariages mixtes n'en ayant pas moins eu lieu, surtout après qu'on les eût déclarés valides quoiqu'illicites, la relaxation devint moins nécessaire. Cependant la brèche était faite [...]. On accorda plus souvent qu'on refusait. On parvint à refuser aussi souvent que l'on accordait. Ne trouvez-vous pas mauvais, vous bon prêtre [...] que je cherche à ramener les choses à leur ancien état, où à peine se donnait-il, dans l'espace de trente ans, une ou deux dispenses du second degré ?

Laissons aux historiens-démographes le soin de vérifier jusqu'à quel point Plessis dit vrai par rapport au siècle et demi d'histoire que l'évêque embrasse pour mieux convaincre son interlocuteur. Interrogeons plutôt les objections de ce dernier concernant le traitement inégal fait aux riches et aux pauvres. L'injustice présumée à l'égard de ces derniers est conforme au droit canonique, de répliquer l'évêque : « Vous objectez [...] la préférence que l'on donne [...] aux grands du monde sur les gens du commun. Tous les canonistes sont d'accord sur cette préférence. » La petitesse du lieu, la préservation du patrimoine « ne doivent être considérées que par rapport aux familles nobles. En effet, plus les personnes sont notables dans le monde, et plus elles peuvent nuire à l'Église par leurs scandales ou la servir par leur autorité et leurs bons conseils. » Telles sont les réflexions de l'évêque du Bas-Canada en réponse aux scrupules d'un curé de campagne plus près des humbles et de l'Évangile... que des classes dominantes. La conscience de classe de l'évêque n'apaisait pas pour autant sa conscience morale quant au pouvoir de dispenser quel que soit le niveau de fortune, d'où ses recours à Rome pour s'assurer qu'il accorde des grâces avec l'approbation de ses supérieurs. Le 11 avril 1815, il écrit au cardinal préfet de la Propagande :

Depuis la lettre que je me suis fait l'honneur d'adresser à votre éminence le 23 novembre dernier, il m'a été fait plusieurs demandes de dispenses d'affinité et de consanguinité au second degré, toutes par de petites gens de la campagne, dont plusieurs vivent déjà dans un concubinage scandaleux, d'autres ont été unis ou menacent de l'être par des ministres hérétiques, sur des *licences* ou *dispenses* de publication de bans, que les officiers du gouvernement donnent sans difficulté et sans égard aux empêchements qui lient les parties. La très grande facilité avec laquelle mes prédécesseurs ont disposé dans ce degré, enhardit les gens, et les mauvais conseils de leurs amis et voisins peu respectueux envers la religion, les provoquent à des démarches scandaleuses qui donnent beaucoup d'inquiétude [...]. Entre les sept dispenses au second degré qui m'ont été demandées depuis l'automne, il se trouve deux de consanguinité un peu plus favorables que les autres. Les impétrants appartiennent à des familles respectables. Il s'agit dans ces deux cas de réunir des biens nobles ou quasi nobles. Les personnes sont recommandables par leur religion et par leurs bonnes mœurs, sans être à l'abri des tentations que pourraient leur suggérer des amis pervers, s'ils se voyaient privés de toute espérance d'être dispensés.

En guise de réponse, Plessis reçoit un indult daté du 14 janvier 1816 ; le pouvoir est limité aux sept cas mentionnés dans sa requête. Le 3 août 1817, l'autorité romaine lui délivre un nouvel indult applicable à 20 cas. C'est seulement après son voyage à Rome que Plessis obtient des pouvoirs limités dans la durée, mais illimités quant au nombre de cas à gracier. Des indults du 23 janvier 1820, du 12 mai 1822, du 26 juin 1825 lui accordent chaque fois des pouvoirs pour trois ans.

Quelle que fût la politique romaine, il est une constante avec laquelle Joseph-Octave Plessis eut inlassablement à composer : les délais de correspondance causés par l'éloignement du diocèse. Durant la Révolution française et les guerres napoléoniennes, de nombreux évêques éprouvèrent des difficultés à communiquer avec la papauté. À fortiori les prélats de l'Amérique. Les communications reviennent à la normale au milieu des années 1810[15]. Le 7 décembre 1815, après une quatrième lettre en 14 mois, Plessis se désole de n'avoir reçu « aucune réponse » de Rome. Le 9 mars 1824, il confie à son auxiliaire Lartigue que Rome « est en retard [...] depuis 1820 » sur des questions comme les « indulgences, dispenses, cas de conscience, etc. etc. ». Au milieu de son épiscopat, il exprimait son inconfort d'être pourvu de pouvoirs limités. En avril 1817, il expose ses problèmes au préfet de la Propagande :

> Je me suis fait l'honneur d'écrire à Votre éminence, le 15 et le 18 octobre et le 23 novembre dernier. Le temps écoulé depuis la date de ces lettres n'est pas assez long pour m'autoriser à en attendre les réponses d'ici à quelques mois ; heureux si les ordres et décisions de la Propagande sur mes questions du mois de septembre 1814 [1816 ?] m'étaient parvenues [...]. Il a plu au S. Siège me permettre de dispenser dans sept cas de l'empêchement dirimant public de consanguinité ou affinité au second degré. Cinq de ces dispenses sont déjà accordées, et tous les jours il se présente des cas de cette espèce, de sorte que j'ai suspendu les deux qui me restent, ne sachant sur qui les faire tomber [...]. La plupart d'entre eux n'appartiennent à aucune famille tant soit peu recommandable. Ce sont des marchands, des artisans, des cultivateurs qui n'appuient leurs demandes que de motifs particuliers, comme des raisons d'intérêt personnel, d'affection réciproque et constante ; motifs qui autoriseraient à peine à dispenser dans des degrés inférieurs. Il est vrai qu'un refus obstiné les conduit quelquefois au libertinage. Il y a en ce moment plusieurs couples dans mon diocèse qui vivent dans le

---

15. Luca CODIGNOLA, « The Rome-Paris-Quebec Connection in an Age of Revolutions, 1760-1820 », dans Pierre-H. BOULLE et Richard-A. LEBRUN (dir.), *Le Canada et la Révolution française*, p. 115-132, en particulier p. 122. Pour un survol de l'histoire des rapports entre Rome et l'Amérique, voir, du même auteur : « Roman Sources of Canadian Religious History », dans SOCIÉTÉ CANADIENNE D'HISTOIRE DE L'ÉGLISE CATHOLIQUE, *Sessions d'étude 1983*, p. 73-87 ; « Conflict or Consensus ? Catholics in Canada and in the United States, 1780-1820 », dans SOCIÉTÉ CANADIENNE D'HISTOIRE DE L'ÉGLISE CATHOLIQUE, *Sessions d'étude 1988*, p. 43-59. Ces travaux récents ne dispensent pas de consulter l'ouvrage classique de Lucien LEMIEUX, *L'établissement de la première province ecclésiastique au Canada, 1783-1844*. Le 17 février 1821, le cardinal Fontana, dans une lettre à Plessis, évoque d'une façon détaillée les difficultés de communication qui ont mis Plessis dans l'embarras jusqu'à son voyage à Rome. La lettre est analysée dans le *Rapport de l'archiviste de la province de Québec, 1932-1933*, p. 170-171.

libertinage le plus scandaleux, parce qu'on n'a pas jugé que leurs demandes de dispenses au second degré fussent appuyées de causes suffisantes. D'autres également refusés vont se présenter au ministre protestant, lequel sur une dispense de bans obtenue du gouverneur, reçoit leur mutuel consentement sans égard ni à la clandestinité de leur démarche, ni à l'empêchement dont ils sont liés, ni au concubinage qui s'ensuit.

L'évêque explique ensuite que, en 1815, il a exposé ses doléances, mais n'a pas reçu de réponse. C'est donc faute d'instructions et de pouvoirs qu'il fait souvent la sourde oreille aux demandes des fidèles. Le nombre de cas augmente vraisemblablement au rythme de l'augmentation de la population. On a célébré 15 000 mariages entre 1790 et 1800, plus du double entre 1820 et 1830[16]. En supposant que le désir de s'épouser entre proches apparentés soit demeuré constant, la croissance démographique seule aurait fait doubler le nombre de cas en trois décennies.

Quand des cousins font la loi

Comment se nouent ces liens affectifs et physiques entre les enfants de frères et sœurs ? Au hasard des rencontres familiales. De grands enfants de sexes différents jouent et causent à l'écart. Pour beaucoup de jeunes, c'est l'occasion d'un premier éveil pulsionnel. Si les parents n'y prennent garde, si même ils encouragent subtilement la formation des idylles, les jeunes s'acheminent vers la formation d'une union légitime. C'est en vain que le curé annonce en chaire, avertit les parents qu'une trop intime sociabilité familiale comporte des dangers. Quand les intéressés sont résolus à former une union stable et que les parents sont d'accord, rien ne les arrête.

En 1811, le curé de Mascouche avoue son impuissance. Deux cousins entretiennent des relations d'amitié depuis neuf ans. Ils ont sollicité sans succès, par son intermédiaire et celui

---

16. *Annuaire statistique du Québec*, 1914, p. 88.

de ses prédécesseurs. Le curé affirme ne pouvoir les détourner de leur projet de mariage. Le père du garçon, « qui jusqu'à présent lui a toujours refusé son consentement », cède aux instances du fils, vu « son inclination et sa constance opiniâtre, craignant pour son salut, ou craignant qu'il ne devînt le scandale de la paroisse ». Avant de réagir à de semblables pressions, les évêques réclament plus de précisions. Interrogé, le père affirme que son fils rend « visite à des heures indues à sa cousine ». Le jeune homme ne communie pas « depuis quelques années ». On a eu peine à dissuader les jeunes gens de se mettre en ménage. On craint qu'ils ne fuient le toit paternel pour aller former ailleurs une union de fait. « La fille est pauvre, n'ayant aucun patrimoine à attendre, et elle est âgée de 27 ans. » La dispense est accordée, non pour des raisons affectives ou matérielles, mais parce qu'on appréhende un concubinage, raison publique suivant les critères du Concile de Trente. Le mariage doit se faire « sans bruit, sans noces, en présence de deux témoins seulement ». L'évêque veut éviter le risque que ce précédent puisse en convaincre d'autres de réclamer les mêmes faveurs. Cette discrétion est généralement de rigueur lorsque la dispense est accordée.

Ce ne sont pas toujours des jeunes qui forment un projet de mariage malgré leur apparentement. En 1810, un célibataire de 60 ans annonce au curé de L'Ancienne-Lorette qu'il veut épouser sa cousine de dix ans sa cadette. Ils ont été élevés ensemble par suite du décès des parents de la fille. Selon le curé, « ce serait un mariage de raison ». Un « autre parti se présente pour la fille […] un jeune homme de 20 ou 21 ans, pauvre, et qui après s'être marié doit aller loger chez son père et sa mère […] cette dernière ne s'accorde avec personne […]. J'entrevois, dit le curé, que ce jeune garçon ne prendra la fille que parce qu'il s'attend que son cousin (qui demande lui-même à la prendre) lui donnera en se mariant 600 # et quelque autre chose. » Le curé favorise l'union consanguine qu'il dit souhaiter tant pour la fille que pour le garçon. Ils ont de l'inclination l'un pour l'autre. Le projet garantit la sécurité et l'aisance à l'épouse.

D'autres liens se sont formés au gré de facteurs plus exclusivement matériels. Un veuf chargé d'enfants confie sa descendance à sa proche parente. Le curé de Sorel compte dans sa paroisse un ménage de ce type. Selon lui, le futur n'aurait eu « aucun mauvais commerce avec sa cousine, qui soit parvenu à la connaissance du public. Il paraît même qu'ils ont été admis à leurs pâques tous les ans. » Mais les bruits courent qu'ils ont couché ensemble. D'où l'appréhension d'un scandale, vraisemblablement d'un enfant non désiré. Le curé favorise l'union sacramentelle pour des raisons privées. Le futur considère « que cette fille a bien travaillé pour élever ses enfants, qu'elle est âgée de quarante-deux ans et qu'elle se trouve sans ressources pour vivre s'il la met dehors pour en épouser une autre ». Le veuf n'est généreux qu'en apparence ; « ne pouvant payer gages à sa cousine [il] lui a donné la moitié de son bien ». Comme il est pauvre, se séparer entraînerait sa ruine. Et qu'arriverait-il si on ne voulait pas le faire ? Après avoir exigé et obtenu que la future aille coucher quelque temps sous un autre toit, l'évêque accepte que le couple qui partageait déjà le gîte et le couvert depuis une douzaine d'années soit sacramentellement autorisé à partager le même lit après avoir demandé pardon à l'assemblée paroissiale, « si le public a cru qu'ils vivaient en concubinage ».

Quand il s'agit vraiment d'une union libre au vu et au su de tout le monde, l'humiliation est plus sévère. En 1811, un couple est soumis à une séparation de trois semaines avant de recevoir la dispense. Chacun des trois dimanches à venir, en sus d'une demande de pardon par la bouche du curé, ils assisteront « à la grand-messe à genoux (excepté le temps du sermon et du credo) un cierge allumé à la main, au milieu de la grande allée de l'église ». Pénitence accomplie, dispense concédée.

Les rencontres et les projets de mariage surviennent différemment selon qu'il s'agit de petites gens de la campagne ou de membres de familles qui ont du bien et de la distinction. Dans l'aristocratie, les parents des jeunes à marier sont en général les stratèges exclusifs des projets de mariage. En 1819, le curé de L'Assomption réclame une dispense pour « Mr de Tonnancour et demoiselle Marguerite de Saint-Ours, [celle-ci] n'ayant jamais eu d'autre attache que pour ses cousins les seuls qu'elle ait jamais vus, elle a déjà voulu se marier avec un jeune habitant du canton [...]. Sa famille des premières de la province en serait bien mortifiée. » Qu'il provienne de la naissance ou soit le fruit de longues études, le prestige social des couches supérieures est pris en compte pour réclamer et accorder des dispenses. Un couple de cousins de Saint-Cuthbert présente la rencontre du capital physique et du capital culturel. Le garçon a étudié au petit séminaire de Nicolet. Non content que le curé plaide en sa faveur, il défend lui-même, l'évêque le connaissant personnellement, le dessein de marier sa cousine germaine. L'intérêt, proteste-t-il, n'entre pas dans son projet. Il finit par se contredire :

> Le conseil que m'a donné Votre Grandeur de nous éloigner l'un de l'autre, est, selon moi, bien bon, s'il était faisable. Mais je ne crois pas que Dieu demande de moi que je me mette hors d'état de gagner ma vie [...]. Car la raison même qui m'a fait abandonner mon cours d'études est l'avantage temporel que m'a promis ma chère tante aussitôt après la mort de son époux. Et cet avantage consiste en une maison qu'elle m'a fait bâtir auprès de la sienne et son magasin qu'elle m'a abandonné [...]. De l'autre côté, ma chère tante qui a élevé cette demoiselle depuis l'âge de deux ans, qui est sa nièce [...] n'ayant que sa compagnie pour toute consolation dans son triste veuvage, ne consentira jamais à l'éloigner d'elle. Nous voilà donc obligés de demeurer ensemble, de nous voir journellement à la même table, de nous entretenir à chaque instant de la journée.

Une veuve sans descendance, mais possédant du bien, a adopté une nièce et, d'une certaine manière, un neveu issu d'une famille nombreuse. Le père du garçon plaide lui aussi pour que se réalise le projet de mariage. Dans les exposés du jeune homme, des menaces à peine voilées font réfléchir l'évêque. La tante riche connaît des marchands protestants qui pourraient lui conseiller de passer outre aux interdits catholiques. Le futur se déclare attiré par une protestante, mais se dit incapable de renoncer à sa cousine et se méfie de ses pulsions qui pourraient le conduire à des comportements scandaleux... Il ne s'agit pas de protéger l'intégrité d'un bien noble, doit penser l'évêque. La future est mineure. Elle a tout le temps de trouver un époux. Mais le père du jeune homme est seigneur...[17]. Le projet concourt au bonheur des familles. Et si les menaces du garçon étaient mises à exécution... Plessis cède à contrecœur, parce qu'il sait aussi que, dans l'affaire, le garçon est probablement plus avantagé que la fille.

Les simples habitants illettrés des campagnes ne font pas tant de manières. Lorsqu'ils veulent s'épouser entre proches, ils trouvent plus d'un moyen pour forcer la main de l'évêque. Les dossiers démontrent à l'évidence que, au cours d'âpres négociations, les familles l'emportent plus souvent que les instances religieuses.

Parmi les pressions utilisées pour fléchir l'épiscopat, la plus simple consiste à coucher ensemble. Pour éviter un scandale et pour légitimer l'enfant à naître, l'évêque se décide en quelques semaines, parfois en quelques jours. A-t-on péché dans le but d'obtenir plus facilement dispense ? Les plus rusés connaissent la réponse gagnante. Plessis n'est pas dupe. En 1791, alors secrétaire épiscopal, il reçoit de Pointe-aux-Trembles (Neuville) la nouvelle qu'une mère célibataire veut épouser son cousin, le père de l'enfant. Selon la déposition du vicaire, les amoureux n'ont pas eu des rapports sexuels féconds dans le but de faire céder l'évêque à leur projet. En relisant la lettre du jeune prêtre, Plessis n'est pas convaincu qu'ils disent la vérité, même s'il n'y a manifestement pas de mauvaise foi. « C'est une maxime assez générale dans cette paroisse et les voisines qu'il faut commencer pour obtenir dispense plus aisément » avait écrit le vicaire. Pour faire mentir la maxime, Plessis refuse sa grâce. Le chef du diocèse est à l'affût des roublards. Le curé de Saint-Philippe de La Prairie est prié de redemander une dispense refusée, au cas où une paroissienne « aurait

---

17. Nous puisons ces précisions dans Florian AUBIN, *La paroisse de Saint-Cuthbert, 1765-1980*, t. 1, p. 45-47.

menti en se disant enceinte» des œuvres de son cousin: « elle ne serait pas la première qui dans l'idée d'accélérer les causes de son mariage, se serait vantée du mal qu'elle n'a pas fait». Quand l'enfant est né, une dispense ne saurait prévenir le scandale. L'évêque refuse régulièrement, ainsi qu'il l'a fait à propos du couple de Neuville. Un cas semblable survient à l'île Perrot en 1791. Une fille « a été abusée par son cousin germain [...] les honnêtes gens de la paroisse» souhaitent d'autant plus leur mariage que la «fille est estropiée, pauvre et laide». Son compagnon est en mesure d'assurer son bien-être, du moins jusqu'à ce qu'il ne soit plus en charge de ses parents: « C'est un jeune homme âgé d'environ vingt-sept à vingt-huit ans, qui a employé tout l'argent qu'il a gagné à soutenir son père et sa mère qui sont pauvres et avancés en âge.» Mgr Hubert n'est pas favorable au mariage. La dispense ne doit pas être «le prix du libertinage». Puisque « le crime est notoire, divulgué, ils sont par là même indignes de la grâce qu'ils sollicitent».

Entêtés, certains se mettent en ménage, escomptant que, tôt ou tard, l'évêque finira par céder. Ces unions durent souvent plusieurs années. Pour un père qui renie sa fille, plusieurs approuvent l'union de fait. L'évêque cède sur promesse de réparation pour le scandale donné. Il exige communément jusqu'à trois ans de séparation, se réservant d'abréger suivant bonne conduite. Les paroissiens sont conviés au ministère de la surveillance. L'interdiction de se rencontrer provoque parfois des situations aberrantes dont s'émeuvent le curé et les voisins: « Ma nièce orpheline a besoin de quelqu'un à la tête de ses affaires» s'écrie une veuve de Yamachiche en 1818. Le couple qui vit maritalement obtient dispense... en 1827, moyennant une séparation dont la durée est laissée à la discrétion du curé. En 1823, deux cousins de L'Acadie, qui vivent en union libre depuis sept ou huit ans, ont charge de leurs « quatre enfants qui malheureusement sont presque imbéciles». Pour obéir aux ordres épiscopaux, le curé les a séparés; « et voilà dix-huit mois qu'ils ne se voient plus. Et pour cela il a fallu que l'homme ait abandonné la maison et la terre. Et cela les conduit à la grande misère. Il a perdu tous ses animaux, faute de soins. Et les travaux de la terre ne pouvant être bien suivis par les gens qu'ils payent, cette malheureuse fille se trouve réduite avec ses enfants à une misère qui mérite la compassion. » Le curé se dit satisfait de leur conduite depuis qu'ils ont cessé de vivre comme mari et femme : « Ils viennent régulièrement à confesse et sont très soumis à tout ce que l'on peut exiger d'eux. » Pitié pour ces misérables victimes de la rigueur épiscopale ! Dispense accordée.

Quand les couples refusent de se séparer, point de dispense. Un « jeune homme du Madawaska sera malheureux jusqu'à ce qu'il s'expatrie de la Rivière St-Jean après avoir abandonné sa terre à la cousine par lui déflorée. Il s'est fermé toute issue à la dispense qu'il sollicite en n'observant pas la séparation [...] prescrite comme l'unique moyen d'y parvenir. » À la fin de l'année 1822, Plessis écrivait au curé de Sainte-Geneviève de Berthier qu'un cousin ne doit pas compter sur ses faveurs : « Le concubinage, même incestueux, de ces petites gens, fait moins d'impression qu'un mariage autorisé dans un degré de parenté aussi proche. »

Dans certains cas, l'autorité diocésaine pratique une véritable analyse psycho-sociologique. Si tel jeune homme forme une union concubine, « comme il semble en menacer, avec celle qu'il recherche, cet homme ne jouit pas, dans la paroisse, d'assez de considération pour que le scandale fût bien grand. Je me décide donc pour la négative » [Yamachiche, 1806]. Les futurs « sont-ils de cette canaille dont les désordres ne font point impression ? » demande l'évêque au curé de Saint-Philippe de La Prairie en 1812. De leur côté, les habitants font leur propre analyse : « Selon les apparences, le demandeur [...] aurait resté tranquille après le refus qu'il avait éprouvé [...] s'il ne se fût trouvé à Montréal, et eût entendu parler d'un oncle et d'un cousin germain dont le premier avait épousé sa nièce, l'autre sa cousine germaine » [Neuville, 1791] ; « L'exemple de quelques mariages, faits ici avec le même empêchement, de gens qui avaient commencé par leur libertinage leur donne des espérances » [Sorel, 1819].

Dans la région du Bas-Richelieu et, plus généralement, dans tout l'ouest du Québec, la rigueur paie moins que le crime ; celui-ci constitue une arme efficace de négociation, ainsi que dans la ville de Trois-Rivières où se trouvent des pasteurs protestants. Dans la ville épiscopale, ces derniers paraissent refuser couramment leur ministère par égard pour la hiérarchie catholique. Pour les populations établies au sud de l'île de Montréal, les couples apparentés déboutés par l'épiscopat disposent d'un atout supplémentaire. La frontière américaine est proche. Il suffit de la traverser en quête d'un homme de loi qui, là-bas, possède le pouvoir de recevoir les consentements de mariage. Les dispenses sollicitées paraissent plus fréquemment obtenues dans cette partie de la province. À Saint-Laurent, près de Montréal, une dispense du second degré en suscite une autre, à la fin du XVIIIe siècle. À Saint-Luc, au début du siècle suivant, le curé se désole de ne pouvoir soumettre les fidèles aux exigences canoniques. L'évêque l'exhorte à ne point abandonner ces gens de peu de foi : « Je ne connais point de prêtres dans mon diocèse qui aient autant besoin de prier pour leurs ouailles que les curés de St-Luc, de St-Constant, de Ste-Marguerite [L'Acadie], de St-Philippe et de Laprairie. »

Que les couples incestueux se mettent en ménage avec ou sans le secours du ministre protestant ne change guère l'affaire. Quand ils acceptent de se séparer pour obtenir dispense, ils le font souvent avec beaucoup d'atermoiements ; « sans beaucoup de chagrin » remarque le curé de Saint-Luc à propos d'un cas survenu en 1808. « Le vrai motif qui les incite à faire quelque effort pour se marier en face d'Église, c'est qu'ils craignent que leurs enfants, s'ils en ont [...] ne puissent hériter d'eux. Car j'ai entendu dire au père de la fille que le notaire de Laprairie avait refusé de [...] mettre par écrit leur arrangement, vu qu'ils n'étaient pas mariés. » Cette même année, deux paroissiens de

Saint-Philippe, en union de fait depuis trois ans, « sont allés [...] au-delà de la ligne provinciale se marier devant un juge ». À leur exemple, « des jeunes gens ont dit à leurs parents que s'ils ne leur permettaient pas le mariage [...] ils iraient aux lignes ». Les mariages devant les juges de paix ne sont pas valides, leur fait remarquer le curé. On s'en moque. Le couple prétend que, s'il n'a pas obtenu dispense, c'est justement la faute du curé. Celui-ci, pourtant, avait plaidé en leur faveur. Après une séparation de plusieurs mois, appuyés par un groupe de notables, secondés par le curé – « les enfants de cet homme et son ménage souffrent beaucoup de ce qu'il n'y a point de femme dans cette maison » –, les cousins obtiennent dispense à condition de réparer publiquement leur inconduite.

Les scénarios qui mènent au ministre protestant sont si variés que les évêques considèrent la menace d'y recourir comme un critère public de dispense. En informant Rome de ce genre de démarches, Mgr Hubert, en 1791, voulait faire entériner cette vue des choses par ses supérieurs. Pour se justifier de n'avoir point sévi contre des couples unis par des ministres non catholiques, il fait valoir qu'il eût « été politiquement fort dangereux de procéder contre eux suivant la rigueur des canons, sous un gouvernement protestant ». La présence protestante était donc une menace au monopole de l'Église catholique. Par conséquent, on ne pouvait rien contre des ministres accueillants à l'égard de couples éconduits par leurs prêtres. En 1808, deux cousins de Bécancour sont mariés par Robert Quirk Short, pasteur anglican de Trois-Rivières. Le vicaire général alerte l'évêque : « Il n'a pas le pouvoir suivant son Église de marier sans dispense de ses supérieurs des parents du second degré. » Short paraît ne pas s'être mis en peine de savoir si le couple était apparenté. Plessis conseille la prudence à son représentant trifluvien : « comme dans les préjugés des Anglicans, tout sujet britannique est sous juridiction de ce qu'ils appellent l'Église établie [...] il ne faut pas sévir publiquement contre ces pécheurs » qui obtiennent finalement dispense de l'évêque catholique. En 1814, un paroissien de Champlain vient à Trois-Rivières pour épouser sa cousine devant le ministre protestant. Après quatre ans de vie commune, le curé de Champlain réussit à séparer les cousins. Au cours d'une entrevue de trois heures, ils auraient rendu « les armes », après avoir entendu : « C'est Dieu qui m'a envoyé [...]. Il vous en demandera un compte bien rigoureux, et si vous résistez à sa voix en ce moment, prenez garde qu'Il ne vous abandonne. » Ferme, le curé ne leur a pas laissé espérer une dispense... qu'ils finiront par obtenir en 1820.

Plus la présence protestante est faible, moins on a de chances de se faire marier par des ministres « hérétiques ». Pourtant, il suffit d'une amitié avec un « étranger » pour inciter des cousins à narguer l'évêque. En 1812, le curé de Saint-André de Kamouraska insiste en faveur d'un couple qui a essuyé un premier refus. « J'ai tenu bon contre cette dispense tant qu'elle n'a été sollicitée que pour des raisons particulières et personnelles », repartit l'évêque en changeant d'avis à la nouvelle que les intéressés reçoivent les conseils d'un protestant « qui pourrait leur suggérer de recourir au ministre hérétique et de contracter un mariage nul et scandaleux pour la religion. Voilà cette *publicam causam* du concile de Trente. » Le couple est finalement marié par le ministère du prêtre catholique.

L'éloignement des frontières américaines ou des ressources pastorales protestantes et l'impossibilité de se mettre en ménage poussent des couples déterminés à un vieux stratagème, les mariages « à la gaulmine », sorte d'unions clandestines « théoriquement valides aux yeux de l'Église »[18]. Quoique cette ruse pour

---

18. François LEBRUN, *La vie conjugale sous l'Ancien Régime*, p. 20. Lebrun en attribue la paternité à Gilbert Gaulmin (1585-1665). En Nouvelle-France, un mandement de 1717 le rendant passible d'excommunication le décrivait en ces termes : « plusieurs jeunes gens [...] avaient trouvé [...] une manière détestable de contracter [...] qu'ils appellent à la Gaumine, en se présentant devant leur curé, ou autre prêtre, pour le prendre à témoin du prétendu mariage [...] sans les cérémonies de l'Église, et souvent malgré leurs parents et à leur insu ». (Henri TÊTU et Charles-Octave GAGNON (éd.), *Mandements, lettres pastorales et circulaires des évêques de Québec*, t. 1, p. 493.)

contourner l'absence de dispense paraisse en désuétude, il s'en est trouvé quelques exemples au Bas-Canada. En 1789, Mgr Hubert adresse une lettre pastorale aux habitants de Soulanges et de l'île Perrot, afin que ces communautés respectent sa condamnation d'un couple insoumis :

> Nous avons [...] refusé cette dispense [...]. Les coupables, au lieu de se séparer et de renoncer pour toujours à se marier ensemble [...] ont eu l'audace de se transporter dans l'église de l'île Perrot, et là, devant le Saint sacrement, en présence de quelques témoins presque aussi coupables qu'eux, se sont donné mutuellement leur foi[19].

Un mariage semblable s'est produit à La Prairie, la même année. Le curé de Saint-Hyacinthe en parle comme d'une éventualité en 1810. Mais on ne passe pas aux actes.

Les réticences à concéder des dispenses ne sont pas seulement imputables au manque de pouvoirs. Mieux pourvu après 1820, Plessis continue d'en octroyer avec parcimonie. Au moment de sa mort, plusieurs cas demeurent en suspens. Après trois refus, un couple de Saint-Paul de Lavaltrie a finalement « contracté devant quatre témoins un prétendu mariage dans l'église de Montréal ». Les partenaires vivent ensemble une dizaine d'années. Ils ont plusieurs enfants. Mgr Panet leur accorde finalement dispense en 1826. D'autres couples en ménage depuis 15 ans, 20 ans, sont aussi graciés par le successeur de Plessis. Le vieil évêque – de dix ans l'aîné de son défunt prédécesseur – est décidément plus accueillant à l'endroit des couples de germains. Le 1er juin 1826, il écrit à un missionnaire gaspésien : « Malgré la mauvaise conduite de ceux qui sollicitent des dispenses, il faut pourtant lâcher la bride en certaines circonstances. » Le 6 mars 1827, il fait remarquer au curé de Boucherville, qui implore la clémence pour un couple de cousins vivant en union libre : « Je n'exigerai pas qu'ils demeurent séparés aussi longtemps que l'avait

---

19. Robert-Lionel Séguin fait allusion à ce cas dans *La civilisation traditionnelle de l'« habitant » aux 17ᵉ et 18ᵉ siècles*, p. 273.

exigé [Plessis].» Panet est sensible aux misères matérielles causées par des séparations prolongées de couples avec enfants.

Le 3 septembre 1826, Rome a concédé à Mgr Panet 60 permis de dispense du second degré de consanguinité et d'affinité. Cet indult est-il à l'origine du *libéralisme* instauré vers la fin des années 1820 ? On ne saurait dire. Panet semblait avoir compris qu'il était aussi dangereux qu'inutile de résister aux pressions populaires. Si des cousins déboutés décident de faire un enfant, se mettent en ménage, s'unissent sans prêtre devant l'autel, sollicitent un ministre protestant, un fonctionnaire de la justice pour officialiser leur union, à quoi sert la rigueur, sinon à provoquer un mal plus grand que celui qu'on a voulu éviter en refusant la dispense ?

Quand les historiens-démographes dépouilleront les actes de mariage du début du XIXe siècle, ils devront interpréter avec prudence l'accumulation du nombre de dispenses attribuées à des cousins germains à partir du milieu des années 1820. Mgr Panet a fait du rattrapage. En attendant des études exhaustives, il faut noter le nombre infime de dispenses du second degré enregistrées auparavant par l'instance diocésaine, si les petits cahiers de dispenses sont une bonne indication du nombre de faveurs réellement accordées. Sous Plessis, on peut les compter sur les doigts d'une seule main, année après année. En 1826, Panet en aurait concédé une dizaine au bénéfice de couples bas-canadiens ; une vingtaine, l'année suivante. C'est beaucoup. À compter de 1828, les cahiers de dispenses, aussi appelés «cahiers des componendes[20]», signalent de huit à dix dispenses par année jusqu'au milieu des années 1830, tandis que le nombre de mariages oscille entre 3 000 et 4 000 annuellement[21]. Cette pro-

---

20. Conservés aux Archives de l'archevêché de Québec, ils sont classés sous la cote 941CD 2 : 246. Quelques dispenses du second degré ont été consignées dans les cahiers de visite pastorale, classés sous la cote 69CD 3.

21. Georges LANGLOIS, *Histoire de la population canadienne-française*, p. 260.

portion de deux à trois couples de cousins par 1 000 mariages serait-elle la norme québécoise d'alors ? Les spécialistes de l'histoire quantitative répondront un jour à cette question.

Haro sur la componende

> L'idée singulière et basse, qu'on a conçue de ces dispenses des saintes lois de l'Église, fait qu'on s'en va chez le supérieur ecclésiastique, comme chez un marchand, pour faire un achat. De façon qu'une dispense est quelque chose qu'on s'achète comme toute autre marchandise qui est à vendre, et qu'on n'a nullement honte de marchander une dispense, chez le grand vicaire, comme on va marchander du cuir chez le marchand. Ceux qui agissent de la sorte ne comprennent pas, sans doute, que l'Église n'a pas fait de lois pour en faire un objet de commerce. L'argent qu'elle exige, pour dispenser d'une de ses lois, n'est nullement le prix qu'elle met à la violation de cette loi, mais une aumône qu'elle oblige de faire pour réparer la brèche faite à sa discipline [...]. En obligeant à faire une aumône, quelquefois même considérable, pour dispenser de quelques-unes de ses lois, l'Église a eu pour second motif de détourner ses enfants d'en demander dispense [...]. Cette fausse idée de l'achat d'une dispense de bans ou de parenté comme une marchandise quelconque fait que des parents vont acheter une dispense pour de l'argent, et ne s'inquiètent nullement s'ils ont des raisons légitimes pour la demander[22].

Les débats sur les indulgences qui ont opposé catholiques et protestants au moment de la scission des Églises chrétiennes occupent encore une place dans la conscience historique occidentale. L'Église catholique fut accusée de vendre des indulgences, d'offrir aux riches plus de faveurs qu'à ceux qu'ils exploitaient. Cette contradiction entre la pratique ecclésiale et l'esprit du christianisme scandalisait les fondateurs du protestantisme.

---

22. Alexis MAILLOUX, *Manuel des parents chrétiens*, p. 213-214.

Quand Luther qualifiait les prêtres catholiques romains de « marchands de vulves[23] », il visait la concession des dispenses moyennant le versement d'une taxe appelée « componende ». Sensibles aux accusations de simonie, les pères du Concile de Trente auraient voulu que les dispenses fussent accordées pour justes causes, mais toujours gratuitement. La pureté des intentions conciliaires a fait long feu. À l'époque moderne et contemporaine, on en vint à soutenir que l'octroi des dispenses était gratuit, pourvu que le dispensateur n'en retirât aucun avantage personnel. De fait, le produit des componendes devait être redistribué en aumônes. Mais ces subtilités sur la gratuité n'ont convaincu ni les théologiens protestants ni les juristes gallicans. En Europe, une division de la bureaucratie papale, la daterie, prélevait la componende des dispenses touchant les interdits majeurs. Les philosophes des Lumières considéraient le paiement comme une vente déguisée du sacrement de mariage. L'histoire des componendes est ponctuée de remises en question provenant autant des élites chrétiennes que des simples fidèles[24].

Au Bas-Canada, les évêques durent justifier le prélèvement des componendes tant à Rome qu'auprès des populations fidèles. N'avait-on pas souvent affirmé que les dispenses attribuées par les évêques et leurs délégués devaient être décernées sans rétribution ? Des vicaires généraux scrupuleux prenaient ces énoncés au pied de la lettre. En 1771, Mgr Briand écrivait à Étienne Marchand, vicaire général et curé de Boucherville : « je n'aime pas à me relâcher pour le cousin germain. Ces sortes de mariages

---

23. Cité par Michel DESPLAND, *Christianisme, dossier corps*, p. 80.
24. Nous jugeons inutile d'accumuler les références. Plusieurs auteurs notent les récriminations populaires et les mises en cause aussi bien en dehors qu'à l'intérieur de l'Église catholique. Voir, par exemple, Michel LAGRÉE, *Mentalités, religion et histoire en Haute-Bretagne au XIXe siècle*, p. 135. La consultation des dictionnaires de théologie et de droit canonique est essentielle. Aux mots « componende » et « dispense », voir : abbé BERGIER, *Dictionnaire de théologie* ; Michel ANDRÉ, *Cours alphabétique et méthodique de droit canon* […] ; *Dictionnaire encyclopédique de la théologie catholique* ; *Dictionnaire de théologie catholique*, t. 4, 2e partie ; Raoul NAZ et collab., *Dictionnaire de droit canonique*, t. 3.

sont contraires à l'esprit de l'Église comme vous le savez ; je n'ai point trouvé d'autre expédient pour en arrêter la multiplicité qu'en tenant à une haute componende, les dispenses ; sans quoi le domestique et le valet canadien les exigeraient avec la même confiance que le font les fils de roi et les princes en Europe[25]. » Voulant peut-être devancer les objections d'un prêtre français fraîchement débarqué aux îles de la Madeleine, Mgr Hubert lui adressait « le tarif des aumônes ou componendes » en ajoutant : « elles doivent être totalement employées au profit des pauvres ». Mgr Plessis considérait lui aussi les componendes comme « un frein pour arrêter les dispenses demandées sans cause ».

Par un indult du 5 juin 1791, Mgr Hubert reçoit le pouvoir de dispenser à condition que ces faveurs soient attribuées gratuitement. L'automne suivant, l'évêque annonce au préfet de la Propagande qu'il ne peut souscrire à cette restriction : « s'il faut accorder gratuitement les dispenses du second degré, à plus forte raison faudra-t-il accorder de même celles du troisième et du quatrième degré, ce qui réellement pourrait avoir en ce pays des conséquences sérieuses et considérables ». Pour mieux faire valoir son point de vue, Hubert explique que, en règle générale, les couples apparentés « n'apportent aucune raison solide [...]. Aussi, mes prédécesseurs, pour rendre les dispenses plus rares, ont-ils toujours exigé des impétrants une componende légère. » Sans ces ressources, « l'évêque de Québec serait dans l'impossibilité perpétuelle de faire des aumônes ». Rome se laisse convaincre.

Les doutes sur la légitimité des componendes perdurèrent bien au-delà de l'existence du Bas-Canada. À plus d'une reprise, un vicaire général pris de scrupule demande sa démission, faute de pouvoir accorder sa conscience à la gestion financière du système de parenté. Ainsi en est-il du curé Cherrier de Saint-Denis sur Richelieu, au début du XIXe siècle, et de Célestin Gauvreau, quelques décennies plus tard. Ancien professeur de théologie au

---

25. Fichier de Lucien Lemieux.

Séminaire de Québec, Gauvreau reçoit les pouvoirs de vicaire général au moment d'accéder au supériorat du Collège de Sainte-Anne, en 1843. Gauvreau s'interroge sur les componendes. Les évêques le rassurent. Pourquoi craindre d'accorder, contre rémunération, des dispenses de publications de promesses de mariage[26] ? La componende pour « dispense des bans est devenue une raison de dispenser pour la ville [...] pourquoi pas pour la campagne ? » de proposer Mgr Pierre-Flavien Turgeon à son objecteur, en 1854. Mgr Signay, au début des années 1840, justifie dans les termes que voici la componende exigée pour les dispenses de parenté : s'il n'y avait pas de taxe, « les riches seraient aussi favorisés que les pauvres ». Gauvreau pensait-il, comme nous, que les riches accédaient plus facilement que les pauvres aux grâces de l'Église ? Après deux ans de vicariat, Signay apaise de nouveau la conscience de son subordonné : « Le *gratis* pour les dispenses dans ce diocèse n'a lieu qu'autant que l'évêque veut bien en faire cadeau [...] mais tout le clergé sait que les évêques de ce diocèse ont été autorisés par des indults spéciaux à percevoir les componendes qu'ils exigent. »

Même si le *placet* romain a bel et bien eu lieu, l'Église bas-canadienne ne pouvait recourir aux tribunaux civils pour faire payer la componende, comme c'était le cas pour la dîme. Telle est peut-être la raison pour laquelle on ne voulait point faire crédit. Encore fallait-il que les fidèles consentissent à payer.

Dans la gestion du cas par cas, les évêques ont régulièrement refusé des dispenses à des personnes qui s'offraient d'en payer le prix, quel que soit leur besoin de numéraire. « Ma conscience a réclamé contre » une demande, même si les intéressés voulaient payer « la componende tout entière » fit remarquer Mgr Denaut à son coadjuteur en 1798. Deux ans plus tard, sa « conscience est toujours tourmentée à la demande » d'une dispense du second degré, même si le cousin propose de payer le

---

26. Il en coûte 12 # pour deux publications au lieu de trois ; pour une seule publication, 24 #. La dispense de trois bans coûte quatre fois plus cher.

plein tarif. « Jugez, ajoutait l'évêque, quel doit être mon embarras à me décider en faveur de celles qui n'ont rien à offrir. » Plessis demeure fidèle à cette politique. Du moins, il compte résister aux offres des riches, quand ils ont seulement pour motif l'inclination et l'intérêt du couple et des familles. En 1806, il refuse de dispenser deux paroissiens de L'Acadie, apparemment trop pauvres pour payer la componende : « Ce n'est point la modicité de la componende qui m'arrête puisque je viens d'en accorder une au même degré pour deux piastres », c'est-à-dire les frais d'administration.

L'épiscopat de Plessis a duré près de 20 ans. L'évêque a-t-il toujours agi avec le même souci d'équité ? On peut en douter. En 1841, Alexis Mailloux, curé de Sainte-Anne-de-la-Pocatière et vicaire général, éprouve à son tour des scrupules à gérer les dispenses. Il s'en ouvre à Pierre-Flavien Turgeon, coadjuteur de l'archevêque de Québec. Ci-devant secrétaire de l'évêché, Turgeon puise dans ses souvenirs des éléments susceptibles d'apaiser les remords de Mailloux :

> [...] je ne vois pas [...] que [...] nous soyons plus coulants aujourd'hui qu'on ne l'était il y a vingt et quelques années. Je suivais d'assez près alors l'expédition des dispenses : que de fois n'ai-je pas entendu dire dans certains cas où il n'y avait qu'une très faible raison en faveur de la concession : *heureusement la componende est une raison* ! Et là-dessus on cédait. Cette raison n'est-elle pas, au reste, du nombre de celles que donnent plusieurs auteurs et particulièrement le rituel de Belley ?

Plessis, ses prédécesseurs comme ses successeurs n'ont pas toujours traité avec les mêmes égards les pauvres et les riches. La pureté des intentions épiscopales ne dupait personne. Deux paroissiens « n'ayant reçu aucune réponse, j'en attribue la cause à la somme trop modique qu'ils offraient », selon le témoignage d'un curé (1791). Un autre réclame de l'évêque une demande du second degré, « à prix d'argent, s'il est possible ». Un troisième implore la clémence pour deux jeunes partenaires apparentés au troisième degré, qui se sont mariés aux États-Unis, faute, rapporte le curé, d'avoir la somme nécessaire au paiement de la componende. Revenus à Sorel, « ils ont un enfant et vivent comme mariés », mais « ont promis de se séparer » quelque temps pour obtenir dispense que leur curé voudrait gratuite : « il est dur de laisser vivre ces gens dans le crime parce qu'ils n'ont pas les moyens de payer huit piastres [...]. Faut-il les laisser damner parce qu'ils sont pauvres ? » [Sorel, 1826]. À la fin du XVIIIᵉ siècle, à l'île Perrot, « les honnêtes gens de la paroisse » se joignent au curé pour favoriser le mariage de cette cousine « estropiée, pauvre et laide [...] abusée par son cousin germain » dont nous avons déjà parlé. Souvenons-nous qu'il « a employé tout l'argent qu'il a gagné à soutenir son père et sa mère qui sont pauvres et avancés en âge [...] le garçon désirant réparer sa faute, a cherché à emprunter l'argent nécessaire pour la dispense ». Le curé, par crainte qu'il ne s'appauvrisse davantage, le prie d'attendre la réponse épiscopale. La réponse dut décevoir le curé et plusieurs paroissiens. Les dispenses, surtout celles du second degré, ne doivent pas être la récompense du « libertinage [...] le crime est notoire, divulgué. Ils sont par là même indignes de la grâce qu'ils sollicitent. » Pour sauver l'honneur de la mère et de l'enfant à naître, l'évêque eût été plus conciliant.

Pour les familles fortunées, une conception prénuptiale est déshonorante[27]. Devenir enceinte dans le but d'obtenir une dispense est une stratégie paysanne. Le prix de la dispense est élevé. Pour le second degré de consanguinité et d'affinité, il est fixé à

---

27. Les conceptions prénuptiales y sont de ce fait plus rares qu'au sein des milieux modestes. Danielle GAUVREAU l'a noté après beaucoup d'autres, dans Québec. Une ville et sa population au temps de la Nouvelle-France, p. 143-144.

25 £[28] ou 600 # au Bas-Canada. Or, « une rente de 600 # vaut presque le revenu annuel d'une petite seigneurie », selon un estimé fait par l'évêque en 1791. Quand une partie est parente du second degré et que l'autre l'est du troisième, la componende est quatre fois moindre. Une somme de 100 # s'applique à une demande de dispense de trois bans. Dans les territoires pauvres, en Gaspésie, dans les Maritimes, dans les zones à forte population protestante, une tarification moins élevée est en vigueur. Dans la région de Détroit, alors sous l'autorité de l'évêque de Québec, les missionnaires suivent la pratique établie dans le diocèse de Baltimore. Plessis en informe son homologue américain, John Carroll :

> Avant la prise de possession par les Américains de cette partie du Détroit qui dépend aujourd'hui de votre diocèse, on y recevait pour dispense de bans, parenté et d'affinité une certaine somme réglée, par aumône. Cet usage établi de tout temps et autorisé par le Souverain pontife, ayant cessé par vos ordres d'accorder gratis toute dispense, j'ai cru devoir supprimer toute componende, pour conserver une uniformité de conduite, dont la différence occasionnait de mauvais raisonnements et des murmures.

Au Bas-Canada, la componende est d'autant plus critiquée qu'elle supplée parfois aux raisons canoniques. L'exposé du curé doit faire état du niveau de fortune des *impétrants*. Les requêtes de couples issus de familles aisées mentionnent habituellement que, advenant le consentement épiscopal, la componende sera payée en entier. En 1811, un marchand de Québec veut épouser la fille de son cousin (du second au troisième degré). Les raisons

---

28. Les 25 £, monnaie anglaise, que les curés appellent souvent « louis », équivalent à 600 #, monnaie française, parfois désignées aussi comme « francs ». Ces 600 # équivalent à 100 piastres d'Espagne. Pour de plus amples renseignements sur les cours monétaires, voir : Gilles PAQUET et Jean-Pierre WALLOT, « Le système financier bas-canadien au tournant du XIXᵉ siècle », *L'Actualité économique*, sept. 1983, p. 456-513 ; A.-B. McCULLOUGH, *La monnaie et le change au Canada des premiers temps de la colonie jusqu'à 1900*. En 1771, le tarif pour le second degré avait été fixé à 500 #. Il y a donc eu une augmentation sensible. Voir aussi Paul-André LECLERC, « Le mariage sous le régime français », *Revue d'histoire de l'Amérique française*, déc. 1959, p. 400.

recevables en droit canon sont à vrai dire assez minces dans ce cas. On ignore pourquoi Mgr Panet, alors curé de Rivière-Ouelle, intervient en faveur des futurs. L'évêque coadjuteur fait valoir « que les promesses de mariage sont devenues tellement notoires, que la fille quoique jeune, ne peut pas beaucoup espérer d'autre parti convenable, qu'elle n'a pas de fortune et [...] que s'étant comportés honnêtement et avec soumission à l'Église, ils la méritent mieux que plusieurs autres, à qui on l'a déjà accordée, et même après le péché ». La recommandation joue un rôle clé dans l'affaire : « À défaut de raison canonique, il a payé une componende de 25 £ et donné caution pour 50 autres (que je n'exigerai cependant pas). » Vingt-cinq livres sterling, c'est quatre fois plus que le tarif. La componende est si convaincante que l'évêque ne va pas « attendre que sa cousine, qui n'est âgée que de 19 ans, fût rendue à 24 », et même si le futur a « exposé faux en alléguant que cette fille ne pouvait trouver de parti ». La même année, un jeune homme de Trois-Rivières, recommandé par le vicaire général de la ville, se présente à Québec, faisant « sonner l'or dans sa main et dans son gousset » en manière d'argument pour épouser sa cousine germaine. Il s'est « vanté qu'avec de l'argent il ne pouvait manquer de réussir ». En cas de refus, il va suivre le conseil de son père : « demander une licence au gouverneur ». L'évêque le renvoie au vicaire général qui démasque sa « fanfaronnade » : « J'ai demandé à voir sa bourse ; il n'y avait que les 25 louis en or et quelques chelins pas davantage. » La dispense est accordée à condition que le mariage soit conclu « avant le jour et sans messe, pour faire moins de sensation car, ajoute l'évêque, j'en vois plusieurs autres qui n'attendent que l'accomplissement de ce mariage pour solliciter des dispenses au même degré ».

Les faveurs faites aux riches finissent toujours par être connues. Quand, en 1818, le curé de Soulanges recommande « deux malheureux qui vivent en concubinage depuis 5 ou 6 ans [...] parents du deux au trois », il ne manque pas de rappeler qu'on leur a refusé une dispense « parce qu'ils étaient trop pauvres pour payer la componende, au moins c'est ce qu'ils croient ». Dès lors, on comprend mieux pourquoi de pauvres habitants des campagnes se mettent en ménage lorsqu'ils n'obtiennent pas dispense, pourquoi aussi la menace de recourir au ministre protestant est un moyen de pression efficace. Le pasteur protestant ne perçoit pas de componende. Rappelons-nous ce couple de Bécancour qui a traversé le Saint-Laurent pour se faire marier par le ministre anglican de Trois-Rivières. On a recouru à lui faute de pouvoir payer les 25 £ de droits. La menace de recourir au ministre hérétique est-elle une raison suffisante pour dispenser au second degré ? Roux et Plessis délibèrent et concluent par la négative, « parce que la même crainte pourrait faire dispenser un jour de la componende ». Qu'à cela ne tienne ! Les fidèles déterminés sortent le plus souvent gagnants de leurs négociations, pour peu qu'ils manifestent un certain regret d'avoir usé de ruse. En 1799, Mgr Plessis reçoit un paroissien de L'Islet « demandant dispense de parenté du 3 au 4 ». Comme son curé ne mentionnait « aucune raison qui rende plus facile à dispenser », l'évêque exigea la « componende entière », soit 42 #. Le futur « prétendit qu'il ne pouvait la donner toute et crut qu'il serait traité plus favorablement en [...] déclarant que la fille était enceinte de lui ». Refusant de se laisser intimider, Plessis répliqua que, « loin de faciliter » les choses, cette circonstance « la rendait plus difficile à obtenir ». Le futur prit congé en menaçant de « se présenter au ministre ». Décontenancé, l'évêque écrivit au curé de L'Islet : « Mon motif en tout ceci est de prévenir le scandale qui résulterait du recours des jeunes gens au ministre protestant. La dispense sera accordée moins en leur faveur qu'en faveur de l'Église, qu'ils déshonoreraient par cette démarche irreligieuse. Au reste, je n'ai point voulu faire voir mon appréhension au jeune homme de crainte qu'il ne s'en prévalût. » Le curé a carte blanche quant à la somme à percevoir en guise de componende. Il peut même faire la bénédiction nuptiale durant l'Avent, temps normalement prohibé pour les mariages. Cette dernière permission, habituellement frappée d'un droit de 24 #, fut sans doute accordée gratuitement, puisqu'elle n'était pas demandée par le couple.

Dans la paysannerie, la componende ajoute au prix des cérémonies. Exceptionnellement, la taxe hypothèque le maigre capital du couple : « Ils vendront pour 25 £ de componendes une grande partie de ce qu'ils ont » [Saint-Philippe de La Prairie, 1820]. Les curés interrogent parfois des étrangers pour vérifier les déclarations des intéressés sur leur état de fortune. C'est de cette manière que, en 1809, le curé de Sainte-Rose de Laval confirme qu'un jeune homme, séparé de sa cousine germaine, ne pourra pas faire face aux exigences financières imposées par l'évêque. Le futur est incapable de « former le quart de la somme sans vendre une partie de son nécessaire ; il n'a point de blé à vendre, il lui en faut au contraire acheter pour vivre, il a dernièrement vendu des animaux qu'il espérait manger ; pour rendre compte à ses enfants qui l'obligeaient de le faire ». À Saint-Grégoire, en 1826, un paroissien offre de payer à demi-tarif une dispense du second degré. Ne pourrait-il pas verser davantage ? demande l'évêque. « Il a été obligé de vendre son cheval » pour réunir la somme offerte, répond le curé. Payer davantage l'obligerait à « vendre son ménage, ses animaux et peut-être même un autre morceau de terre ». Certains empruntent pour payer. À Sainte-Scholastique, en 1839, la fabrique avance le prix d'une dispense du second degré ; le remboursement est étalé sur dix ans...

Quand l'apparentement est éloigné, la tentation est forte de mentir pour s'en tirer à meilleur compte. Les couples apparentés au quatrième degré peuvent tricher assez facilement. Lorsque la mauvaise foi est découverte, mieux vaut procéder à la revalidation sacramentelle sans trop tenir à la componende. La remise est d'autant plus indiquée que des couples déçus l'un de l'autre pourraient prendre prétexte pour se séparer. En revanche, par crainte de devoir payer, certains refusent de réhabiliter leur mariage, prétextant que leur première bénédiction nuptiale est valide. À l'occasion d'une affaire survenue à L'Ancienne-Lorette, Plessis résume le climat qui préside à plusieurs négociations : « Dans les empêchements de mariage, les habitants ne perçoivent qu'une chose ; c'est la componende à payer. La nullité du lien, les péchés mortels qui en sont la suite inévitable, ce sont des choses dont ils ne se mettent aucunement en peine. Pour s'épargner une piastre, ils feront tous les mensonges imaginables et consentiront à se damner. » Les vicaires généraux sont priés de ne pas croire les habitants sur parole. Au milieu des années 1840, le scrupuleux vicaire général Célestin Gauvreau est averti de ne pas se laisser « prendre aux criailleries, et quelquefois aux mensonges [...]. Si vous avez jugé à propos de réduire [...] soyez persuadé qu'ils marchanderont comme au marché. Souvent ayant toute la componende, ils font semblant d'aller emprunter le déficit ; et, comme le prêteur n'est pas loin, ils reviennent tout joyeux d'avoir trouvé ce complaisant ami. »

Quand ont été écartées les mesures extrêmes comme le recours au ministre, l'engrossement, la cohabitation, la logique paysanne s'ingénie à toutes les ruses pour obtenir une dispense à rabais, voire gratuite. La logique des prêtres, lorsqu'ils négocient avec des personnes qui ne veulent ou ne peuvent payer, c'est d'accorder des escomptes ou d'imposer une humiliation qui tient lieu de componende, si les couples ont fait scandale. À la fin du xviiie siècle, deux cousins germains sont informés qu'« ils n'obtiendront pas leur dispense à moins de payer en entier la componende de 600 # ». Ils ne peuvent acquitter pareille somme. « Auraient-ils assez de soumission pour accepter les pénitences » à la place d'un versement ? Dans les années 1820, un couple de « concubinaires », à Deschambault, doit se séparer et se soumettre à une humiliation s'il compte obtenir dispense sans verser un sol. Les futurs se présenteront à l'église, « un cierge à la main, au commencement du prône », et ils demanderont pardon à l'assemblée. « Ce sera là leur componende, qui assurément n'engagera personne à prendre les mêmes moyens pour parvenir au mariage. »

L'humiliation des personnes de pauvre condition révolte quelquefois des couples, voire plusieurs membres de la communauté. Avec de l'argent, les familles nobles et bourgeoises n'achètent-elles pas facilement les dispenses, s'épargnant ainsi le recours à des procédés infamants ? Citons en exemple la demande d'un de ces couples originaires de familles aisées. L'affaire se déroule sur la Côte-du-Sud au début des années 1840. Le rigoriste vicaire général Alexis Mailloux tient lieu d'intermédiaire entre les familles et la chancellerie épiscopale. Québec a refusé le permis de mariage aux cousins, faute de raisons canoniques, « au grand avantage de mes autres paroissiens que cette liaison malédifie ». Les amoureux éconduits insistent. Mailloux réclame un nouveau refus : « deux autres couples parents au même degré et sans plus de raisons canoniques [...] attendent le résultat de cette seconde démarche pour venir aussi en avant si le dit [...] réussit ». Informations prises, des considérations d'intérêt, plus particulièrement la consolidation du capital familial, font partie des objectifs recherchés par les familles apparentées : « Ce sont les mères qui sont les deux sœurs, qui poussent ces jeunes gens à solliciter de nouveau leur dispense afin que les biens des deux familles soient réunis par ce mariage et que leurs enfants soient riches. » Si la dispense est accordée, la crédibilité de l'Église est mise à rude épreuve. C'est ce que pense le vicaire général de cette région particulièrement docile. Pour ajouter du poids à ses arguments, il refuse de se laisser convaincre « par la crainte que ces jeunes gens n'aillent se marier à un ministre protestant [...] si une chose semblable avait lieu dans la paroisse de Sainte-Anne, les coupables seraient couverts d'infamie. Les menaces de ce genre sont méprisables dans des paroisses comme les nôtres. » Le couple a obtenu dispense. Mais le cousin « ne paraît pas du tout décidé maintenant à épouser sa cousine germaine en donnant 25 louis ». Le jeune homme a-t-il été sensible aux observations faites à son père par le curé, convaincu que « L.G. était une hautaine orgueilleuse, entêtée, un cerveau bouillant [...] pendant que le jeune C.L. [...] doux et faible » sera mené « par le bout du nez » ? Le récit ne le dit pas. Mais les pauvres, alertés par ce genre d'intrigues, savent très bien l'importance de l'argent au cours de ces négociations. La componende serait-elle à l'origine d'une authentique conscience de classe ? Plusieurs témoignages incitent à le penser.

En 1791, le curé Jean-Baptiste Griault de La Prairie implore la clémence épiscopale pour deux cousins qui se sont mis en ménage, après avoir vainement tenté d'obtenir la permission de se marier, « faute d'argent » dit le curé. Au cours des six ans de leur vie commune, ils « ont eu des enfants qui sont morts ». Ils vivaient ensemble au moment où Griault prit possession de la cure (1788) : « Depuis que je suis à Laprairie, ils ont fait une tentative auprès de moi, mais ne pouvant rien à cela [...] ils ont été trouver un ministre protestant à Montréal et se sont fait [...] marier ; ils ont un enfant. » En vain ont-ils demandé le sacrement de mariage. Plaidant pour une concession de dispense, le curé consigne ses observations sur la conscience paysanne :

> [...] le génie de l'habitant [...] est ou superstitieux ou sans religion. Que de murmures ce refus depuis sept ans n'a-t-il pas causé, que d'atteintes à la religion, au sacerdoce ; portez de l'argent, disent-ils, et vous l'aurez tout de suite ; voilà, dernièrement, un tel, un tel qui s'est marié avec sa cousine germaine. Monseigneur leur a permis. Ils avaient de l'argent, tel est le discours des habitants auquel je sais bien on ne doit point faire attention.

Nous prêtons l'oreille à ce genre d'énoncé parce qu'il exprime une conscience de classe en lutte contre les élites sociales qui s'assurent le concours des prêtres dans leurs stratégies matrimoniales. Quand l'évêque trouve que les habitants « raisonnent » lorsqu'il apprend leurs murmures, il exprime son opposition à la raison populaire. En 1813, « s'appuyant sur des raisonnements [...] qu'il a puisés dans les commentaires de quelques vieux protestants ses voisins », un habitant de Saint-Constant, dispensé par le gouverneur et marié par un ministre protestant, « argumente fort contre les componendes, dont, dit-il, il n'est pas parlé dans la Bible ! ! ! ».

Dans la campagne de l'ouest bas-canadien, là où la présence protestante exerce, par son importance numérique, une influence sur l'opinion publique, l'idéologie paysanne exprime une claire vision des luttes de classes. Ailleurs dans la province, où les « hérétiques » et une certaine petite bourgeoisie éclairée font défaut, les enjeux sociaux sont moins explicites. Mais la grogne contre les componendes n'en est pas nécessairement moins vive. En 1810, le curé de Saint-Charles de Bellechasse « essaye depuis plusieurs années de dissiper cette idée […] qu'il ne suffit pas de porter de l'argent à l'évêque pour avoir une dispense ». Il a proclamé « dans plusieurs instructions, que toute fourberie sur ce sujet est punie d'un refus net ». Un couple parent au troisième degré vient de faire annoncer son projet de mariage : « La messe finie et la 1re publication faite, déjà prévenus par d'autres, ils sont venus […] déclarer leur parenté au curé. » Celui-ci les a prévenus qu'« ils n'auraient pas leur dispense ». Las de prêcher dans le désert – il occupe la cure depuis 15 ans –, le curé Perras adresse à l'évêque ses cousins issus de germains ; « un refus net autorisera mes instructions », espère-t-il, informant son supérieur que si « la fille a 24 ans […] elle a déjà trouvé à se marier » en dehors de la parenté. Les mois passent. La situation du couple évolue. On apprend que, si les petits cousins ont de l'inclination l'un pour l'autre, l'intérêt matériel fait aussi partie de leur volonté de s'épouser. Le garçon habite chez son éventuel beau-père. Celui-ci « s'obstine à dire que » l'évêque lui a « permis de garder [son futur beau-fils] chez lui (au grand scandale du voisinage) ». Le beau-père virtuel « a fait des arrangements avec le garçon qui lui a amené des animaux et des fourrages pour hiverner tous par ensemble […] il ne peut donc le renvoyer qu'au printemps ». Voilà bien un exemple qui illustre à merveille l'opposition entre la morale des prêtres et la morale des paysans. L'évêque a normalement exigé une séparation de demeure des futurs époux. Or, cette séparation est impossible avant le printemps. Le père de la fille est de son côté persuadé que, en donnant celle-ci au petit cousin, il conclut une bonne affaire. En « épousant sa fille », le garçon « vendra une mauvaise terre, qu'il a dans Beaumont, payera les dettes du beau-père qui lui fera donation (au préjudice d'un garçon unique) et achètera la semence du printemps ». En vain le curé fait-il des remontrances au père de la jeune fille. Celui-ci lui répète que modifier les accords signifie sa ruine.

À Saint-Joachim, les habitants murmurent aussi contre les componendes. En 1809, le curé propose qu'on supprime l'interdit touchant le quatrième degré de parenté :

> Car […] il y a beaucoup de laïcs de ceux qui passent pour capables de donner le ton aux autres, et même de personnes de notre corps qui ne se font pas de scrupule de donner des idées assez sinistres, surtout aux gens simples et peu instruits, de l'intention des supérieurs ecclésiastiques dans l'exaction des componendes réglées pour la dispense des empêchements du mariage surtout du dernier degré. J'en ai même entendu plusieurs fois quelques-uns me dire qu'on savait bien que le concile de Trente avait ordonné qu'on accordât ces dispenses que pour des raisons graves et gratuitement, et j'avais beau les assurer que ces componendes étaient toujours employées en aumônes ou autres œuvres pies, je ne m'apercevais que trop bien que je ne les persuadais guère.

À quoi servaient les componendes ? Plaidant en faveur de leur maintien devant les autorités romaines, Mgr Plessis, l'année de son investiture, rappelait l'usage que ses prédécesseurs en avaient fait : « À peine existerait-il aujourd'hui un seul monastère de religieuses en Canada, si les évêques qui n'ont point de ressources assurées n'étaient venus à leur secours par les componendes des dispenses. Beaucoup de pauvres enfants ont puisé dans la même source les secours nécessaires à leur éducation ecclésiastique. Elle a encore servi à soutenir des familles nécessiteuses, surtout dans les calamités publiques, à faire construire des églises dans les missions qui autrement en seraient dépourvues etc. » Sous l'épiscopat de Plessis, les componendes ont effectivement servi aux fins énumérées.

Assurant des services hospitaliers, asilaires ou éducatifs dans les trois villes du Saint-Laurent, les communautés religieuses féminines ont reçu des sommes substantielles à plusieurs reprises. En dehors des agglomérations urbaines, le couvent de Rivière-

Ouelle, où le coadjuteur Panet fait office de curé, bénéficia des fonds accumulés par la perception des componendes. Il en fut de même pour les collèges-séminaires de Nicolet et de Saint-Hyacinthe. Fondés par des curés de campagne, ces établissements, à l'origine, ne possédaient pas de patrimoines fonciers comme les établissements similaires de Québec et de Montréal.

Les componendes servent souvent à payer les frais de pension de quelques élèves se destinant à la prêtrise. À plusieurs reprises, Plessis et Panet font des bourses d'études une priorité plus importante que la construction d'édifices religieux dans des localités pauvres. En juin 1827, Panet écrit au missionnaire Jean-Baptiste Potvin d'Arichat, en Nouvelle-Écosse : « Selon moi, il vaut mieux former des prêtres et de bons missionnaires que de bâtir des églises. Bâtissez si vous voulez une église à Arichat, mais je ne puis vous permettre de vous servir des componendes pour cela. » Un mois plus tard, Édouard-Joseph Crevier, prêtre missionnaire dans l'ouest haut-canadien, reçoit le même message. En fait, la pénurie de prêtres incite les évêques à privilégier la croissance des ressources humaines plutôt que l'augmentation du capital physique. Mais pas à n'importe quel prix ! « Vingt cinq louis à ma disposition aideraient à soutenir les 12 ou 13 séminaristes dont je suis chargé, mais ne rassureraient pas ma conscience pour dispenser du 2^d degré ce bonhomme [...] qui me tourmente depuis plus de dix ans et qui a tout contre lui » tranche l'évêque en octobre 1823. Le 2 mai 1828, le missionnaire Amable Brais, dans le Madawaska, est prié d'envoyer à Québec le produit des componendes : « puisque l'école n'a pas lieu il vaut mieux l'employer à former des prêtres qu'à orner des chapelles ». Occasionnellement, une petite école « catholique » est financée par les componendes, par exemple à Paspébiac, pour concurrencer l'école royale financée par l'État et réputée protestante. Au Bas-Canada même, mais surtout hors des frontières, des chapelles ont été construites en partie avec les recettes de gestion du système de parenté. L'usage des componendes pour aider à la construction du presbytère de Trois-Pistoles paraît une attribution exceptionnelle. Exceptionnel aussi, le paiement des frais de réfection d'un calice. À Québec, on aurait pris l'habitude d'«acheter aux frais des componendes les 14 bouteilles d'huile d'olive qui se consacrent le jeudi saint».

Rares sont les prêtres qui ont touché des secours financiers à même les produits des concessions de dispense. En 1790, une somme de 600 # reçue de Varennes pour une dispense du second degré sert à payer «une partie de la pension de deux prêtres malades» pensionnés à l'Hôpital général. Le curé de Sainte-Foy, «pour lui aider à vivre», a aussi encaissé de l'argent de la même source. Mais, dans le Bas-Canada, les prêtres ont généralement assez de revenus de dîme pour subvenir à leurs besoins. On y a créé, à la fin du XVIIIe siècle, la Caisse ecclésiastique Saint-Michel, société de secours mutuels qui libère les ressources provenant des componendes. Au début du siècle suivant, quand celles-ci servent – très rarement – à la subsistance des prêtres, elles secourent des missionnaires sans ressources, visiteurs itinérants, pour leurs frais de séjour hors du Bas-Canada. Antoine Manseau, curé des Cèdres, paroisse qui lui procure de fort modestes revenus, est chargé de la visite du Haut-Canada au cours des années 1820. Ses frais sont imputés au produit des componendes.

Les pauvres comptent parmi les bénéficiaires des taxes de dispenses. Telle année de mauvaise récolte, un curé, avant de remettre les componendes, demande de les distribuer aux nécessiteux. Une «pauvre demoiselle» de Boucherville a été secourue de cette manière. À plusieurs reprises, les pauvres de Montréal ont été soulagés par la même source. En 1796, Jean-Gabriel Brassier, sulpicien et vicaire général de Montréal, rend compte de la distribution de 1 500 #. Les établissements des religieuses touchent plus de la moitié du montant. Les «pauvres de la paroisse» en reçoivent 300 #, les «pauvres honteux», 111 #, une postulante de l'Hôtel-Dieu, 200 # pour payer sa dot.

Ardents défenseurs du maintien des componendes, les évêques en ont scrupuleusement affecté le produit à des œuvres pies ou charitables. En 1802, Mgr Denaut s'aperçoit que les frais de poste imputés à son compte sont acquittés par le revenu des dispenses. Il met aussitôt fin à ce qu'il considère comme un usage abusif. À l'intérieur des limites du Bas-Canada, ni les prêtres ni les évêques ne se sont approprié les componendes. Un missionnaire muni du pouvoir de dispenser « oublie » de rendre compte de deux dispenses. L'évêque le démet de ses fonctions. Il condamne un autre curé qui a exigé des frais pour lui-même. Quels que soient les percepteurs, les recettes sont habituellement adressées directement à l'évêché qui procède à la répartition des sommes accumulées.

Charles-François Bailly de Messein, curé de la Pointe-aux-Trembles de Québec de 1777 à 1794, est choisi coadjuteur de Mgr Hubert en 1789. Ne pourrait-on pas payer ses « dépenses extraordinaires » avec les componendes ? L'évêque en titre s'oppose à ce qu'il en soit ainsi, les recettes des dispenses étant sa « seule ressource pour le soulagement des pauvres ». Les évêques reçoivent une pension de 200£ du gouvernement colonial. À compter de 1813, le montant en est fixé à 1 000£, outre les revenus de location du palais épiscopal où siège la Chambre d'assemblée du Bas-Canada. Le coût de location atteint 1 000£ lorsque, au début des années 1830, l'évêque de Québec cède l'édifice et le terrain contre une rente annuelle du même montant[29]. Les coadjuteurs, ainsi que Mgr Lartigue, auxiliaire de l'évêque de Québec pour l'ouest de la province de 1821 à 1836, perçoivent des revenus personnels plus modestes. De façon ponctuelle, l'épiscopat obtient, pour l'un ou l'autre de ces évêques adjoints, entre le tiers et la moitié de la dîme d'une ou deux cures lucratives, par suite d'ententes avec les titulaires de ces paroisses.

---

29. Marcel TRUDEL, « La servitude de l'Église catholique du Canada français sous le Régime anglais », dans SOCIÉTÉ CANADIENNE D'HISTOIRE DE L'ÉGLISE CATHOLIQUE, Rapport 1963, p. 13.

On évite ainsi que les componendes servent à faire vivre l'épis-copat.

La recette annuelle des componendes gérées par l'auxi-liaire de Montréal pouvait fluctuer entre 200 £ et 300 £. Mgr Lar-tigue n'était pas entièrement d'accord pour financer la construc-tion de l'église Saint-Jacques avec ces revenus. Du moins voulait-il que Rome en fût informée. Comme les componendes avaient auparavant servi à la construction d'édifices du culte, les évêques Plessis et Panet ne croyaient pas nécessaire d'obtenir une per-mission expresse de Rome. Pourquoi fallait-il alerter les autorités romaines ? Qu'arriverait-il à l'évêque de Québec si « ses revenus de 1 000 £ et le loyer de son évêché » lui étaient enlevés ? Il serait « peut-être obligé alors de se servir des componendes » pour assu-rer sa subsistance et acquitter d'autres dépenses liées à sa fonc-tion. Rome n'eut pas à se prononcer. Et Lartigue remboursa grâce aux componendes une bonne partie des dettes contractées pour la construction de l'église Saint-Jacques[30].

Plessis répétait à ses subalternes qu'il ne fallait rien divul-guer sur l'affectation des componendes. Les fidèles, intrigués par ces prélèvements, ne pouvaient pas savoir ce qu'il en advenait. Ils estimaient peut-être qu'une taxe de 4 % sur le produit de la récolte, bonne ou mauvaise, les revenus des seigneuries ecclé-siastiques, les honoraires des funérailles et des messes pour les défunts, les rentes de bancs, la quête dominicale et celle de l'Enfant-Jésus devaient suffire à assurer aux prêtres des revenus supérieurs à ceux de bien des familles, ainsi qu'à secourir les pauvres et à financer les frais du culte.

Le train de vie des curés de campagne était en général assez sobre. Où allait donc tout leur revenu ? Ils n'étaient pas tous bâtisseurs de petits séminaires. D'où les murmures contre une

---

30. L'inquiétude de l'auxiliaire de Montréal était peut-être en partie liée aux intrigues des sulpiciens contre son épiscopat, à Rome et au Québec. Voir à ce sujet Gilles CHAUSSÉ, *Jean-Jacques Lartigue, premier évêque de Mont-réal*.

taxe jugée abusive[31]. Les componendes étaient attachées à un nombre élevé de projets de mariage. La loi civile et ecclésiastique obligeait à publier trois fois une promesse de mariage au prône de la messe dominicale. Beaucoup déboursaient 12 # pour être publiés deux fois, d'autres, le double pour une seule publication. L'affinité spirituelle contractée par le fait d'être parrain ou marraine engendrait un interdit levé au coût de 24 #. Se marier sans publication coûtait 100 #, mais beaucoup de rabais étaient consentis. Pour éviter quelque scandale et ne pas faire indirectement la promotion de mariages du second degré, l'évêque lui-même demandait régulièrement de ne pas publier tel projet de mariage et de célébrer la cérémonie dans la semi-clandestinité.

Quels étaient les revenus des componendes ? En refaire la comptabilité paraît impossible. Par contre, le jour où tous les actes de mariage du Bas-Canada auront été dépouillés, nous serons renseignés sur le nombre de dispenses, quel que soit le niveau de parenté. Le prix payé n'y sera pas indiqué. Les dispenses du second degré de consanguinité et d'affinité étant attribuées seulement par l'évêque de Québec, les registres-cahiers de dispenses[32], aussi appelés « registres de componendes », fournissent un aperçu de la gestion de la proche endogamie familiale. Plus de 150 dispenses du second degré y sont enregistrées pour les années 1815-1832. Deux fois sur trois, elles concernent des cousins germains. Le solde est attribué en faveur de personnes qui épousent une cousine de l'épouse décédée (second degré d'affinité). Sous Plessis, les dispenses du second degré sont rares, une ou deux par année, jusqu'en 1822, cinq ou six à partir de cette date.

Beaucoup plus libéral que Plessis, Mgr Panet (1826-1833) octroie annuellement une quinzaine de dispenses du second

---

31. Les revenus du personnel ecclésiastique sont une question complexe dont nous avons esquissé l'étude dans Serge GAGNON, *Quebec and Its Historians. The Twentieth Century*, chap. V.

32. Archives de l'archevêché de Québec, 941CD.

degré, mis à part une année tout à fait exceptionnelle, 1827, au cours de laquelle 29 couples de ce niveau d'apparentement reçoivent une dispense. Il s'agit manifestement de rattrapage, de cas demeurés en suspens durant l'épiscopat de son prédécesseur. Quels montants les *impétrants* ont-ils déboursé ? Trois possibilités s'offrent à l'historien-comptable : 1. s'il y a un montant versé, il est indiqué (on peut dès lors constater que les couples paient rarement les 600 # exigées et que de substantiels rabais sont consentis) ; 2. parfois le secrétaire inscrit *gratis* ; 3. parfois il n'inscrit rien. Si l'absence de montant signifie que les dispenses sont accordées gratuitement, on doit en conclure que la grande majorité des couples réussissent à obtenir un permis sans débourser un sol. On ne saurait s'en étonner quand on connaît les stratégies mises en œuvre pour obtenir grâce. Exceptionnellement, de riches familles paient tout le montant exigé, 702 #, soit 600 # pour la dispense de parenté, 100 # pour la dispense de trois bans, 2 # pour les frais d'administration. Comme des dispenses de trois bans sont couramment accordées pour la proche endogamie familiale, dans le but de ne point inciter à l'imitation, la dispense de bans est très rarement payée.

Après la Conquête, la population franco-catholique du Québec augmente rapidement. Les Britanniques interdisant l'immigration française, la croissance est tout entière attribuable aux descendants des 65 000 Canadiens de la fin du Régime français. Même au cours des premières décennies du XIXᵉ siècle, les forces d'exil de la population française d'Europe profitent marginalement à la population française du Saint-Laurent. Fermée sur elle-même, celle-ci assure sa survie en multipliant les naissances en nombre suffisant pour faire doubler l'effectif en un quart de siècle. Il devenait dès lors inévitable que les mariages entre apparentés fussent nombreux. La componende apparaissait comme un moyen de tempérer les forces d'endogamie. Il semble que cette mesure ait été efficace. Quand les prêtres ont concédé avec libéralité rabais ou remises entières, les demandes se sont vraisemblablement mises à augmenter. C'est ce que laisse entendre une directive au clergé du diocèse de Montréal, en 1894 : « Depuis quelques années, on ne s'est pas montré assez sévère [à exiger des componendes]. Ce relâchement a eu pour conséquence de multiplier les demandes de dispenses de parenté[33]. » Au cours de l'année 1893, Rome a reçu du Canada 457 demandes de dispense de parenté. De ce nombre, 427 venaient du Québec. La moitié du solde concernait le diocèse d'Ottawa, qui comprenait une partie du territoire de l'ouest du Québec. C'est dire le niveau d'apparentement dans la population francophone du Québec. Car les demandes adressées aux autorités romaines devaient nécessairement correspondre à des niveaux majeurs de parenté[34].

L'analyse de la proche endogamie familiale a été menée à partir d'une seule série documentaire : les dossiers des cousins germains, consanguins au deuxième degré. Au cours de la collecte d'informations, une autre série a été montée, traitant des demandes de dispense du second degré d'affinité. Soumis aux même tarif que le second degré de consanguinité, ce niveau de parenté par alliance a été géré avec la même rigueur que celui des cousins germains. Outre ces copieux dossiers, trois ou quatre affaires du premier degré de consanguinité ont alimenté la correspondance : elles concernent des projets de mariage entre un neveu ou une nièce de l'épouse ou de l'époux décédé. L'évêque de Québec ne possédait pas le pouvoir de dispenser dès qu'il s'agissait du premier degré. On peut présumer qu'il n'y eut pas de tels mariages au Bas-Canada. Mais le dépouillement de tous les actes de mariage pourra seul confirmer cette hypothèse.

La grande enquête génético-démographique conduite par l'équipe de Gérard Bouchard n'a recensé, pour Charlevoix, que deux unions de cousins germains pour la première moitié du

33. Diocèse de Montréal, *Mandements, lettres pastorales, circulaires et autres documents* [...], t. 12, p. 27.
34. Monique Benoît, « Le Canada de la fin du 19e siècle dans les Archives de la Propagande », *Bulletin de l'Institut canadien de la Méditerranée*, vol. 7, n° 3, juill. 1987, p. 3.

XIXe siècle, mais aucun mariage tante-nièce, oncle-neveu (premier au troisième degré de consanguinité)[35]. Il y a de fortes chances que ce dernier degré de consanguinité ne se retrouve pas non plus ailleurs au Bas-Canada. En 1854, les évêques du pays envoyaient leurs homologues américains qui venaient d'obtenir le « pouvoir de marier l'oncle avec sa nièce et même le beau-frère avec sa belle-sœur[36] ». Si de tels mariages ont eu lieu avant le milieu du XIXe siècle, il y a certainement eu recours à Rome.

La démographie génétique étudie les variations du taux de consanguinité dans le temps et dans l'espace. Dans l'état actuel des connaissances, la population de Charlevoix, au temps du Bas-Canada, possédait un des coefficients de consanguinité parmi les plus élevés du monde. Seules les populations ayant pratiqué la proche endogamie familiale (entre un tiers et un cinquième des mariages de cousins germains) ont atteint un niveau de consanguinité plus élevé que la population de Charlevoix[37]. Compte tenu de la quasi-inexistence des mariages de cousins, il a donc fallu que le nombre de mariages consanguins à des degrés inférieurs ait été très élevé. Nous saurons un jour si, isolée dans ses montagnes, la population de Charlevoix est un cas extrême dans la vallée du Saint-Laurent.

Préoccupés par la morale, les prêtres ont rendu aussi difficiles les unions avec des parents par alliance que les mariages de proches consanguins. D'une part, les cousins germains, rencontrés à l'occasion de rassemblements des familles, étaient les uns pour les autres des occasions prochaines de péché. Il fallait

35. Gérard BOUCHARD et Marc DE BRAEKELEER (dir.), *op. cit.*, p. 116 et 118.
36. Jacques GRISÉ, *Les conciles provinciaux de Québec et l'Église canadienne (1851-1886)*, p. 173.
37. Gérard BOUCHARD et Marc DE BRAEKELEER (dir.), *op. cit.*, p. 117-118.

en conséquence multiplier les obstacles à leur union légitime. Grâce au mariage, la sociabilité avec la belle-famille accroît le nombre de personnes susceptibles d'être désirées. Voilà pourquoi les frères et sœurs, les cousins et cousines d'un époux, d'une épouse sont des partenaires interdits pour le remariage, advenant la mort d'un partenaire conjugal.

3

Se marier
en toute liberté

L'Église défend la liberté des personnes. Elle tend à faciliter beaucoup les mariages, même ceux de garçons et de filles très jeunes – souvent en dépit de l'opposition des parents. Car elle souhaite qu'ils soient appelés, dès que possible, à poser des actes libres. Mais le roi, de son côté, embrasse le point de vue des parents qui craignent que des passions juvéniles ne compromettent les intérêts des familles[1].

L'empêchement de parenté renvoie au tabou de l'inceste ainsi qu'aux interdits qui en découlent. Ceux-ci peuvent varier selon les lieux, les époques, les religions et les cultures. En contexte catholique, nous l'avons constaté, la définition de l'inceste est très extensive. Or, l'Église et, plus encore, l'État ont multiplié bien au-delà de cette sphère les obstacles et les épreuves touchant la formation du couple. Transplanté en Nouvelle-France, le droit civil français a exercé de fortes pressions sur l'institution canonique du mariage.

À plusieurs égards, les dispositions du droit canon visaient à préserver la liberté de consentir à l'engagement matrimonial. Celui-ci entraînait de lourdes responsabilités, notamment le devoir de fidélité réciproque. L'exclusivité du commerce sexuel des époux n'avait de chances de se réaliser que si le choix du conjoint avait été mûrement réfléchi. Toute contrainte en vue d'extorquer un consentement de mariage rendait inhabile à

---

1. René PILLORGET, *La tige et le rameau*, p. 17.

répondre de ses actes. Par ailleurs, le combat de la chasteté livré par le clergé catholique comportait certaines préférences concernant l'âge minimal du mariage. Quand un curé de campagne écrit que « le bien de la religion serait de marier les jeunes gens [...] le plus tôt possible », il énonce une évidence à son supérieur ecclésiastique [Saint-Pierre de Montmagny, 1825].

Le mariage précoce n'est pas toujours agréable aux parents, ni même aux jeunes amoureux. Représentons-nous la situation du fils qui va relayer son père dans l'exploitation du patrimoine agricole. Retarder le plus possible la passation des pouvoirs est souvent dans l'intérêt de l'un comme dans celui de l'autre. Le fils héritier doit rechercher une compagne de vie apte et disposée à prendre soin de ses beaux-parents. Chaque partenaire du couple à venir doit supputer les charges familiales qui vont lui échoir à l'amont comme à l'aval de la chaîne des générations. Combien de temps vivront les parents qui ont donné leur bien ? Combien d'enfants devra-t-on nourrir et élever dans cette famille souche – à trois générations – avant qu'elle ne devienne une famille nucléaire réduite aux parents et à leurs propres enfants[2] ? Dans ces familles élargies, si répandues à la campagne, que de malentendus, de tensions, de conflits entre belle-fille, beau-père ou belle-mère ! Ces éléments de situation avaient pour effet de retarder un projet de mariage. N'insistons pas. Il est clair que la préférence du clergé pour le mariage précoce ne rencontrait pas toujours les vues, voire l'intérêt des familles.

Un droit séculier du mariage a fait contrepoids au pouvoir ecclésiastique. L'État a pris la défense des intérêts familiaux. La circulation ordonnée des biens et du patrimoine, le transfert du capital familial entre les générations, que ce fût sous la forme de

---

2. L'anthropologie distingue « famille restreinte, qui est aussi dite nucléaire, conjugale ou élémentaire, et famille élargie qui peut être une famille-souche (*stem family*) ou étendue (*extended family*) suivant le nombre de noyaux ascendants, descendants ou collatéraux articulés à la famille conjugale qui en constitue le centre ». (André BURGUIÈRE et collab. (dir.), *Histoire de la famille*, t. 1, p. 61.)

dons entre vifs, de dots ou d'héritages, est à l'origine d'une gamme de dispositifs mis au point par l'autorité politique. Celle-ci régit corps et biens, cependant que l'Église est reléguée au rang de pouvoir symbolique dont la compétence se limite au sacrement et au salut des âmes. Le consentement des parents n'était point un obstacle à l'union sacramentelle du couple, suivant les dispositions arrêtées au Concile de Trente. Entre ce xvie siècle conciliaire et le Siècle des lumières, s'élabore un processus d'affirmation de l'État. À la fin du xviiie siècle, un juriste français pouvait écrire que la permission des parents libérait les jeunes des « contraintes de la passion[3] ». Cette vue des choses traduirait l'aboutissement d'un long processus de sécularisation de l'institution matrimoniale. Voyons quelles en furent les conséquences en territoire bas-canadien.

Le pouvoir des parents

> *Le mariage contracté par des mineurs sans le consentement de leurs père et mère est présumé entaché du vice de séduction, et, sur l'appel comme d'abus que les père et mère peuvent interjeter, le mariage doit être déclaré nul et abusif.*

> *Les mineurs qui se sont mariés sans le consentement de leurs père et mère et leurs enfants qui naîtront de ce mariage, sont aussi déclarés indignes de toutes successions directes et collatérales, même du droit de légitime.*

> *Lorsque par la suite, les père et mère approuvent expressément ou tacitement le mariage de leurs enfants contracté contre leur gré, ou à leur insu [...] l'enfant cesse d'être sujet à la peine d'exhérédation et à toutes les autres dont il a été parlé[4].*

---

3. Cité par Jean GAUDEMET, *Le mariage en Occident*, p. 356. L'ouvrage est fondamental pour comprendre le processus de sécularisation du mariage. Sur l'Ancien Régime, voir aussi Jean-Louis FLANDRIN, *Le sexe et l'Occident*, p. 76-78.

4. Henry DES RIVIÈRES BEAUBIEN, *Traité sur les lois civiles du Bas-Canada*, t. 1, p. 57-58.

Depuis 1741, par suite d'une décision du Conseil supérieur de la Nouvelle-France, un prêtre ne peut accorder une dispense de publication « pour marier des mineurs sans le consentement des père et mère, tuteur ou curateur [...] à peine contre les contractants de déchéance de tous les avantages et conventions portés par le contrat de mariage ou autres actes, même de privation civile ». De plus, aucun notaire ne peut rédiger de contrat de mariage en faveur de mineurs, à moins que « lesdits mineurs ne soient dûment assistés et autorisés de leurs parents [...] tuteurs ou curateurs[5] ». Ce cadre juridique est toujours en vigueur au début du XIXe siècle.

Sous l'Ancien Régime, en France comme en Nouvelle-France, l'âge de la majorité était de 25 ans[6]. Au début de la Révolution, les législateurs français abaissent à 21 ans l'âge à partir duquel on devient majeur. Possession britannique, le Bas-

---

5. Justin MᴄCᴀʀᴛʜʏ, *Dictionnaire de l'ancien droit du Canada* [...], p. 14-15 et 180. Voir aussi Henry Dᴇs Rɪᴠɪᴇ̀ʀᴇs Bᴇᴀᴜʙɪᴇɴ, *op. cit.*, t. 1, p. 56-58. La décision du Conseil supérieur est rendue en faveur de Marie-Anne Baudoin, veuve de Jean-Baptiste Hertel de Rouville. Elle réclamait la cassation du mariage de son fils mineur (21 ans) avec Louise-Catherine André de Leigne. Sa poursuite invoque un « rapt de séduction » dont son fils aurait été victime. Ce dernier, secondé par son beau-père, se pose en victime de sa mère qui voulait en faire un prêtre. Le mariage célébré sans publication de bans est annulé par les tribunaux civils. Le jeune Hertel obtient peu après le consentement de sa mère et l'Église procède à une nouvelle célébration. Voir : Lorraine Gᴀᴅᴏᴜʀʏ, *La noblesse de Nouvelle-France*, p. 95-96 ; Pierre Tᴏᴜsɪɢɴᴀɴᴛ et Madeleine Dɪᴏɴɴᴇ-Tᴏᴜsɪɢɴᴀɴᴛ, « Hertel de Rouville, René-Ovide », *Dictionnaire biographique du Canada*, vol. IV, p. 370-374.

6. Plusieurs historiens disent 30 ans pour les garçons, 25 pour les filles. Voir : Marcel Tʀᴜᴅᴇʟ, *Initiation à la Nouvelle-France*, p. 273 ; Martine Sᴇɢᴀʟᴇɴ, *Sociologie de la famille*, p. 101 ; François Lᴇʙʀᴜɴ, *La vie conjugale sous l'Ancien Régime*, p. 19. Il s'agit d'un seuil juridique. Nous avons lu avec surprise dans Jacques Mᴀᴛʜɪᴇᴜ, *La Nouvelle-France*, p. 186, que la majorité était de 25 ans. L'auteur nous a fourni l'explication que voici : dans les registres de mariages, les hommes entre 25 et 30 ans qui sont déclarés majeurs ont peut-être reçu des lettres d'émancipation. Par ailleurs, le mariage lui-même rend majeur. Cette vue des choses est confirmée par Marcel Mᴀʀɪᴏɴ, *Dictionnaire des institutions de la France aux XVIIe et XVIIIe siècles*. Au mot « majorité », p. 360, il écrit : « L'âge de la majorité variait avec les coutumes, avec les conditions des personnes. En Champagne, Picardie, Normandie, Anjou, Maine, il était de vingt ans et la majorité parfaite, c'est-à-dire celle requise pour contracter mariage sans le consentement des père et mère, n'avait lieu qu'à vingt-cinq ans. »

Canada a émancipé avant la France les jeunes de 21 ans et plus. La Grande-Bretagne les avait affranchis dès le milieu du xviiie siècle[7] ; dans la province de Québec, « une ordonnance de 1782 déclare qu'à compter du 1er janvier suivant, l'âge de 21 ans sera l'âge de majorité[8] » ainsi que le rappelle l'évêque de Québec au curé de Saint-Ours, le 24 avril 1815. Est-ce ignorance du curé, ou témoignage indirect de résistance des parents ? Nous ne saurions dire. Quoi qu'il en fût, le consentement de ces derniers était jugé si important qu'il devait figurer à l'acte de mariage[9].

Les motifs de refus des parents sont quelquefois explicités dans la correspondance des curés. Une mère s'oppose au mariage de sa fille mineure « parce que le garçon est pauvre fils de mendiant et mendiant lui-même ». L'affaire survient dans une situation familiale délabrée :

> [...] le père de la fille [...] a laissé sa femme [...] depuis 13 à 14 ans, cette petite fille [elle est âgée de 14 ou 15 ans] en question a été élevée par un honnête homme [...] étant devenue désobéissante et tout à fait indocile, l'honnête homme l'a remise à sa mère servante en ville, qui l'a remise elle-même entre les mains du dit Louis Labrie [le prétendant, majeur] qui la gardait chez son père.

Faute d'obtenir le consentement maternel, le couple de Saint-Gervais tente un mariage dans l'église paroissiale, « un nommé Simon Brisson faisant office de ministre ». Ce genre de cérémonie non reconnue par l'Église ni par le législateur

---

7. Peter WARD, *Courtship, Love and Marriage in Nineteenth-Century English Canada*, p. 35.

8. Dans une ordonnance du 6 novembre 1764, le gouverneur fixe l'âge de la majorité à 21 ans. On ignore les effets de cette mesure. L'évêque renvoie à l'ordonnance du 16 février 1782 : « Comme il peut s'élever plusieurs grands inconvénients de la continuation de la loi, qui actuellement établit l'âge de majorité à vingt-cinq ans [...] après le premier Janvier mil sept cens quatre vingt-trois, l'âge de la majorité sera [...] de vingt-un ans. » (Adam SHORTT et Arthur G. DOUGHTY (éd.), *Documents relatifs à l'histoire constitutionnelle du Canada, 1759-1791*, première partie, p. 199-200.) Voir aussi *Rapport des Archives publiques du Canada*, 1914-1915, Appendice C, p. 135-136.

9. Henry DES RIVIÈRES BEAUBIEN, *op. cit.*, t. 1, p. 21.

constitue quelquefois une tentative pour s'opposer au refus du père ou, à son défaut, à celui de la mère de l'épousée. L'Église soumet le couple et les parents qui y participent à des humiliations ainsi qu'à la privation temporaire des sacrements. Entre ce que les prêtres nomment un « prétendu mariage » et la sacramentalisation en bonne et due forme, les parents de l'enfant mineur non consentant sont pressés de revenir sur leur décision. Après une affaire du genre survenue à Saint-Pierre de Montmagny en 1801, le père de la future donne son « consentement par main de notaire » ; réconcilié avec sa fille, il va « même assister au mariage », annonce le curé déchargé de tout souci. Dix ans plus tôt, à Cap-Saint-Ignace, dix ans plus tard, à Saint-Pierre de Montmagny encore, de semblables défis à l'autorité parentale sont rapportés. Le curé de Saint-Thomas, paroisse voisine de Saint-Pierre, expose l'affaire du « petit Bélanger » que le curé a refusé de marier :

> [...] à cause de la minorité de sa prétendue qui a été accompagnée de trois témoins [...] après vêpres lorsque le monde a été retiré se marier devant le Saint Sacrement. Après la cérémonie faite ils vinrent à un quart de lieue dans une cantine où ils trouvèrent le père du garçon qui les amena en grande pompe faire le souper de la noce. Il paraît que la compagnie y était assez nombreuse car j'ai déjà refusé les Pâques à un des convives parent du garçon et je me suis expliqué vis-à-vis d'un des trois témoins qui est venu comme pour s'excuser, que je ne recevrais aucun des assistants sans vous consulter [...] je les crois tous bien coupables. J'écris au curé du Cap afin qu'il tâche d'obtenir le consentement du père de la fille.

Là où la frontière américaine est proche, des couples privés de l'assentiment parental vont parfois se faire marier par un pasteur ou un laïc habilité à recevoir les consentements de mariage. Dans les Maritimes comme aux États-Unis, l'assentiment des parents et les publications d'un projet de mariage ne sont pas exigés par la loi; cette procédure sommaire attire ceux que la rigueur des façons de faire bas-canadiennes embarrasse[10].

L'évêque de Baltimore souhaitait que ses diocésains immigrant au Bas-Canada fussent exemptés de publications. Son homologue de Québec ne partageait pas ses vues; « par respect pour l'usage du pays et pour ne point donner de jalousie à nos diocésains qui bientôt nous tourmenteront pour se marier sans publication et jouir du privilège de ces étrangers », Plessis intima au vicaire général de Saint-Denis sur Richelieu l'obligation de soumettre à une publication les immigrants catholiques d'origine américaine.

L'assentiment des parents est nécessaire pour publier un projet de mariage dont au moins un des candidats est mineur. En 1806, le curé de Château-Richer est réprimandé pour avoir fait fi de cette règle. Tout « curé qui passerait outre pourrait être inquiété par la loi ». La publication se fait au domicile des parties. Quiconque a atteint l'âge de la majorité acquiert domicile après six mois de résidence dans un même endroit. Les mineurs ne peuvent pas profiter de cette disposition de la loi. Le curé de tout à l'heure se fait rappeler que ceux-ci « doivent être publiés dans les paroisses où demeurent leurs pères et mères, tuteurs ou curateurs ». Même si le curé fautif avait marié une mineure qui demeurait dans sa paroisse depuis plusieurs années, il aurait dû, pour se plier aux exigences de la loi, donner la bénédiction

---

10. « Les lois françaises qui exigent le consentement des parents pour le mariage des enfants mineurs, n'ayant pas lieu dans la province où vous êtes, il s'ensuit que vous pouvez conjoindre Ursule Réaume avec celui qui l'a séduite. » (Plessis à Jean-Baptiste Kelly, curé de Saint-Basile de Madawaska, 30 nov. 1808.) « Je suis étonné que M. Pichart n'ait point célébré le mariage de Louis Girouard, si les lois civiles de votre province n'exigent point le consentement des pères pour le mariage des enfants mineurs. » (Plessis à Edmund Burke, vicaire général à Halifax, 31 mai 1807.) « La fille mineure d'Halifax aurait besoin d'être publiée dans son endroit, mais c'est un pays où l'on ne publie point. Du moins, devez-vous attendre, pour procéder à son mariage, qu'elle soit munie du consentement de ses père et mère ou tuteur. » (Plessis à Ant. Gagnon, missionnaire à Carleton, 27 févr. 1823.) Le consentement est exigé dans ce dernier cas parce que la jeune fille se marie au Bas-Canada.

nuptiale seulement après une publication dûment certifiée par son homologue de Saint-François de l'île d'Orléans, résidence des parents de la jeune mineure. La rigidité des lois civiles était telle qu'elle obligeait des jeunes à attendre leur majorité dans des situations fort pénibles. Au tout début du XIXᵉ siècle, le sort d'une jeune fille de Cap-Saint-Ignace ne peut fléchir l'évêque astreint aux contraintes de la loi :

> Nous ne pouvons dispenser une fille mineure du consentement de son père dont elle a besoin pour se marier. Les dangers auxquels elle se trouve exposée en demeurant chez lui, sont bien une raison de quitter la maison et de demeurer chez ses autres parents. Son confesseur doit même l'y obliger, si elle n'a point d'autre moyen de préserver sa pudeur. Là elle peut attendre l'âge de majorité [...]. Mais jusqu'à cette époque, elle ne peut se marier qu'autant que son père y consentira.

> Le secret de la fille étant éventé par la confidence qu'elle en a fait non seulement à son cousin mais encore à une de ses tantes, elle ne manquera pas de moyens pour résister aux instances que lui ferait son père de retourner chez lui.

Les témoignages de curés favorables aux projets de mariage font état de parents obstinés, du fils qui veut se marier contre le gré de son père. La permission est parfois difficile à obtenir faute de savoir où réside le père ou la mère. Un père est déclaré introuvable, un autre n'est pas revenu de la guerre de 1812 huit ans après la fin du conflit... Même si les parents sont disparus, ou très probablement décédés, l'Église demeure prudente, sachant trop bien que les tribunaux pourraient la blâmer d'avoir marié sans égard à la procédure. En 1791, le curé de Berthier-en-Haut (Berthierville) ne sait que faire d'une

> jeune Anglaise de 18 ans qui demeure chez un marchand anglais à Berthier [et] se présente pour se marier avec un Canadien. Elle m'a sollicité il y a 18 mois de la recevoir à la profession catholique. Je l'ai seulement confessée. Elle a été instruite chez les Sœurs à Laprairie de la Magdeleine, d'où sa mère l'a retirée lorsqu'elle était sur le point de communier. Mais aujourd'hui elle est sans père ni mère en ce pays. Son bourgeois protestant, à qui sa mère l'a remise avant son départ pour l'Angleterre, me

l'est venu lui-même présenter pour le mariage. Il n'y a nulle difficulté du côté des parents du garçon, qui est âgé de plus de trente ans.

L'évêque de Québec avise le curé qu'il ne peut marier la jeune fille « sans le consentement de ses père et mère [...] à moins que le marchand chez qui elle demeure [...] soit comme son tuteur ou curateur ». Dès lors, le curé doit lui demander de rédiger un consentement au mariage de sa protégée, dont copie sera portée au registre. Les précautions épiscopales visent à éviter des tracasseries aux époux. En octobre 1809, Mgr Plessis refuse « de suppléer au consentement du père » d'une mineure de Saint-Gervais. Comme son père est absent, elle doit se faire nommer « un tuteur *ad hoc*. Autrement le mariage pourrait être contesté quant aux effets civils. »

Le clergé se plie généralement de bonne grâce aux exigences du législateur. L'insoumission du curé de L'Islet au milieu des années 1810 fait figure d'exception. L'affaire est éloquente quant au poids respectif de l'Église et de l'État en matière matrimoniale. L'évêque veut ramener à l'ordre un prêtre qui paraît prendre à la légère le cadre législatif présidant à la formation des couples :

> Vous célébrâtes, il y a quelques années, le mariage d'une fille de 15 ans, sans le consentement de son père, feu Antoine Dufresne forgeron, qui y était même fort opposé. Cette marche était tout à fait irrégulière, et si ce père eût été assez riche ou assez avisé pour vous poursuivre, il aurait pu obtenir un jugement peu honorable pour vous. Nous ne sommes pas au-dessus des lois. Il faut respecter celles mêmes qui nous sembleraient injustes parce que nous n'avons pas qualité pour nous y soustraire, encore moins pour les réformer. J'en excepte celles qui seraient évidemment contraires aux lois de Dieu et de son Église. Celle dont il est question ici est très sage. Il vaut mieux qu'une ou deux filles manquent leur établissement, que d'ouvrir la porte à la licence en passant par-dessus la dépendance où la raison et la religion, la loi civile et le bon sens veulent que l'on tienne les jeunes gens.

Le curé de L'Islet proteste de son innocence. Il n'a pas marié la fille mineure d'Antoine Dufresne sans le consentement de ce dernier. On a menti à l'évêque, ou on l'a mal informé. Le curé Panet avoue plutôt qu'il a

> marié une fille peut-être mineure de défunt le Sr. Louis Dufresne dont je ne pouvais obtenir le consentement à l'effet de marier sa fille puisqu'il mourut en l'année 1813 dans le mois de décembre et que je n'ai marié sa fille qu'en l'année 1814 dans le mois de février. Ne pouvant obtenir son consentement j'obtins le consentement de son épouse [...]. Je n'ai jamais marié aucune fille mineure, ni aucun garçon, ni aucune veuve ni aucun veuf mineurs sans le consentement de leurs pères et mères, sans le consentement des tuteurs, des parrains et marraines ainsi que des plus proches parents des susdits mineurs.

Appelé à préciser ses souvenirs, Panet plaide sa défense en faisant valoir que ce Louis Dufresne « était [...] mort civilement la moitié du temps ». Il se peut qu'il ait nié avoir consenti, mais il a bel et bien dit de sa fille qu'« elle fasse ce qu'elle voudra ». C'est pour s'éviter toute tracasserie que le curé affirme avoir fait consentir la mère.

Fils de notaire, curé de L'Islet depuis 35 ans, frère du coadjuteur de Plessis, l'original, l'obstiné curé de campagne[11] se dit prêt à défier la loi quand elle lui paraît injuste. Dans le conflit qui l'oppose à son supérieur, ce n'est pas tant une affaire remontant à plus de 15 ans qui inquiète l'évêque ; ses remontrances visent des événements récents. Le curé de Saint-Jean-Port-Joli, paroisse voisine, « a empêché dernièrement [Panet] de marier un de ses paroissiens » à une fille de Saint-Jean, parce que celle-ci, mineure et orpheline, n'avait pas fait nommer par la cour un tuteur à qui demander la permission de convoler en justes noces. Le curé de Saint-Jean s'était, ce faisant, conformé aux exigences de la loi civile, cependant que son voisin considérait cette même

---

11. Serge GAGNON, « Panet, Jacques », *Dictionnaire biographique du Canada*, vol. VI, p. 631-632.

loi comme trop contraignante pour les jeunes. Voici en quels termes Panet s'en ouvrit au grand patron du diocèse :

> J'ai déjà prouvé très anciennement à un de messieurs les juges des plaidoyers communs, et il n'y a pas bien longtemps à un de messieurs les juges de la cour du Banc du Roi qu'il y a non seulement de l'abus mais aussi de l'injustice dans certaines lois civiles actuellement en usage [...] la loi civile [qui exige que] les enfants de famille mineurs qui n'ont jamais eu de tuteurs ni de curateurs et dont les pères et mères sont morts à se faire créer un tuteur pour obtenir de lui un consentement à l'effet de se marier surtout lorsque les trois bans de mariage sont publiés et qu'il n'y a plus qu'une journée pour la célébration du mariage est non seulement abusive, mais aussi injuste [...] en empêchant ou au moins en retardant quelquefois à sept ou huit ans le mariage des jeunes [...] qui sont par là exposés à vivre dans le libertinage à cause de leur pauvreté et des formalités coûteuses qu'il leur faut prendre [...] et les dépenses nécessaires pour présenter requête à un des juges royaux à l'effet d'autoriser un notaire à faire une assemblée de parents, à passer un acte de tutelle qu'il faut ensuite envoyer au dit juge royal pour par lui être homologué ; voyages, dépenses difficiles à faire pour un enfant dépourvu d'argent et long retardement de mariage qui causent ordinairement bien des murmures.

Le curé poursuit son envolée par le récit de ce qui vient de se produire : un garçon de L'Islet, majeur de 26 ans, après trois publications de bans, s'est vu refuser le mariage par le curé de Saint-Jean, parce que sa future était mineure. En vain a-t-il consulté « un notaire et un juge de paix pour forcer le curé à le marier ». Frustré, le jeune homme « n'a pas voulu attendre qu'il fût créé un tuteur à sa future épouse et l'a laissée bien que ses trois bans de mariage fussent publiés ».

Le curé Panet se disculpe en prétendant que le prêtre peut transgresser une loi qu'il juge injuste. Pourquoi ne pas simplifier la procédure légale ? Pourquoi ne pas se satisfaire d'une permission de la parenté ? Un parrain, une marraine pourrait faire office de tuteur... Le curé de L'Islet avoue s'être contenté de ces façons de faire qui auraient satisfait feu Mgr Briand. L'évêque n'est pas convaincu que son défunt prédécesseur ait approuvé Panet. Mais là n'est point, quant à lui, le nœud de la question : « se marier sans recourir à l'autorité publique » quand on est un « mineur qui n'a ni père, ni mère, ni tuteur » est un acte illégal. Telle est la réponse fournie par Plessis au curé de Saint-Jean-Port-Joli qui l'interroge à propos du mariage faisant l'objet du litige. La réponse épiscopale renvoie à la position du juriste Robert-Joseph Pothier[12], « l'oracle de nos cours de justice ». Pothier, l'un des artisans de la sécularisation du mariage, trouve grâce auprès de l'évêque de Québec : « l'Église [...] déteste l'indépendance des jeunes gens ». Respectueux de la loi, le curé de Saint-Jean est cité en exemple au titulaire de la cure de L'Islet[13].

L'affaire de L'Islet nous apprend que le mariage d'un orphelin mineur est impossible sans la nomination d'un tuteur, même si le jeune ne possède rien. En 1827, le curé de Cacouna en est formellement averti : « Il faut donc que cette fille attende sa majorité pour se marier ou que si elle et son prétendu ne sont pas en moyen » de débourser les frais nécessaires « pour lui faire élire un tuteur pour son mariage, les parents de l'un et l'autre qui approuvent son mariage, se cotisent ensemble pour en faire les frais ». En 1819, l'évêché précise la procédure au curé des Éboulements. Il faut « présenter une requête aux juges » avant de marier une mineure, orpheline de père, dont la « mère absente [...] est sans doute sa tutrice ». La requête vise à « obtenir permission de faire assemblée devant [...] notaire ». La réunion rassemblera « sept de ses plus proches parents ou amis qui délibèrent sur l'avantage du mariage projeté et éliront un tuteur dont l'élection doit être homologuée par le juge ». Plusieurs autres cas semblables sont résolus de la même manière.

---

12. Robert-Joseph POTHIER, Œuvres de Pothier, t. VI : Traité du contrat de mariage. Voir aussi Jean GAUDEMET, op. cit., p. 332-334.

13. Ne voyant que du traditionalisme dans la position de Plessis, Fernand Ouellet n'a pas compris les enjeux de l'affaire. Voir Fernand OUELLET, « Mgr Plessis et la naissance d'une bourgeoisie canadienne (1797-1810) », dans SOCIÉTÉ CANADIENNE D'HISTOIRE DE L'ÉGLISE CATHOLIQUE, Rapport 1955-56, p. 84, note 7.

Le tutorat illustre à merveille la limitation du pouvoir de l'Église sur le mariage et la famille. Dans des sociétés où le capital est plus souvent transmis par les ascendants que gagné par le revenu personnel, l'État protège le pouvoir des détenteurs de la richesse. L'Église continue toutefois d'influencer la gestion du capital pupillaire. Les avoirs liquides du gestionnaire ne peuvent être prêtés à intérêt que si celui-ci fait la démonstration qu'il n'a pu les investir dans la spéculation foncière ou quelque autre opération profitable. La condamnation du prêt à intérêt est ainsi mise en veilleuse au profit du pupille, homme ou femme. Et qu'importent les foudres du curé Panet! Celui-ci considérait comme injustes les lois qui « condamnent un tuteur à payer un intérêt usuraire à son pupille parce qu'il ne lui a pas été possible [...] de placer ces deniers pupillaires à un intérêt permis par le Saint-Siège ». Selon le curé, ceux qui « ont reçu ces deniers usuraires » devraient être tenus de « les restituer à ceux qui les ont payés », obligation morale que des héritiers étaient aussi invités à respecter. En 1807, l'évêque propose un de ces cas de conscience à un canoniste montréalais : un héritier a « partagé avec plusieurs de ses frères et sœurs une succession formée en grande partie de profits usuraires ». À qui, combien restituer? On présume que le père qui « a fait métier et marchandise pendant 40 ans de prêter à de pauvres habitants » aurait perçu des intérêts d'au moins 25 créanciers. L'héritier en peine en connaît quelques-uns. « Mais doit-il à ceux-là plus qu'à ceux qu'il ne connaît pas? » Et les autres héritiers, ses frères et sœurs, apparemment sans remords, n'ont-ils pas contracté les mêmes obligations morales que lui? Que faut-il répondre au confesseur? Voici l'avis de l'expert :

> Il faudrait savoir 1. La nature des profits usuraires [...]. 2. Quelle a été l'augmentation de sa fortune ; quels étaient les moyens de s'enrichir, afin de connaître à peu près ce qui peut servir d'usure. On pourrait s'informer des personnes connues, qui ont payé, et pendant combien d'années : cela pourrait donner un aperçu pour calculer le tort fait aux 25, dont plusieurs sont inconnus. 3. Si

les autres héritiers sont dans la disposition de restituer [...] au prorata au moins de ce qu'ils ont perçu en héritage. 4. Si, en restituant, il faudrait réduire à la misère ou faire déchoir d'un état légitimement acquis : car alors on ne serait pas tenu jusqu'à ce qu'on le pût sans inconvénient grave, à moins que les créanciers ne se trouvassent dans la même détresse. On ne saurait répondre qu'au hasard avant de connaître ces détails. Il est bon d'observer que l'ignorance de ceux à qui il est dû, ne dispenserait pas de la restitution. Elle se fait alors à des hôpitaux, qui s'engagent à rendre quand on découvrira.

Le capital géré par des tuteurs cause des tracasseries de tous ordres. L'assouplissement de l'Église concernant la gestion des successions est le résultat de pressions venues du pouvoir civil. Les juges, écrit Plessis au curé de Saint-Nicolas en 1802,

> reçurent si mal un tuteur de ce district qui se présenta à eux l'année dernière pour se faire décharger de l'obligation de faire valoir son argent pupillaire par le prêt, que ce que nous aurions appelé avec raison une injustice, il y a dix ans, devient une malheureuse nécessité pour tout tuteur qui n'est pas capable de spéculer sur quelque objet de commerce, comme seraient le bois, le grain, le sucre, etc.[14].

À La Présentation, en 1810, un tuteur chargé de la fortune (30 000 #) d'une fille unique refuse de restituer les sommes perçues en intérêts ; il offre pour excuse que des placements non monétaires lui paraissaient risqués. L'Église s'incline.

Que faire si un tuteur refuse de consentir au mariage de sa protégée parce qu'il y trouve son intérêt ? Le problème n'est pas du ressort de l'Église, opine l'évêque de Québec, en réponse à un cas survenu à Saint-Antoine de Tilly, en 1800. Que penser d'un chargé de tutelle qui marie sa pupille à son propre fils ? Qu'adviendrait-il du capital si l'orpheline « venait à se dégoûter,

---

14. Pour en savoir davantage sur l'interdit touchant le prêt à intérêt, voir Jean DELUMEAU, *Le péché et la peur*, p. 246-255.

et qu'elle fût sans enfants[15] » ? Devrait-on exiger, comme le prescrit Pothier, que « le tuteur se munisse d'un avis des parents pour consentir au mariage » de la jeune fille ? Attendons quelque jugement de cour qui « oblige à une marche plus régulière » répond Plessis à un vicaire général de Montréal, en 1814. Invariablement, les décisions rendues par l'évêque vont dans le sens du respect de la loi. Que pouvait-on faire d'autre ? En 1814, le curé de Saint-Charles de Bellechasse est embarrassé par rapport à un mariage de mineur dont la « mère tutrice et aussi son subrogé tuteur » sont morts. Le célébrant a demandé permission au grand-père « qui l'a élevée ». Est-ce suffisant pour faire un mariage « valide tant pour les effets civils qu'aux yeux de l'Église » ? Le respect rigoureux de la loi exige qu'on fasse élire un nouveau tuteur. « Mais la liberté entière avec laquelle les Anglais se marient en ce pays, a accoutumé les tribunaux à ne plus user de l'ancienne sévérité sur le mariage des enfants de famille. » La présence croissante d'anglo-protestants a certainement eu pour effet d'atténuer la rigueur des lois d'Ancien Régime en vigueur au Bas-Canada. L'évolution des attitudes concernant l'enlèvement d'une mineure fournit des preuves supplémentaires du processus de libération des jeunes.

L'État considérait comme un crime l'enlèvement par violence. Mais comment traiter l'enlèvement consenti ? Le 28 avril 1827, Mgr Lartigue rappelait la rigueur exceptionnelle du droit civil français concernant l'enlèvement perpétré avec la

---

15. La mort d'une mère à l'accouchement d'un premier enfant pouvait entraîner, du moins en France, le remboursement de la dot. Voir Edward SHORTER, *Naissance de la famille moderne, XVIIIᵉ-XXᵉ siècles*, p. 214. Jean-Charles Chapais, marié, en 1846, à une fille du bourgeois Amable Dionne, est tenu à cette exigence par son contrat de mariage. Georgina, sa femme, reçoit une dot de 2 000 livres sterling « pour l'acquisition d'une ou plusieurs propriétés foncières dont ladite future épouse aura seulement la jouissance, sa vie durant, et la propriété devant passer à ses enfants, si enfants elle a, sinon retourner en ligne directe après son décès ou celui du futur époux, qui aura pareillement droit d'usufruit sur ladite propriété sa vie durant ». (Cité dans Julienne BARNARD, *Mémoires Chapais*, t. 1, p. 262.) Seul le dépouillement de séries de contrats de mariage ferait voir si c'est là une pratique généralisée.

complicité de la jeune fille : « une partie de l'Église gallicane » souscrivait aux vues de l'État en considérant ce *kidnapping* comme un « rapt de séduction ». Comme l'autorité parentale avait été lésée, la jeune fille enlevée pouvait-elle contracter validement mariage ? Lartigue « doute que maintenant les cours civiles de ce pays déclarassent nul un mariage, fruit du rapt de séduction ». Quelle doit être la position de l'Église ? L'opinion de l'évêque de Québec n'est pas claire, mais révèle qu'elle est bien loin la session du Concile de Trente où l'on avait « refusé de sanctionner par la nullité le défaut de consentement des parents[16] ». Des siècles de gallicanisme avaient fait triompher l'autorité de l'État. La position épiscopale, à la fin des années 1820, traduisait aussi l'émergence de la modernité libérale :

> L'arrêt du Conseil supérieur en 1741 est assez formel pour faire décider dans nos cours de justice la nullité du mariage contracté par un garçon avec une mineure enlevée par séduction [...]. C'était le sentiment de feu Mgr Plessis et c'est aussi celui de plusieurs avocats du barreau de Québec. Je suis du même avis. On m'a cité plusieurs de ces exemples arrivés ici récemment, mais ces affaires n'ont pas été jusqu'au civil.

Commentant les propos de son supérieur, Lartigue nous laisse imaginer comment les choses pouvaient se passer. Le « rapt de séduction est d'une petite conséquence entre deux catholiques, si l'on prétend en faire un empêchement dirimant aux yeux de l'Église ; car la fille une fois déshonorée, le père l'accordera facilement au ravisseur ». Au reste, que peuvent faire les parents, les prêtres, quand un jeune homme s'empare de sa fiancée et s'en va solliciter le ministère d'un magistrat, d'un pasteur protestant ? Ces unions font habituellement l'objet d'un nouveau consentement devant le prêtre, après réconciliation avec les parents. Si l'Église n'a jamais prêté beaucoup d'attention au rapt de séduction, parce que « c'est le rapt de violence seulement qui produit l'empêchement de mariage » écrit l'évêque au missionnaire de Carleton, en 1824, on peut penser que la rigueur du droit civil

---

16. Jean GAUDEMET, *op. cit.*, p. 323.

s'est estompée sous la poussée de l'évolution des mœurs. En 1816, Jean-Henri-Auguste Roux pense qu'on suivait en Nouvelle-France la pratique française de « déclarer nuls, non validement contractés, les mariages des mineurs sans le consentement des tuteurs ou parents. On regardait ce défaut comme une présomption légale de rapt de séduction. » Or, le même canoniste a écrit « à ce sujet une dissertation dans un sens tout contraire », preuve que l'autorité politique a pris parti en faveur de la libération des jeunes au cours des premières décennies du XIXᵉ siècle.

Est-ce à dire que tous les parents, tous les tuteurs cèdent devant les enlèvements de jeunes filles complices de leur ravisseur ? Certainement pas. À Vaudreuil, en 1821, le curé ne sait que faire à propos d'une fillette de 12 ans et demi qui « a été enlevée par un jeune homme de 17 ans, auquel elle avait été refusée en mariage par son tuteur ». Le couple a quitté la paroisse pour aller « se promettre fidélité entre les mains d'un juge de paix ». À leur retour, le curé se demande s'il n'y a pas lieu de recommander au tuteur le refus de son consentement. Non seulement la jeune fille est à peine nubile, mais elle « a quelques biens, et le jeune homme n'en a point. Il est indubitable que la jeune fille sera mal mariée ; que son bien est en perdition ; qu'il n'y a pas d'amitié sincère ; qu'il en résultera un mauvais ménage. » L'évêque partage l'opinion du curé : « le tuteur fera bien de refuser son consentement [...] mais s'il jugeait à propos de consentir, le mariage ne pourrait se contracter validement qu'autant que la fille serait remise auparavant entre les mains de son tuteur ».

Faisons le point. Les prêtres souhaitent plus que les familles les mariages précoces. Au début de son épiscopat (1833), Mᵍʳ Joseph Signay veut faire confirmer cette vue des choses par l'administration romaine : le mariage de mineurs sans le consentement parental est-il valide ? La réponse est oui ; l'Église ne doit pas s'en laisser imposer par les tribunaux civils qui soutiennent le contraire[17]. Or, à l'exception du curé de L'Islet, le clergé partage en grande partie la sagesse des parents. Le *Petit catéchisme* en usage à la création du Bas-Canada soulignait que « ceux qui se marient contre la juste volonté de leurs parents » offensaient Dieu[18]. Certes, il fallait que la cause parentale fut « juste », ce que reconnaissaient les élites religieuses dans la plupart des cas. En 1808, dans une lettre pastorale aux habitants de Saint-Luc et de Saint-Philippe de La Prairie, Mgr Plessis stigmatisait la désobéissance des jeunes qui traversaient la frontière pour se faire unir par des magistrats ou des pasteurs protestants, contrevenant aux règles des droits canonique et civil, ainsi qu'à la volonté de leurs parents. Tout au long de son mandat, les jeunes trouveront grâce à ses yeux, seulement lorsque les parents exercent des contraintes jugées abusives sur leurs décisions.

Les tribulations des enfants majeurs

> [...] *les garçons et les filles de vingt et un ans après avoir requis leur consentement par des sommations respectueuses, peuvent [...] contracter mariage sans le consentement de leurs père et mère.*

> *L'enfant [...] doit se transporter en personne dans la maison de ses père et mère, et il doit se faire donner acte de sa réquisition par deux notaires, ou un notaire et deux témoins, qu'il doit [...] mener avec lui. S'il n'obtient pas le consentement à la première réquisition, l'usage est d'en faire jusqu'à trois. Si la fille ou le garçon majeur manque à ce devoir, le mariage ne laisse pas d'être valable, mais il est sujet à la peine d'exhérédation. Ce défaut est aussi une cause d'ingratitude, pour laquelle les père et mère peuvent révoquer les donations qu'ils lui avaient faites[19].*

---

17. Henri TÊTU et Charles-Octave GAGNON (éd.), *Mandements, lettres pastorales et circulaires des évêques de Québec*, t. 3, p. 359-360.

18. Cité dans Jacques MATHIEU et Jacques LACOURSIÈRE, *Les mémoires québécoises*, p. 139.

19. Henry DES RIVIÈRES BEAUBIEN, *op. cit.*, t. 1, p. 57.

Quand les jeunes ont franchi le cap des 21 ans, ils ne sont pas pour autant devenus tout à fait libres de s'épouser. Sous l'Ancien Régime, le droit français a étendu le pouvoir parental à des enfants ayant atteint la majorité, mais dont le mariage « faisait injure » aux parents. Un fils pouvait certes se marier validement sans l'autorisation parentale, mais il courait alors le risque d'être déshérité[20]. Pour éviter cette sanction, le fils rebelle pouvait faire rédiger, par un notaire, une sommation respectueuse lue jusqu'à trois fois par ce dernier en présence des parents[21]. L'Acte de Québec (1774) ainsi qu'une loi provinciale du début du XIXᵉ siècle ont rendu caduc le recours à la sommation respectueuse puisqu'ils permettent aux parents de déshériter qui ils veulent[22]. Reste l'obligation morale de réclamer la bénédiction des parents avant les engagements nuptiaux. Jean-François Hébert, curé de Saint-Ours depuis plus de 20 ans, témoigne de la soumission des enfants : « je n'ai point encore rencontré, écrit-il en 1815, un seul majeur ou une seule majeure, qui ne soit convenu qu'il était de son devoir de consulter ses parents ». Exceptionnellement, « des pères entêtés ont refusé, sans raison plausible, de donner leur consentement ». Le curé a alors conseillé aux futurs « de différer leur mariage pour quelque temps, d'employer quelque personne respectable pour gagner leurs parents, et ces conseils ont toujours été suivis ». Si les parents « continuaient leur refus », le curé acceptait de les marier.

Du moment qu'un projet de mariage est publié, n'importe qui, y compris les parents, peut loger une opposition. Le prêtre n'a pas autorité pour juger de sa valeur, fût-elle malicieuse. C'est ce que répète l'évêque aux curés de campagne. Ceux-ci doivent suspendre la poursuite des publications, s'il y a lieu, ou refuser la bénédiction nuptiale jusqu'à ce que l'opposition ait « été levée

---

20. Jean GAUDEMET, *op. cit.*, p. 323 et 331.

21. Robert-Lionel SÉGUIN, *La civilisation traditionnelle de l'« habitant » aux 17ᵉ et 18ᵉ siècles*, p. 270.

22. Nous suivons l'exposé de Plessis à Jean-François Hébert, curé de Saint-Ours, 24 avril 1815.

ou par sentence de cour, ou d'un juge de paix ou par le désistement de l'opposant ». Mgr Hubert le rappelle au curé de Louiseville, en 1795, même si l'opposition d'un père « n'a d'autres raisons que de dire que la fille [sa future belle-fille] n'a pas toujours
été sage, et qu'elle a maintenant un enfant né d'un commerce
illégitime avec un autre garçon qui depuis l'a laissée ». En ce
genre de situation, la morale des prêtres n'est point en jeu, mais
bien celle des parents dont les valeurs sont habituellement ava-
lisées par le législateur.

Le curé de Saint-Pierre-les-Becquets tente l'impossible
pour fléchir un père qui refuse à sa fille majeure la permission
de marier le cousin germain avec qui elle a cohabité « au grand
scandale de toute la paroisse ». La fille a déshonoré ses parents ?
Qu'importe. Les deux amoureux « se fréquentent depuis plusieurs
années et s'aiment beaucoup » rapporte le curé qui prend leur
défense. Aux dires de ce dernier, le père de la jeune fille n'est
pas près de changer d'avis. Après plusieurs tentatives pour la
ramener sous le toit paternel, il

> a juré qu'il ne la regarderait jamais comme sa fille [...] j'ai [c'est
> le curé qui parle] été moi-même lui demander son consentement
> [...] je n'ai pu obtenir de lui aucune réponse [...] il m'a même
> protesté avec beaucoup de grossièreté qu'il ne me rendrait jamais
> d'autre réponse [...]. Il n'a point voulu voir sa fille lorsqu'elle a
> été se prosterner humblement à ses pieds pour lui demander
> pardon de ses fautes ; il l'a chassée ignominieusement de chez
> lui lorsqu'au jour de l'an elle a été lui demander sa bénédiction.

N'insistons pas. Cet exemple illustre à quel point le pouvoir de l'État et des parents joue un rôle aussi décisif que celui
de l'Église. Les curés n'ont d'autre choix que d'attendre la levée
d'une opposition. À Kamouraska, en 1824, un instituteur irlandais, résident de la paroisse depuis plus de trois ans, veut y épouser
une fille de notable de souche. Majeurs l'un et l'autre, les amoureux ont été publiés une fois. Contrariés par ce projet de mariage,
les parents de la jeune fille forment une opposition dans les formes
légales. Selon le curé, « l'opposition repose sur des raisons

futiles». Le 29 octobre 1824, l'évêque le presse de ne pas se
mêler du conflit :

> Cette affaire devrait être du ressort de l'autorité ecclésiastique,
> mais depuis longtemps les cours civiles s'en sont emparées, de
> sorte qu'advenant une opposition à un mariage, dûment signifiée
> au curé par un officier public, il a les mains liées et ne peut
> passer outre, quand même l'opposition serait purement mali-
> cieuse. Pour continuer la publication il faut donc attendre qu'elle
> soit levée, soit par un jugement de cour, soit par le désistement
> de l'opposant. C'est le parti le plus sûr. Il est bien vrai qu'une
> fille majeure peut être publiée et mariée sans le consentement
> de son père ; mais ce père ne perd pas par là le droit qu'il a,
> comme tout autre, de mettre opposition au mariage[23].

En 1826, une fille de Châteauguay s'oppose au mariage
d'un homme qui, à ses dires, serait le père de son enfant. Selon
la déposition notariée de la mère célibataire, ses faveurs sexuelles
auraient été obtenues moyennant promesse de mariage. Ce genre
d'opposition est classique. La loi vise la protection d'une mère
et de son enfant. Si le futur verse une indemnité à l'opposante,
celle-ci laissera son ancien compagnon libre de se marier. Des
inculpés tentent de se défiler, nient avoir assorti leur aventure
d'une promesse de mariage. Une demanderesse est déboutée parce
que, comme elle est mineure, la requête en réparation doit venir
de ses parents. Tel autre s'acquitte de ses responsabilités.
«Aujourd'hui j'ai main levée de l'opposition : l'opposante ayant
obtenu ce qu'elle exigeait» informe le curé de Châteauguay, le
5 mai 1827. Notre homme de tout à l'heure peut enfin se marier.

La liberté relative dont jouissaient les jeunes en milieu
protestant a exercé des pressions favorables à l'émancipation des
contraintes traditionnelles fragilisées par la montée des valeurs
libérales. À la fin des années 1840, le législateur décrète que
« toute opposition à la célébration d'un mariage, fondée sur une

---

23. Marie-Claire Taché a vaincu la résistance de ses parents et épousé
Thomas Ansbrow, maître d'école, le 11 juillet 1825. Voir Pierre-Georges
Roy, *La famille Taché*, p. 74.

promesse de mariage prétendue faite à une tierce personne, par une des parties sur le point de se marier, ne sera reçue ni maintenue dans le Bas-Canada ». Par voie de conséquence, « le prêtre ou le ministre auquel telle opposition sera présentée ou offerte, devra refuser de la recevoir, et agir à tous égards comme si elle ne lui avait jamais été présentée ou offerte[24] ». Le législateur s'est adapté aux mœurs. Le 6 décembre 1827, Mgr Lartigue écrit au directeur du Séminaire de Saint-Hyacinthe que « plusieurs jurisconsultes habiles de ce pays pensent que, par le droit nouveau, nous devons passer outre au mariage, nonobstant toute opposition même écrite par un notaire ». La libération des engagements antérieurs fait en sorte que les réparations pour le tort causé par le dédit d'une promesse n'est plus qu'une affaire de conscience. François Proulx et Appoline Caron, de Saint-Eustache, qui, le 25 mars 1789, promettent solennellement de s'épouser « sous l'espace d'un an ou deux et plus tôt si faire se peut » contractent une obligation purement religieuse, advenant leur désistement, « de faire dire deux cents messes pour le repos des âmes du purgatoire au défaut et manque de quoi leur conscience restera et demeurera engagée ». La modernité laïque devait rendre ces contrats spirituels de plus en plus rares.

À la recherche des bigames

> [...] un homme qui sur de fausses nouvelles du décès de sa femme se marierait, les enfants nés de ce mariage sont légitimés à cause de la bonne foi des père et mère et sont admis à leur succession. La bonne foi même d'un seul des conjoints suffit pour cela[25].

---

24. Jacques CRÉMAZIE, Manuel des notions utiles sur les droits politiques, le droit civil, la loi criminelle, et municipale, les lois rurales, etc., p. 87. Crémazie renvoie à 12 Vict., c. 53.

25. Joseph-François PERRAULT, Questions et réponses sur le droit civil du Bas-Canada dédiées aux étudiants en droit, p. 233.

Pour se marier, un soldat doit obtenir le consentement de ses supérieurs, habilités à exempter du «célibat militaire[26]». Si c'est un étranger, la permission d'un officier ne suffit pas : il faut s'assurer que le soldat n'a pas abandonné une femme et des enfants dans son pays d'origine. Tous les immigrants candidats au mariage sont soumis à une semblable enquête. Les vérifications sur la liberté des étrangers sont effectuées conjointement par les autorités civiles et ecclésiastiques. Un curé écrit à l'évêché, un immigrant comparaît devant un vicaire général, parfois l'évêque en personne, un homme de loi, un juge de paix. Il s'agit de déterminer si un mariage préexistant subsiste ; le cas échéant, l'obstacle à une nouvelle union est insurmontable.

Au cours de l'enquête, les attitudes peuvent être retenues, faute de meilleures preuves. L'étranger a l'air honnête, sincère. Un tel «a donné lieu de suspecter sa bonne foi», même si les documents non authentiques présentés comme venant de son pays sont jugés insuffisants. Après avoir estimé l'âge d'un « Polonais […] que l'on pourrait aussi bien tenir pour Hongrois», le vicaire général de Trois-Rivières est prié de le présumer libre « s'il avait 18 ou 20 ans, vers le moment de son arrivée» au Bas-Canada [Trois-Rivières, 1808]. Un cas semblable est présenté par le missionnaire de Drummondville, en 1824 : « Si personne ne l'accuse de s'être marié à une autre, il faut être moins rigoureux sur les preuves surtout si son âge permet de conjecturer qu'il n'est pas marié ou s'il a séjourné trop peu de temps dans chaque endroit pour présumer qu'il y ait pu contracter des liaisons.» En 1814, un «sergent […] arrivé depuis un mois d'Irlande» est moins chanceux que le néo-Drummondvillois. Il veut épouser une «jeune personne aussi irlandaise qui l'a suivi dans son voyage». La disparité de culte – la jeune fille est protestante – n'est pas ce qui arrête le vicaire général de Trois-Rivières, car elle veut abjurer la religion de ses ancêtres. «Le dit sergent passe dans le bataillon

---

26. Martine SEGALEN, op. cit., p. 106, évoque «le célibat religieux ou militaire […] embrassé souvent comme un pis-aller».

pour marié. » Il faut, repartit l'évêque, questionner d'autres « soldats du même corps qui l'ont connu dans son pays ». La permission écrite de son supérieur « est bien à son avantage, mais ne saurait suffire en aucun cas pour constater sa liberté ». Pourquoi tant de précautions ? L'évêque veut vérifier si les compagnons de régiment qui le disent marié agissent « par conviction ou par méchanceté » [Trois-Rivières, 1814].

Plus la personne est âgée, plus il faut user de circonspection. Selon un estimé des enquêteurs, un Polonais venu se fixer à Drummondville serait âgé de 44 ans en 1824. Heureusement pour lui, « il a déjà un témoin de sa liberté depuis 14 ans et l'on [...] en annonce un autre qui le connaît depuis l'âge de 18 ans, époque où il entra au service de France ». Si le second témoin atteste sa liberté, le prêtre peut le marier, mais sans se presser. « La menace que fait cet homme de se tuer, si l'on ne le marie, ne saurait empêcher » le célébrant d'attendre que sa promise, une mineure, ait reçu la permission de son père.

Les aléas de la guerre comptent parmi les contextes habituels des enquêtes. Un Bourguignon de 27 ans habite Vaudreuil depuis une quinzaine de mois lorsque, en 1824, il projette d'épouser une fille de la paroisse. « Sa mère, dit-il, l'obligea à s'expatrier pour éviter de servir contre l'Espagne. »

La croissance de l'immigration, particulièrement dans la région montréalaise, donne lieu à la multiplication des cas. En 1825, Jean-Jacques Lartigue fait remarquer qu'« on est communément trop exigeant pour des preuves de liberté, quand on n'a aucun doute positif ». L'auxiliaire de l'évêque de Québec prend alors la défense d'un catholique de 50 ans marié avec une coreligionnaire devant un pasteur protestant. Le quinquagénaire veut faire revalider son mariage. Il a été soldat une quinzaine d'années, en France, en Espagne, au Portugal. « Faut-il laisser sans espoir de mariage [catholique] cet homme, qui sûrement ne quittera point sa femme, et ne pourra jamais donner de preuves positives de sa liberté ? Il me semble qu'on ne peut priver cet homme du droit naturel de se marier, sur une supposition ou une simple possibilité.» Lartigue reçoit une réponse favorable à sa supplique. Plessis se dit «beaucoup plus indulgent» pour un cas semblable que pour des cousins germains qui désirent se marier. L'évêque de Québec s'est souvent laissé fléchir quand l'étranger «n'est pas accusé d'être marié ailleurs et que son âge et la date de son départ de son pays et sa conversation et sa renommée déposent en sa faveur».

On aurait tort de penser que Plessis soit laxiste. Consciencieux jusqu'au scrupule, il n'est pas toujours aussi facilement convaincu de la bonne foi des fidèles. En juin 1819, il demande au vicaire général de Montréal ce qu'il faut penser des immigrants qui, à leur arrivée, «veulent se marier entre eux et dont les liens, pour la plupart, ne se sont formés que dans la traversée. Ce ne sont pas des vagabonds, mais [...] des gens qui cherchent à s'établir dans le pays et qui, n'y ayant aucun domicile, se présentent sans permission de leur [évêque] ni de leur curé.» Quand on leur refuse le mariage, ils vont se faire conjoindre par des ministres protestants qui «les ont accouplés sans autre façon». Que faire ? À la fin des années 1820, l'épiscopat demande aux évêques d'Irlande de munir leurs compatriotes d'un certificat de liberté avant leur embarquement pour l'Amérique.

A beau mentir qui vient de loin. Comment savoir si un Français de 23 ans, domicilié depuis quelques mois à Trois-Rivières, n'a «pas laissé [...] une épouse dans son pays natal» ? Il étudie le droit, projette d'épouser une fille de la ville. On doit lui faire confiance, prétend le fonctionnaire ecclésiastique trifluvien ; ses «conversations [...] font voir qu'il est libre [...]. Puisqu'il est instruit, religieux et de bonne famille et qu'ingénument il [...] avoue qu'il a perdu son extrait de baptême» à New York, il faut le croire sur parole. L'appartenance de classe de cet orphelin fait présumer de sa sincérité. On redoute davantage ceux que la culture, les manières rendent plus énigmatiques aux prêtres et aux magistrats.

Lorsqu'une enquête est instituée, les dépositions des témoins précisent le pays d'origine du candidat au mariage, disent depuis combien d'années ils le connaissent, témoignent, s'il s'agit d'un veuf, de la mort de l'épouse. Un tel, qui a confié « ses affaires les plus secrètes » au témoin, « lui a toujours dit que sa femme était morte en Virginie ». Un autre, originaire du même patelin que le futur, en Allemagne, en Irlande ou ailleurs, est présumé libre quand on ajoute foi aux dépositions de ses camarades. Deux Écossais disent « bien connaître l'un depuis vingt-deux ans, et l'autre depuis près de dix le nommé James Pollack », 28 ans. Ils « n'ont aucune connaissance qu'il ait contracté mariage », ni en Écosse ni au Canada.

Les arguments les plus divers sont retenus à défaut de preuves formelles. Frédéric-Guillaume Bergé veut se marier à L'Is-let. Il n'a pu contracter mariage en Allemagne, « parce que les lois de son pays sont de ne se point marier avant 25 ans ». On n'a jamais ouï dire que le futur ait déjà été marié. Un témoin a « toujours connu [celui-ci] pour garçon ». Un autre est « même très persuadé » qu'il est libre[27].

En principe, celui qui déclare n'avoir jamais été marié, surtout s'il est jeune, jouit d'une plus grande crédibilité qu'un autre qui se dit veuf. En 1824, Jean Laurendeau, de Champlain, déclare « avoir été marié en Angleterre en 1801 ». Il habite Champlain depuis cinq ou six ans. Il a « toujours dit [au curé] qu'il était veuf ». Mais des qu'en-dira-t-on circulent : il aurait abandonné sa femme, protestante, parce qu'elle le maltraitait. Rien à faire, sauf si Laurendeau « produit des preuves de la mort » de son épouse.

Au début des années 1820, un maître d'école de Saint-Paul de Joliette annonce son projet de mariage. Il se déclare veuf, mais s'avoue incapable de le prouver parce que, au cours de son

---

27. Nous empruntons aux Archives du Séminaire de Québec, M-430, cette enfilade de témoignages retranscrits par l'archiviste A.-E. Gosselin.

séjour aux États-Unis, « il a brûlé tous les papiers qui pouvaient rendre témoignage de sa liberté, les regardant comme inutiles dans un pays où l'on n'exige pas ces preuves pour le mariage ». En vain a-t-il écrit en France. Selon son curé, cette démarche est une « preuve de sa bonne foi, parce qu'il n'aurait pas osé écrire s'il eût été en faute ». Le 5 décembre 1823, Plessis adresse à Lartigue les avis que voici :

> Vous déciderez dans tel sens qu'il vous plaira la question du mariage de cet étranger de 42 ans. Puisqu'il assure que sa 1re femme est morte, il doit savoir dans quel diocèse et dans quelle paroisse. Or il est possible d'écrire au curé de cette paroisse ou à l'évêque de ce diocèse et d'obtenir un éclaircissement, surtout si vous daignez vous-même, Mgr, vous charger de ce soin et demander que la réponse vous soit adressée, comme je l'ai fait en semblable occasion. Toutes les semaines il y a des vaisseaux qui partent de New York pour Le Havre, pour Bordeaux, etc.

Plus les délais se prolongent, plus la tentation de recourir au ministre protestant est grande. Au début des années 1810, François Ciquart, curé de Saint-François-du-Lac, refuse de marier un immigrant irlandais à l'une de ses paroissiennes, faute de preuves de liberté du jeune homme. Le couple éconduit va faire bénir son union par un pasteur protestant à Drummondville. Jacques Paquin, successeur de Ciquart, cherche sans succès à séparer ces « concubinaires ». Noël-Laurent Amiot, chargé de la paroisse au début des années 1820, croit pouvoir réussir là où ses prédécesseurs ont échoué : « La femme est dernièrement accouchée. Avant de baptiser cet enfant, j'ai fait promettre de nouveau à cet homme de se séparer ; et je lui ai même promis de nourrir sa femme et ses quatre enfants pendant le temps d'épreuve que Votre Grandeur exigera. » Le couple se sépare le 13 novembre 1821. Une semaine plus tard, l'évêque estime que l'humiliation a assez duré :

> On tire ce que l'on peut d'une mauvaise marchandise ; c'est pourquoi si vous êtes suffisamment assuré de la liberté de l'Irlandais dont il est question, vous pouvez le marier sans messe

devant deux témoins et sans publication (la présente vous tenant lieu de la dispense de trois bans) aussitôt que vous aurez pris le temps nécessaire pour entendre sa confession et celle de sa compagne. Je vous autorise à les absoudre l'un et l'autre de la réserve[28] résultant de la publicité de leur concubinage [...] ces personnes ne seront admissibles à la communion que quand elles auront, par une vie chrétienne et édifiante, réparé le scandale qu'elles ont donné aux autres fidèles.

La démarche initiale du couple a scandalisé seulement une partie des fidèles. Le curé a dû affronter « des liseurs de bibles protestantes que « le curé » n'a pu retirer d'entre leurs mains ». Le couple fautif a trouvé chez eux des conseillers prétendant « que le mariage anglais valait le français ; qu'il n'y avait que l'eau bénite de différence ». Le curé est indigné qu'ils aient incité l'épouse à aller rejoindre un mari dont elle aurait été injustement séparée... L'évêque prescrit pour eux aussi une action réparatrice. Ils doivent se confesser, exprimer le regret de leur conduite, se rétracter et accomplir une pénitence laissée au jugement du curé.

Comment être « suffisamment assuré » de la liberté d'un père de plusieurs enfants, autrement que par la présomption de sa sincérité. C'est bien ce qu'on a fait pour le couple de Saint-François-du-Lac. La règle n'a pas été mise en veilleuse. En droit civil, la bonne foi de l'épouse suffisait à légitimer ses enfants, même si son mari avait fui le domicile conjugal de sa première épouse[29]. Jean-Charles Julien, soldat licencié, ne saurait bénéficier d'une telle indulgence. En 1819, il dépose qu'il n'a jamais été marié, même si, feignant de n'être point catholique, il s'est fait unir par un ministre de Sorel à une fille qu'il « regardait comme une prostituée [...] depuis quelques mois elle est passée dans les colonies avec un garçon de St-Ours ». L'homme est-il marié, est-il libre ? On ne sait trop. Des circonstances le favorisent. À Saint-Marc sur Richelieu, où il habite, il veut épouser

---

28. Sur les péchés réservés à l'absolution de l'évêque, voir Serge GAGNON, *Plaisir d'amour et crainte de Dieu*, chap. 4.

29. Joseph-François PERRAULT, *op. cit.*, p. 233. Le texte est cité au début de cette partie du chapitre.

Charlotte Pâquet. Des « habitants le font travailler, il passe pour honnête [...]. Ladite Pâquet est orpheline, majeure, pauvre, ledit Julien la nourrit [...] elle demeure chez ses frères, mais ils sont pauvres, ils la logent seulement.» Le souci de protéger la future l'emportera-t-il sur les preuves de liberté de son prétendant ? Peut-être. Pour secourir « une pauvre fille de 33 ans, anonyme par le nom de famille, privée sans doute de toute espérance de se produire ailleurs», le curé de Saint-Jean-Port-Joli demande, le 16 juin 1821, s'il peut la marier à William Gale, depuis six mois son paroissien, « veuf de Josephte Réaume depuis 8 ans». Gale « a toujours été ambulant depuis le décès de son épouse ; tantôt en Angleterre tantôt dans le Brunswick». Est-il libre ?

Les hommes tenus de prouver leur liberté ne sont pas toujours des immigrants. Quiconque a roulé sa bosse sur de grandes distances fait l'objet de soupçons si l'on découvre qu'il a habité quelques années dans la même communauté, loin du lieu où il projette de se marier. Doit-on traiter avec la même rigueur ceux qui ont vécu dans l'Ouest ? Prisque Simard vit à Châteauguay « depuis un an [...] il a demeuré dans les Pays hauts pendant dix ans». Il exhibe le témoignage de P. de Rocheblave qui l'a « connu pendant bien des années qu'il était au service de la ci-devant Compagnie du Nord-Ouest. Il s'y comportait en honnête homme.» De l'avis du témoin, il ne s'est « pas marié dans les pays sauvages » [Châteauguay, 1827]. De telles précisions en faveur d'ex-travailleurs de la fourrure sont exceptionnelles. La plupart du temps, « ceux qui, ayant eu des sauvagesses, comme de coutume, dans les Pays hauts, veulent se marier à des Blanches lorsqu'ils sont descendus», ne peuvent pas produire de « certificats de liberté». Comme la grande majorité des Amérindiennes ne sont point baptisées, « et que les Blancs ne les prennent communément que pour un temps», ne peut-on pas présumer que, sauf exception, ou à moins de preuves contraires, leurs ex-compagnons sont libres d'épouser des Canadiennes à leur retour au pays ? La question est posée par Jean-Jacques Lartigue, le 13 novembre 1822. Réponse de Québec : « À moins de circonstances particulières, on présume toujours que les voyageurs qui ont vécu avec des sauvagesses, ne les ont prises que pour les besoins du moment sans dessein de les tenir pour leurs épouses. » Lartigue n'a-t-il pas reconnu que « la plupart des sauvagesses d'en haut [...] ne regardent ordinairement leur union avec les Blancs que comme temporaires » ? On peut donc considérer ceux-ci comme libres. « Il n'y aurait cependant pas de mal à leur faire affirmer par serment qu'ils n'ont jamais eu l'intention de se lier » à leur compagne « comme à des épouses ».

Pires que veuves

Les hommes venus de loin se tirent assez facilement de l'embarras où les contraint la recherche de preuves qu'ils sont célibataires. Ont-ils menti, ont-ils été sincères ? Dieu seul le sait. Au reste, comment une épouse de la lointaine Europe pourrait-elle signaler la désertion du domicile conjugal ? S'adressant au curé de Longueuil en 1791, Mgr Hubert signale qu'« insister sur les preuves de liberté [...] est un article essentiel » : « bien des gens cherchent à nous tromper ». En 1823, Mgr Plessis incite à la prudence le curé de Saint-François de Beauce : « il n'est pas sans exemple que des femmes aient laissé leurs maris en Irlande et des hommes y ayant laissé leurs femmes cherchent à en prendre d'autres ici ». Avant le milieu des années 1810, soit avant le démarrage des grandes vagues migratoires, ce sont surtout des hommes qui arrivent au compte-gouttes dans la vallée du Saint-Laurent, du moins depuis la venue des loyalistes. Des hommes aussi qui ont laissé le domicile conjugal pour aller à la guerre, tenter l'aventure, chercher du travail loin du foyer. Reviendront-ils, ne reviendront-ils pas ? Telle est la hantise des épouses sans cesse exposées à se trouver dans des situations extrêmement pénibles.

En 1791, quand un habitant de Bellechasse « certifie que Pierre-Noël Maurin, époux de Thérèse Denaux est véritablement mort des fièvres tremblantes à Albanie », on peut deviner le soulagement (mêlé de larmes ?) de la veuve en instance de remariage. Marie Parent de Château-Richer se sent aussi délivrée lorsqu'un témoin, en 1796, dépose que son ex-mari, Thomas Harrisson, est mort « blessé par un fusil qui a crevé le ventre ». Le témoin paraît digne de foi : « Je suis un homme qui connaît entre le bien et le mal et je dis comme si j'étais devant Dieu. » D'autres preuves de veuvage sont beaucoup plus incertaines. En 1804, des témoins affirment avoir lu une lettre annonçant la mort de René Mathieu de Saint-Pierre de Montmagny. Mathieu se serait noyé il y a six ou sept ans. L'annonce du décès aurait été signifiée par son employeur, à Michillimakinac. Mais l'information n'est jamais parvenue à sa veuve[30].

Quand un témoin « croit sincèrement » ou est « persuadé » que telle femme est veuve, les prêtres ne sont guère rassurés. Perpétue Girard, des Éboulements, « dont le mari est absent depuis sept ans moins deux mois [...] trouve un mari ». Le 2 octobre 1828, son curé vérifie auprès du secrétaire épiscopal s'il est vrai que le grand patron du diocèse a autorisé Perpétue à convoler en secondes noces. Monseigneur n'a jamais permis. Quinze ans plus tard, le curé de Sainte-Anne de Beaupré, où vit Perpétue Girard, veut éclairer le statut de sa paroissienne. Deux témoins prétendent que Charles Cloutier, son mari, se serait noyé en novembre 1823. Le curé des Éboulements est aussi « porté à croire qu'il est décédé ». Contredisant ces témoignages, le curé de Sainte-Anne a ouï dire que Cloutier vivrait dans le Haut-Canada. De toute façon, le curé ne veut pas marier Perpétue « sans être autorisé par la cour ». Le dénouement de l'affaire vient du pouvoir ecclésiastique. L'évêque accorde à Perpétue Girard la permission de « passer à un second mariage, vu la mort très probable de son mari[31] ». La décision est prise au terme d'une quinzaine d'années de recherche !

---

30. Le cas est tiré des Archives du Séminaire de Québec, M-430.
31. Archives de l'archevêché de Québec, *Registre des insinuations ecclésiastiques*, 12A, vol. N, 16 août 1843.

Pauvres femmes! Surtout si elles ont des enfants trop jeunes pour faire valoir le bien familial ou vendre leur force de travail. En 1798, «au lieu de donner des preuves de la mort de son mari», une présumée veuve annonce au curé de Saint-Vallier que «ses affaires demandaient impérieusement qu'elle se remariât». Trois ans plus tard, Marguerite dite Lafrance, de Sorel, adresse une requête: «étant chargée de famille elle trouve à se produire avec un homme industrieux». Quelle preuve offre-t-elle de sa liberté? Son époux, Pierre Langlad, «étant tombé en démence [...] est parti de chez elle» depuis trois ans. Marguerite «a fait faire des recherches dans la paroisse de Sorel et les paroisses voisines». Comme elle «n'a pas eu aucune nouvelle [...] elle a toute raison de supposer que son dit époux sera entré dans le bois où il y aura péri car plusieurs habitants [...] l'ont tiré plusieurs fois du péril».

Quelque pénibles que soient les situations, l'épiscopat ne se laisse pas convaincre par les rumeurs. N'a-t-on pas déjà été trompé par des veuves qui ne l'étaient point? En 1816, un prétendu noyé de Drummondville a été retrouvé vivant[32]. En désespoir de cause et peut-être victimes d'un mari violent qui s'est dérobé à ses responsabilités conjugales et familiales, des femmes fabriquent de fausses preuves. En 1826, le curé de Saint-Constant met l'évêque en garde contre une candidate au veuvage:

> Je ne la crois pas de bonne foi, je crains qu'elle n'ait voulu tromper V[otre] G[randeur], comme elle a voulu me tromper moi-même le premier, l'année dernière, sur le même sujet. Elle avait employé Michel Lapierre, huissier de Laprairie, pour lui forger une lettre qui certifierait la mort de son mari: mais n'ayant pas pu ou voulu lui donner quatre piastres, il a retenu l'écrit qu'il avait pour elle. Un nommé Béland, se trouvant là alors, s'est offert de lui en faire un pour moins; mais [...] l'offre en est restée là. C'est ce que Lapierre m'a avoué ingénument [...]

---

32. Cité par Maurice MILOT, «Drummondville au XIXᵉ siècle», *Les Cahiers nicolétains*, déc. 1989, p. 151.

sur ce que je lui ai demandé si c'était vrai, d'après les bruits courants, qu'il eut fait quelque écrit de cette nature.

La production de faux se fait dans tous les milieux. En 1823, le curé de Saint-François de Beauce est berné par une paroissienne qui veut régulariser une union libre avec un notaire de la paroisse. À Québec, le « prétendu certificat de la mort de son premier mari [...] a été reconnu [...] pour faux après un examen sérieux ». Mariage impossible.

Une copie authentique de l'acte de décès est le moyen le plus sûr de recouvrer la liberté. C'est à défaut de cette preuve que des enquêtes ont lieu. Qu'on exige plusieurs témoins afin de confronter leurs dépositions en fait une procédure quasi judiciaire. Les tribunaux ne seraient-ils pas saisis de l'affaire si un présumé défunt venait un jour réclamer femme et biens ?

Nous avons vu jusqu'à maintenant des femmes s'occuper à peu près seules de faire avancer leur cause. Il arrive des situations où certains membres des familles sont mobilisés. En 1813, un habitant de Saint-Roch des Aulnaies s'affaire à prouver que sa fille est veuve : « Il est fort en peine, n'ayant que cette fille unique à qui il peut donner son bien et le soutenir dans sa vieillesse. » Son gendre est-il décédé ? Saisi de l'affaire, l'évêque est perplexe. Il n'y a qu'un seul témoin de la mort de François Ouellet. Le 21 décembre 1810, devant un juge de paix, Jean Plessis (ou Plaisir) Ouellet, cultivateur, a déclaré sous serment que, « se baignant il y a environ quatre années et demie passées dans la rivière de Mississipi avec le nommé François Ouellet, il a vu se noyer le nommé François Ouellet à environ vingt pieds de lui sans pouvoir le sauver ». L'affaire traîne. Le 1er octobre 1819, Pierre Souci, établi depuis quelque temps à Saint-Roch après plusieurs années de travail dans l'Ouest,

> déclare qu'il y a environ quatorze ou dix-sept ans il a vu dans la rivière Mississipi entre Saint-Louis et les Cohos noyer un nommé François Ouellet qui était dans un canot avec une autre

personne. Le gros vent qu'il faisait alors ayant fait tourner ledit canot, c'est pourquoi il conclut pour assurer qu'il est bien mort[33].

Voilà une femme qui vit seule depuis quelque 20 ans, sans pouvoir établir son état civil. Plus chanceuses, d'autres réussissent à prouver leur liberté assez rapidement, mais à quel prix !

Les célibataires d'autrefois considéraient avec inquiétude et parfois envie le mariage d'une femme de leur paroisse avec un étranger. Celui-ci touchait souvent un capital de charme et de beauté ainsi qu'un patrimoine dont étaient privés les hommes de la communauté. Songeons à quel point ils devaient juger que cette femme était punie de sa témérité, lorsque le bénéficiaire repartait sans laisser d'adresse !

Moins scrupuleux que les catholiques du Bas-Canada quant à l'indissolubilité du lien conjugal, des aventuriers d'origine américaine auraient trompé des femmes de la vallée du Saint-Laurent. En 1825, le missionnaire de Caughnawaga veut aider une de ces victimes mariée à « un Américain nommé Daniel Manner », qui l'a abandonnée après un an de vie commune. D'après le missionnaire, Manner s'est marié plusieurs fois en abusant « des pauvres filles ». Un jour qu'on lui reprochait sa légèreté, il fit remarquer que « tel était son sort de voyager et de se marier dans les pays où il allait ». L'affaire paraît s'être réglée à l'avantage de Monique Hubert, Manner étant vraisemblablement déjà marié au moment où il l'a épousée... 15 ans plus tôt. Le dossier Hébert-Manner est relativement simple. Il ne semble pas y avoir de propriété en jeu, non plus que d'enfants vivants nés de leur courte cohabitation.

L'affaire Madeleine Cormier de Saint-Grégoire de Nicolet est beaucoup plus enchevêtrée. Elle a épousé un de ces « Américains qui jouaient des tours aux Canadiennes ». En 1827, cette femme remet au curé une lettre attestant la mort d'Isaïe Campbel,

---

33. Nous citons sur cette affaire des pièces reproduites dans les Archives du Séminaire de Québec, M-430.

son mari, «absent depuis une douzaine d'années. Il était parti d'ici en voleur, et depuis son départ, il avait couru des bruits [...] qu'il avait pris une autre femme dans la Nouvelle-Écosse.» Plus sympathique à la cause que le curé de Saint-Grégoire, le vicaire général de Trois-Rivières ajoute d'importants éléments au dossier : «venu demeurer à Saint-Grégoire», Campbel «est devenu amoureux de cette fille. Il l'a épousée et 6 mois après, il l'a abandonnée et est retourné dans les États-Unis d'où il sortit en volant une carriole, le cheval et harnais, etc. C'est un vaurien» tranche le vicaire général, même si Campbel avait paru s'intégrer à la communauté en se convertissant au catholicisme. Madeleine Cormier est maintenant recherchée en mariage par «un nommé Héon» de Saint-Grégoire. L'affaire du mari déserteur prend soudainement de l'importance. Pour savoir si celui-ci est mort ou vivant, Héon s'est fait accompagner d'un jeune homme pour une excursion outre-frontière chez le père d'Isaïe Campbel. À leur retour, le compagnon du voyage affirme avoir rencontré le père du disparu. Il en a rapporté une lettre adressée à Madeleine Cormier : «Mon fils est mort il y a deux ans ; si j'eusse pu trouver une occasion, je vous en aurais informée. Robert Brooks et John Russel ont été présents à ses funérailles.» Le curé de Saint-Grégoire ne trouve pas la lettre concluante. Il ne partage pas l'opinion du vicaire général de Trois-Rivières qui présume la mort de Campbel. Informé de cette divergence de vues, l'évêque partage les doutes du curé de Saint-Grégoire. Pourquoi n'a-t-on pas ramené copie de l'acte de décès ? Faute d'en pouvoir produire une, Brooks et Russel, «présents aux funérailles, devaient en faire une déclaration devant un magistrat ou juge de paix sous serment».

Connaissant les démarches du curé de Saint-Grégoire, le vicaire général de Trois-Rivières réagit, mais «avec peine parce que c'est contre une personne respectable [...] un très bon prêtre et qui conduit bien sa paroisse». Le curé de Saint-Grégoire lui paraît trop scrupuleux. Madeleine Cormier n'est-elle pas «sage et bonne chrétienne», le veuf qui la veut marier «un bon chrétien et un homme d'esprit » qui a du bien ? L'excursion aux États-Unis s'est faite dans les formes. N'apportait-on pas « une lettre en anglais » rédigée par le notaire Badeaux de Trois-Rivières, à l'adresse du père d'Isaïe ? Même si Héon a attendu son compagnon aux frontières, celui-ci a vraiment rencontré le père du disparu, « et en a parlé à plusieurs là, qui l'ont assuré » de la mort de Campbel, ainsi qu'en témoigne sa déposition devant un juge de paix. Le vicaire général Noiseux de Trois-Rivières ne parvient pas à dissiper le doute de l'évêque : « s'il arrivait que cet Isaïe ne fut pas vraiment mort, et revint retrouver sa femme... » Mᵍʳ Panet s'en remet néanmoins au clergé trifluvien. Si l'on croit la femme vraiment veuve, on peut la marier, sans publication, « ni assemblée de noces », car on est au début de mars, temps du Carême. Héon et Cormier sont mariés dans les jours suivants à Trois-Rivières, leur propre curé ne voulant pas faire office de célébrant. Que faire du nouveau couple ? se demande ce dernier. On doit présumer de leur bonne foi, repartit le grand patron du diocèse. S'ils se présentent à confesse, il faut néanmoins les engager en conscience à se procurer « un affidavit du père et de celui qui dit s'être trouvé aux funérailles, si l'on ne peut avoir son extrait mortuaire ». Si les nouveaux mariés ne peuvent se plier aux exigences de leur curé-confesseur, qu'ils aillent demander l'absolution ailleurs. L'affaire perd ainsi son caractère social pour n'être plus qu'une question morale laissée à la conscience des intéressés.

Les témoignages sollicités pour écarter toute présomption de bigamie placent les veuves dans des situations plus embarrassantes que les étrangers. Ces derniers possèdent rarement des preuves incontestables de leur liberté. Leur statut est comparable à celui des couples qui s'installent dans une paroisse où ils passent pour mari et femme jusqu'à ce qu'on les soupçonne de fraude.

Au milieu des années 1780, le curé de l'île Verte veut chasser « une vaurienne qui a laissé son mari pour s'enfuir avec le métis avec qui elle est présentement ». Un curé n'a pas le pouvoir de « chasser qui que ce soit d'une paroisse » avertit l'évêque. Il faut seulement leur refuser les sacrements et engager les fidèles à ne pas entretenir de relations avec le couple. Leur statut a été dévoilé par des Hurons de passage. Parfois, les couples eux-mêmes avouent discrètement une union qui n'a jamais été sacramentalisée. En 1794, le curé Pouget de Berthier cherche à savoir si deux nouveaux venus qui « se sont conjoints sans témoin ni laïque, ni ecclésiastique » sont habilités à recevoir dans l'intimité le sacrement de mariage. Le futur se dit originaire des Grondines, sa compagne, de Trois-Rivières. Ils reviennent d'un séjour aux États-Unis.

Dans des régions où la mobilité géographique est élevée, des couples au statut incertain sont plus nombreux qu'ailleurs. C'est le cas de la vallée du Richelieu où se fixent des couples revenus d'un séjour aux États-Unis. En 1809, le curé de Saint-Luc enquête en vain, même si deux nouveaux paroissiens ne parviennent pas à dissiper le doute. Il a baptisé « un de leurs enfants comme illégitime. Le père, et l'oncle qui était parrain n'ont point récriminé », le curé ne pouvant garder secrète l'information inscrite au registre, « le parrain sachant lire et écrire ». Faute de preuve incriminante, on doit présumer l'innocence, se fait dire le scrupuleux curé par le vicaire général de Montréal. L'évêque Plessis est généralement partisan de la rigueur. Ceux qui n'ont pas de copie authentique de leur acte de mariage sont « des gens équivoques qui ont à faire la preuve de leur état ».

Les informations rassemblées pour prouver la liberté des étrangers ne sont généralement pas aussi concluantes que ces dossiers copieux montés au sujet de femmes ayant toujours habité des paroisses d'où est parti leur mari, absent depuis parfois de nombreuses années. Les hommes de ces sociétés sont décidément plus nomades que la moitié féminine de l'humanité.

L'absence prolongée du mari ou l'abandon volontaire du domicile conjugal n'est pas le seul obstacle qui rend le remariage problématique. Les statistiques le démontrent, plus de veufs que de veuves se remarient[34]. Les causes et les motifs de cette différenciation vont des arguments économiques aux facteurs culturels et affectifs. Parfois le remariage est impossible faute de prétendant ; des charges familiales, un misérable capital éloignent les candidats. Ou encore, des veuves sont désabusées par une expérience conjugale malheureuse, des accouchements risqués. Certaines sont séduites par l'itinéraire mystique d'une Marie de l'Incarnation, cette veuve qui, au XVIIe siècle, abandonne son fils pour entrer au couvent. Mgr Plessis ne l'aurait peut-être pas laissée faire. En 1814, il écrit à son vicaire général montréalais :

> Il s'est présenté ici à diverses époques des veuves qui voulaient se faire religieuses. Comme elles avaient des enfants en bas âge, je m'y suis constamment opposé, et il me semble raisonnable d'en agir toujours ainsi en pareil cas, pour prévenir des plaintes qui rendraient les communautés odieuses et pour ne pas risquer le sort temporel et éternel des enfants qui ont droit aux soins et à la surveillance de leurs mères. Après cela, vous ne serez pas surpris que je m'oppose à la profession d'une certaine veuve [...] novice à l'Hôtel-Dieu de Montréal, qui a trois enfants en bas âge, dont l'aînée crie sans cesse après sa mère. Quand ses enfants seront devenus majeurs, elle se fera religieuse, si elle veut. C'est la réponse que j'ai toujours donnée dans les cas de cette espèce.

La disparité de culte

> [...] rien n'est aussi désagréable dans un ménage que de voir, chaque dimanche, le mari aller d'un côté et la femme, de l'autre [...] les enfants issus d'un tel mariage ne sont souvent ni protestants, ni catholiques, mais une espèce de chrétiens qui tombent dans l'incrédulité[35].

Dans des sociétés où religion et culture forment un amalgame syncrétique, se marier avec un partenaire de confession

---

34. Il faudrait citer ici une foule de travaux. Voir par exemple Danielle GAU-VREAU, *Québec. Une ville et sa population au temps de la Nouvelle-France*, p. 216.

35. Plessis au curé de l'île Dupas, 2 févr. 1811.

différente indispose prêtres et fidèles. En 1788, le curé de Trois-Pistoles annonce le mariage d'une catholique avec un protestant, célébré dans la région de Rimouski dont il est le missionnaire. La partie catholique a « causé une indignation contre elle par tous ceux de la paroisse qui ne la veulent plus voir ». On peut penser que des intérêts matériels sont en jeu. Mais la protestation démontre aussi que les familles acceptent difficilement l'union mixte. Napoléon Aubin (1812-1890), immigrant suisse de confession protestante, épouse, en 1841, la fille d'un bourgeois de Québec. On saura seulement à sa mort qu'il est resté fidèle à la religion de ses ancêtres. Peut-être avait-il compris que, pour se faire accepter de sa belle-famille et de l'ensemble compact de catholiques francophones, il valait mieux ne pas soulever de controverse au moment de son mariage[36].

Le défi de cette population catholique et française est d'intégrer l'étranger moyennant la conversion. L'histoire du Bas-Canada fournit plusieurs exemples de ce processus d'homogénéisation à l'œuvre dans toutes les classes sociales. Tel seigneur paraît trouver inconfortable une appartenance religieuse que ses censitaires ne partagent pas. Qu'on lui refuse les honneurs ecclésiastiques – le banc seigneurial – n'est-il pas de nature à ébranler ses convictions ? Les historiens se perdent en conjectures quant aux motifs de transfert vers la majorité catholique.

À l'annonce d'une conversion imminente, l'évêque se demande pourquoi le catéchumène élevé dans une confession protestante veut passer au catholicisme. Croit-il que la religion catholique est la seule religion qui sauve ? Veut-il lever les obstacles à son mariage ? L'évêque est parfois perplexe. Nous, historiens, le sommes encore plus que lui. En 1809, le curé de Vaudreuil se fait dire par son supérieur : « Le motif avoué de cette conversion est clairement le désir de se marier. » Le futur est de religion juive. Il faut craindre qu'« il ne se fasse chrétien, ni de

---

36. Serge GAGNON, « Aubin, Napoléon », *Dictionnaire biographique du Canada*, vol. XI, p. 38-41.

bonne foi, ni pour longtemps ». Son père et son oncle sont attachés à leur religion « et le ménagement qu'il a pour eux » augure plutôt mal pour la persévérance dans la foi catholique. Un protestant de Berthier sera-t-il plus fidèle une fois converti ? Le curé de Saint-Sulpice lui a prêté des livres d'instruction religieuse. Il le dit convaincu mais, avoue candidement le prêtre, il « a coûté à notre néophyte [...] de reconnaître qu'on ne pouvait se sauver que dans la religion romaine ». Comme « il voulait se marier », le prêtre lui a demandé, avant la cérémonie d'abjuration, si son projet de mariage était « le principal motif qui l'engageait à se faire catholique ». Par conviction, répondit le catéchumène, accueilli avec joie par le curé...

Au début des années 1810, un homme de Saint-Gilles, époux d'une « hérétique », annonce que sa femme veut se convertir. Plessis exhorte le curé de Saint-Nicolas, missionnaire de la paroisse, à ne point précipiter les choses. On ne doit « admettre les protestants dans notre communion qu'après qu'ils sont bien informés et convaincus de nos dogmes ». Il faut surtout savoir, écrit Mgr Panet au curé de Saint-Gervais, en 1827, si tel prétendant « ne veut se faire catholique que pour se marier avec une Canadienne ». La conversion, quand elle a lieu, s'accompagne de certaines précautions. On ne peut se faire « absoudre de l'hérésie » sous l'effet de la contrainte. Le catéchumène de Saint-Gervais peut recevoir « d'autres livres que le catéchisme ». Mais le curé ne doit « les lui livrer qu'à sa demande et devant témoins ». Gare au prosélytisme dans ce pays dominé par un prince protestant !

Les conversions au sein du petit peuple des campagnes font moins d'éclats que les transferts survenant au sommet de la hiérarchie sociale. À la fin des années 1770, la seigneurie de La Pocatière passe aux mains d'un protestant d'origine écossaise. Né d'une mère catholique, son fils attend sa majorité pour se convertir. Il ne veut pas froisser son père octogénaire. Selon le témoignage du curé, « celui-ci ne l'a pas désapprouvé, et a dit [...]

qu'il se ferait lui-même catholique, s'il n'était pas si vieux ». Le fils a-t-il vraiment vécu une conversion intérieure, ainsi que le prétend le curé ? On sait seulement que la cérémonie d'abjuration a précédé le mariage du jeune homme « avec la fille d'un riche habitant de Saint-Roch ». Les transferts religieux ne se produisent pas toujours aussi facilement. James Cuthbert (1719-1798), seigneur de Berthier, est de confession presbytérienne. À la fin des années 1780, son fils veut se convertir au catholicisme. Il est majeur, de sorte que, « s'il persiste à vouloir se faire catholique par amour et par respect pour notre sainte religion et non par le désir de se marier », il peut faire acte d'abjuration. Telle est la réaction épiscopale. Le père ne l'entend pas ainsi. Il projette de poursuivre le curé de Berthier « comme ayant [...] engagé son fils aîné à la rébellion [...] promis audit fils de lui procurer » des fonds pour « poursuivre son père en justice ». Alexandre Cuthbert déclare les accusations mensongères mais, s'il exécute son projet, il risque de perdre sa part du capital familial. L'abjuration aura lieu en 1807, une dizaine d'années après la mort du père. Marié en premières noces à une catholique, il fait alors réhabiliter son union, contractée une première fois devant un pasteur de la religion ancestrale[37].

La résistance aux transferts religieux compromet quelquefois les projets de mariage catholique. Un couple mixte va se faire conjoindre par un magistrat ou un ministre. Un autre préfère l'union de fait à une conversion qui lui permettrait d'épouser sa compagne catholique et de légitimer ses enfants. L'abjuration de l'intéressé est compromise par un point de doctrine : « c'est celui par lequel nous croyons que hors du sein de cette Église, il n'y a point de salut ». Le curé est prié de ne pas céder. En 1807, la compagne catholique du meunier protestant de L'Ancienne-

---

37. Voir : Jean POIRIER, « Cuthbert, James », *Dictionnaire biographique du Canada*, vol. IV, p. 206 ; Florian AUBIN, *La paroisse de Saint-Cuthbert, 1765-1980*, t. 1, p. 90-93.

Lorette veut mettre un terme à une situation qu'elle trouve pénible. Le curé ne sait que faire :

> La fille me parla l'hiver dernier au sujet de son état ; qu'elle s'y déplaisait, désirait se marier, mais que l'homme ne voulait pas changer, et se rendre catholique. Je lui dis que je ne pouvais pas par conséquent la marier, ni consentir, comme elle aurait voulu ensuite, qu'elle se mariât à la *protestante*, mais qu'il fallait laisser cet homme. Elle me répondit que cette séparation lui coûtait trop, à cause surtout de trois ou quatre enfants qu'elle avait de lui.

Dans une colonie possédée par une métropole protestante, la conversion de la partie catholique devait paraître plus normale à des protestants qui se mettaient en ménage avec des catholiques. De leur côté, les prêtres déconseillaient à la partie catholique de se faire conjoindre dans la confession de l'autre. Malcolm Fraser (1733-1815) vécut en union libre avec Marie Allaire, de Beaumont, qui lui donna cinq enfants. Trois autres naquirent de son union avec Marguerite Ducros, de Charlevoix. Fraser a peut-être préféré l'union de fait aux tractations compliquées par la disparité de culte[38].

Avant la conquête britannique, un mariage mixte est théoriquement impossible. Le gouvernement colonial est alors aussi « catholique » que le roi de France. Protestants et juifs sont peu nombreux. Aristocrates et bourgeois membres de la classe politique sont obligatoirement catholiques. Sous le Régime britannique, la contrainte légale qui, à l'époque du Régime français, imprimait au catholicisme un caractère de nécessité n'existe plus. Les nouveaux maîtres encouragent les individus et les couples à passer au protestantisme. Que peu de personnes se soient converties exprime à la fois la fidélité à la religion ancestrale et l'efficacité des prêtres à fidéliser la population française.

---

38. Yvon DESLOGES, « Fraser, Malcolm », *Dictionnaire biographique du Canada*, vol. V, p. 362-363.

Au début du XIXe siècle, Mgr Denaut avait reçu de l'administration romaine le pouvoir de bénir les unions mixtes. Selon Philippe-Jean-Louis Desjardins, prêtre d'origine française en poste à Québec de 1794 à 1802, l'évêque devait se conformer aux pratiques européennes de marier moyennant une dispense dite « de disparité de culte ». Mort en 1806, Mgr Denaut n'eut pas le temps d'utiliser la permission romaine[39]. Plessis interdit à ses prêtres de concourir à la formation des couples dont un partenaire n'était pas catholique. Dès lors, le Bas-Canada se singularisait non seulement par rapport à plusieurs diocèses européens, mais également vis-à-vis du diocèse voisin de Baltimore où, sans jamais avoir consulté Rome, l'évêque permettait aux prêtres d'agir comme témoins sans user du rite religieux. Voulant inciter Plessis à plus de souplesse, Jean-Jacques Lartigue lui écrivit, le 6 novembre 1821 : « De savants théologiens ne sont pas [...] si regardants sur l'article de l'hérésie : car ils admettent qu'un prêtre peut, sans dispense de Rome, assister, dans sa capacité de pasteur, un mariage d'un hérétique avec une catholique, sous certaines conditions [...] c'est la pratique en Angleterre. »

Le vieil évêque ne voulut pas se laisser fléchir. En prenant la succession de Plessis au siège épiscopal de Québec, Bernard-Claude Panet entendait poursuivre la politique de son prédécesseur. Il réitéra la position de ce dernier à propos des mariages mixtes, et s'appliqua à la justifier pour le bénéfice de l'auxiliaire montréalais, toujours sceptique :

Monseigneur défunt suivant ce que j'ai entendu dire n'a jamais voulu solliciter le pouvoir de marier un catholique avec une personne protestante. Il connaissait très bien la teneur de l'indult qui autorisait son prédécesseur à permettre ces mariages, mais les restrictions que le S. Siège y mettait rendaient la chose presque impossible. Quant à moi, qui ne solliciterai pas pareille chose, je trouve qu'il y a une très forte raison de ne pas demander

39. James H. LAMBERT, « Monseigneur, the Catholic Bishop : Joseph-Octave Plessis. Church, State and Society in Lower Canada : Historiography and Analysis », thèse de Ph.D., p. 142, 572 et 729-730.

un tel pouvoir pour notre pays. Si l'on en usait ici, comme les protestants ont ici les premières places [...] on verrait par la suite les filles des premières familles s'en autoriser pour prendre des maris protestants et nos gentilshommes canadiens seraient privés de trouver des partis convenables.

Et voilà comment le pouvoir religieux pouvait émettre une politique à portée sociale ou nationale ! Panet ajoutait que, aux États-Unis ainsi que dans « les autres pays où les catholiques sont mêlés avec les protestants », le ministère des prêtres aux mariages mixtes paraissait moins compromettant. Dans l'ouest du Québec, là où Lartigue exerçait son ministère, non seulement la ville de Montréal, mais aussi quelques zones rurales renfermaient d'importantes communautés protestantes. L'évêque auxiliaire de la région montréalaise pouvait penser desservir une population aussi pluraliste que celle de certains diocèses d'Europe et d'Amérique, d'où ses divergences de vues. Mgr Plessis demeura inflexible, malgré des situations délicates.

En 1817, le curé de Sainte-Marie de Monnoir annonce le mariage d'un Écossais « avec une jeune fille » de sa paroisse. Plusieurs fidèles de Sainte-Marie « ont assisté à ce mariage dans l'église protestante de St-Jean et le garçon et la fille d'honneur y ont quêté, comme il est d'usage de faire dans les nôtres ». L'affaire parut si grave à Plessis qu'il réagit par une lettre pastorale :

On avait bien vu des filles catholiques et peu chrétiennes [...] contracter des alliances illégitimes avec des religionnaires étrangers et s'aller marier devant des ministres hérétiques dans des maisons particulières ; mais le faire dans une église protestante, y aller avec accompagnement, faire quêter une fille et un garçon d'honneur, comme il est d'usage dans nos églises, c'est ce qui ne s'était pas encore vu.

En 1818, un médecin protestant de Saint-Denis sur Riche-lieu demandait la permission d'aller faire bénir son mariage avec une catholique par un prêtre américain. Plessis motiva son refus en ces termes : le concours du prêtre au mariage mixte n'était toléré aux États-Unis que « parce que la presque totalité de la population » y était protestante. « Dans les endroits où les catholiques sont aussi nombreux que les protestants, le clergé ne se prête pas à ces mariages mixtes. » En somme, la rigueur épiscopale visait la protection du marché matrimonial confessionnel. On s'accommodait d'une politique d'exception pour les situations marginales. À la fin des années 1810, un traitement spécial fut revendiqué pour la baie James. Les missionnaires catholiques ne pourraient-ils pas y faire des mariages mixtes, ou même marier deux protestants, vu qu'il n'y avait pas de missionnaires non catholiques[40] ?

Même si les prêtres catholiques ne bénissaient pas les mariages mixtes, même s'ils déconseillaient à leurs fidèles de se marier à des protestants, plusieurs firent défection. « Rien n'est plus fréquent dans ce diocèse que de voir des protestants épouser des filles catholiques » déplorait Mgr Hubert dans une lettre adressée à ses supérieurs romains, le 26 octobre 1792. Dans ce genre d'exposés, les évêques, il est vrai, exagèrent parfois la situation, soit pour montrer qu'ils ne sont aucunement responsables, soit pour obtenir des pouvoirs permettant de résoudre, du moins en partie, les problèmes dont est saisie l'administration centrale. Les unions mixtes n'étaient probablement pas très nombreuses. Dans la paroisse protestante de St. Andrew, à Québec, 16 % des mariages – quatre par année en moyenne – conclus entre 1787 et 1818 étaient mixtes[41]. Mais à la campagne, là où les protestants étaient peu nombreux, le nombre de mariages interconfessionnels était sans aucun doute négligeable.

Quelle pénitence faut-il imposer à la partie catholique ? poursuivait Mgr Hubert dans son exposé alarmiste. Plaidant pour la clémence, il faisait remarquer au cardinal romain qu'une jeune fille « ne se présente au ministre que parce que le prêtre catholique refuse de la marier [...] souvent une fille catholique se marie

---

40. *Ibid.*, p. 730. La réponse de Rome fut négative. Une dizaine d'années plus tard, une permission semblable fut vainement réclamée en faveur de l'Ouest canadien.

41. *Ibid.*, p. 729 et suiv.

ainsi faute de pouvoir trouver un meilleur parti, et [...] ces sortes de mariages quoiqu'illicites, préviennent le libertinage ou le concubinage qui seraient encore de plus grands maux». Les mariages mixtes sont reconnus par Rome : « la partie protestante communique son exemption [des exigences tridentines] à la partie catholique[42] ». Mais celle-ci est soumise à diverses obligations.

Dans une colonie où la religion métropolitaine a nécessairement préséance juridique sur celle du peuple conquis, la partie protestante paraît être généralement de sexe masculin. L'épouse doit essayer de convertir son mari, même si, comme l'écrit Plessis le 4 octobre 1800, « les protestants qui ne se font pas catholiques avant leur mariage, le deviennent rarement après ». Dans certains cas, le discret prosélytisme de l'épouse est efficace. Un protestant domicilié à Saint-Vallier depuis une dizaine d'années épouse, en 1826, « une fille pauvre » de Saint-Gervais devant un ministre de son culte. Au bout d'un an, « la jeune femme reconnaissant sa faute en demande l'absolution et le mari à se faire catholique ». Le curé de Saint-Vallier « avait commencé à l'instruire, et comme il est venu se fixer » dans la paroisse de sa femme, le vicaire de Saint-Gervais poursuit sa formation religieuse. Quel qu'en soit le destin, le mariage mixte est soumis à diverses actions réparatrices. La partie catholique est privée « de la sainte communion pendant quelques mois. Cette pénitence ne s'impose pas en public, mais en secret et seulement par les confesseurs. » C'est la réponse que reçoit de l'évêché un missionnaire de l'île du Prince-Édouard, le 4 octobre 1800. Cet énoncé est typique ; on le retrouve également pour des couples bas-canadiens. Dans un cas, l'évêque propose six mois puisque l'épouse assiste avec « assiduité » et « modestie » aux offices catholiques, sinon la privation de sacrement durerait six mois supplémentaires. « Dans le particulier », le curé d'une femme de

---

42. L'évêque de Québec au coadjuteur et curé de Longueuil Pierre Denaut, le 4 avril 1791. Voir Archives de l'archevêché de Québec, *Registre des lettres*.

Sorel lui fera « comprendre la nécessité de détester » son geste, « faute de quoi elle ne pourrait espérer que Dieu le lui pardonnât ». La pénitente doit « faire tout au monde pour la conversion de son mari ». Dans les endroits où les mariages mixtes « sont rares [...] et conséquemment plus choquants », la privation des sacrements peut s'étendre sur 12 mois, quelle que soit la conduite de la nouvelle mariée. Celle-ci doit éprouver du regret, peu importent les coordonnées sociologiques de la communauté. Plessis reste néanmoins sensible aux déchirements de conscience :

> Une personne qui par un mariage de cette sorte a rencontré un bon parti, un homme humain, doux, honnête etc. serait difficilement persuadée qu'elle doit avoir de la contrition de l'avoir pris. Aussi faut-il se contenter qu'elle en ait de la manière dont elle l'a pris, son péché n'étant pas d'avoir pris un bon mari, mais de l'avoir pris d'une manière injurieuse à l'Église catholique. Les témoins qui ont assisté, les parents qui ont consenti à un tel mariage, doivent aussi être écartés de la communion au moins la moitié du temps que vous en écarterez la nouvelle épouse.

Cette ligne de conduite adressée au curé de Pointe-aux-Trembles, en 1816, tient compte des effets d'un mariage interreligieux sur l'opinion publique. Pointe-aux-Trembles fait partie des paroisses « où ces sortes d'accidents sont rares », d'où la nécessité d'impressionner par la rigueur qui vise non seulement la nouvelle épouse, privée des sacrements « un an plutôt que six mois », mais aussi ses proches, complices d'une faute publique, c'est-à-dire scandaleuse.

Les épouses d'un mari protestant s'assurent que celui-ci ne va pas mettre obstacle à « l'éducation catholique » des enfants à naître. En 1803, le curé de Sainte-Marie de Beauce peut baptiser le nouveau-né des Hall, entendu que ce dernier « fournit un parrain et une marraine catholiques et consent » à l'éducation de l'enfant dans la religion de sa mère. C'est la condition exigée pour « baptiser avec parrain et marraine catholiques » les enfants d'un couple des îles de la Madeleine, en 1825. « Il serait même à propos », ajoute l'évêque, que le mari « donnât cette promesse par écrit », sauf si les enfants sont en danger de mort.

À l'occasion, l'intimité du couple peut être perturbée par des exigences particulières. Tel est le cas d'une union conclue avec un empêchement qui eût rendu le mariage impossible sans dispense s'il eût été contracté par deux catholiques. En 1820, Mgr Plessis traite un cas de ce genre, les conjoints étant consanguins au troisième degré. Deux catholiques mariés en dépit d'un tel empêchement pourraient faire revalider le lien moyennant dispense. Mais le clergé catholique n'a pas le pouvoir de réhabiliter un mariage mixte. Que faire… Si le mari ignore que la parenté « met obstacle à la validité du mariage », ce que l'on peut « savoir par la femme », celle-ci peut « continuer de lui rendre le devoir conjugal sans jamais l'exiger ». Mais « si l'empêchement est connu de cet homme pour dirimant », l'épouse catholique doit « faire tout ce qui sera en elle pour le ramener à la vraie foi ». Si elle y réussit, la réhabilitation sera dès lors possible. On se perd en conjectures sur ce qu'il advint du couple à défaut de conversion du mari… Peut-être a-t-il été aussi habile que les canonistes en feignant d'ignorer l'empêchement. Mgr Lartigue trouve la situation cocasse. Il « regarde comme un principe général en théologie que le droit mutuel que les époux ont sur leurs corps ne peut être conservé par l'un tandis qu'il est perdu pour l'autre ». Le 28 août 1821, son supérieur, imperturbable, répète que « dans le doute d'une des parties touchant l'existence d'un empêchement » de parenté, l'épouse catholique

> peut rendre le devoir (sans pouvoir l'exiger) à la partie qui est de bonne foi, et non lorsqu'elle est certaine que cet empêchement existe. Dans ce dernier cas, elle ne peut l'exiger, ni le rendre. Il s'ensuit qu'elle n'est pas admissible aux sacrements tant qu'elle continuera d'user de son époux, soit en demandant, soit en accordant, à moins d'une revalidation qui présuppose ou la conversion de la partie protestante ou la dispense du Souv. Pontife.

Les divergences de vues entre l'évêque de Québec et le premier évêque auxiliaire de la région montréalaise traduisent probablement moins les tempéraments que l'émergence de la modernité libérale, accentuée dans l'ouest du Bas-Canada par l'importance croissante de la présence protestante. Le 10 juin

1826, Lartigue demandait au vieil évêque Panet si l'indult récemment reçu de Rome et autorisant « à dispenser de la *disparité de culte* [...] permettrait d'unir par mariage un protestant avec une catholique ». L'auxiliaire montréalais voudrait régulariser la situation d'un couple avec enfants de la région de Saint-Hyacinthe. La femme désire épouser son compagnon « qui ne veut pas se convertir ». Lartigue reçoit une réponse qui n'a pas l'heur de régler le sort du couple en cause : « Selon moi sauf meilleur avis la disparité de culte s'entend en ce qu'on pourrait unir par le mariage un chrétien catholique avec une infidèle et non avec un protestant. » Panet reprend à son compte une position séculaire, énoncée dans le Rituel de 1700, toujours en vigueur au Bas-Canada.

De notables changements sont imminents. Au milieu des années 1830, Rome rassure Mgr Joseph Signay quant à la conduite de ses prédécesseurs. En vertu de la déclaration de Benoît XIV, les mariages mixtes, même sans témoins, sont valides. Ces unions contractées devant un ministre protestant ou un homme de loi le sont aussi. Est invalide le mariage d'un individu qui simule l'apostasie pour épouser sa promise devant un ministre protestant parce qu'il y a seulement simulacre d'apostasie. Par contre, un catholique originaire du Bas-Canada épouse validement une « hérétique » américaine, même s'ils se sont engagés sans témoins. Même réponse si c'est un protestant américain qui épouse une catholique du diocèse de Québec. Quant aux prêtres catholiques servant aux États-Unis de témoins aux mariages mixtes, ils valident le mariage bien que celui-ci soit illicite[43]. Au milieu du XIXe siècle, le prêtre catholique d'ici est à son tour habilité à former des unions mixtes, moyennant une permission épiscopale. L'Église exige une promesse écrite et assermentée de laisser élever les enfants à naître dans la confession catholique. La cérémonie a lieu à domicile, au presbytère ou à la sacristie, « mais jamais à l'Église ». Le prêtre-témoin ne « fera aucune prière, ou cérémonie religieuse ». Les époux échangent leur « consentement [...] sans qu'il soit permis de le

---

43. Henri Têtu et Charles-Octave Gagnon (éd.), *op. cit.*, t. 3, p. 359-365.

leur demander ». Ce mariage civil ne doit pas être suivi d'une autre cérémonie devant un pasteur protestant[44].

La disparité de classe et de culture

> [...] *pourquoi ces messieurs* [les sulpiciens] *permettent-ils aux blancs de s'établir dans leur village, s'ils ne veulent pas qu'ils épousent des sauvagesses ? Ils font comme les parents qui laissent fréquenter leur fille par un garçon, et ne veulent pas qu'elle se marie avec lui quand l'amitié est formée par leur faute*[45].

La différence de culte n'est qu'une des nombreuses disparités que les familles et les sociétés, jalouses de leur homogénéité, cherchent à éviter. La ressemblance des partenaires est garante de l'harmonie conjugale, de la cohésion sociale, de la solidité du tissu culturel qui soude les individus les uns aux autres. Se marier de préférence avec une personne de la même communauté paroissiale ou d'une paroisse voisine est une garantie du maintien de la sociabilité familiale, une assurance que les apprentissages culturels ne seront pas remis en cause par des habitudes exotiques. « Marie-toi devant ta porte avec quelqu'un de ta sorte[46] » dit un proverbe, traduisant cette volonté d'homogamie culturelle. Épouser une fille de sa sorte veut aussi dire de sa classe. Le maintien de l'ordre social, du bonheur des familles commande des choix soumis aux règles de l'homogamie sociale, parfois même socioprofessionnelle[47]. La réglementation du marché matrimonial exclut à peu près totalement les possibilités d'hypergamie, ces idylles attendrissantes, où une jeune fille jolie mais pauvre

---

44. *Ibid.*, t. 3, p. 332-333.
45. Lartigue à l'évêque de Québec, 10 juin 1826.
46. Pierre Des Ruisseaux, *Le livre des proverbes québécois*, p. 83, nᵒ 290.
47. L'histoire sociale et la démographie historique ont illustré à souhait cette norme de comportement : noblesse et bourgeoisie s'échangent des partenaires. Nous nous contentons de citer quelques études québécoises récentes. Voir : Lorraine Gadoury, *La noblesse de Nouvelle-France* ; Danielle Gauvreau, *op. cit.*, p. 95-104 ; George Bervin, *Québec au* XIXᵉ *siècle*, p. 29-36.

échange avec un bourgeois ou un aristocrate son capital de charme, appartiennent à peu près exclusivement à l'imaginaire subversif des contes de fées. Pour illustrer le caractère de classe du marché matrimonial, voyons comment furent conclues les alliances au sein d'une famille bourgeoise de la région de Kamouraska au XIXe siècle.

Amable Dionne (1781-1852) se hisse au sommet de la hiérarchie sociale, en devenant l'un des plus riches marchands de l'est du Québec. À la naissance de chacun de ses deux fils, il achète une seigneurie. Les garçons sont établis grâce à ce capital foncier, les filles reçoivent en dot une part respectable du capital du marchand devenu gentilhomme au cours des années 1840, alors qu'il occupe le manoir de la seigneurie de La Pocatière. En 1830, la femme du marchand, Catherine Perrault, 42 ans, donne naissance à leur dernier enfant. Sur 13 enfants nés de leur mariage, 10 sont alors vivants. Les huit filles, depuis l'aînée, âgée de 15 ans, jusqu'à la cadette qui vient de naître, vont étudier chez les ursulines de Québec. Cette jeunesse bourgeoise aura des mains façonnées pour la broderie et le piano, des servantes pour vaquer aux tâches domestiques. Les quelque 8 000 $ de dot que va recevoir chacune des filles suffisent à marquer l'influence prépondérante exercée par le marchand dans le choix de ses gendres. Les mariages de convenance sont plus fréquents que les mariages d'inclination dans ces familles riches d'un capital aussi bien culturel que matériel. Les fréquentations sont courtes, si jamais elles ont lieu. Les unions matrimoniales se contractent rapidement lorsque Dionne a supputé la qualité de ses gendres. À défaut de richesse, des études supérieures, une profession libérale, une bonne connaissance de la famille constituent l'assurance de mettre fille et dot en mains sûres. Sept des huit filles – l'une se fera religieuse – vont se marier entre 1832 et 1846.

Les deux premiers choix se portent sur des seigneurs. En 1832, le marchand de Kamouraska unit une première fille à

Eugène Casgrain, fils de feu Pierre Casgrain[48] (1771-1828), son ancien associé dans le commerce. Ce premier gendre a étudié le notariat. Son père lui a légué la seigneurie de L'Islet. Après un an de vie commune, la construction du manoir est terminée. Au moment du mariage, Eugène Casgrain a 20 ans, sa femme, à peine nubile, en a 14. Une autre union se prépare, où l'écart d'âge sera encore plus considérable. Le 8 juillet 1834, à 29 ans, l'avocat Pierre-Elzéar Taschereau, seigneur de Sainte-Marie de Beauce, épouse Catherine Dionne, âgée de 15 ans. Amable Dionne connaît son gendre au moins depuis qu'ils sont devenus membres de la Chambre d'assemblée aux élections générales de 1830. En 1836 et en 1840, deux autres mariages sont contractés : Marie-Henriette (1815-1838) épouse Georges-Pascal Desbarats, imprimeur de Québec, cependant qu'un avocat de 26 ans, Jean-Thomas Taschereau, fils de juge, est préféré à Jean-Charles Chapais pour Louise-Adèle, 20 ans. Sont-ce des critères relatifs au niveau d'instruction qui ont guidé le choix de la famille ? Le jeune avocat a étudié le droit en Europe. Jean-Charles Chapais a terminé sa formation en rhétorique au collège-séminaire de Nicolet. Établi sur un coteau situé à mi-chemin des églises de Rivière-Ouelle et de Kamouraska, le jeune marchand est le promoteur d'une nouvelle paroisse, malgré l'opposition de Kamouraska. Chapais réussit à faire instituer une nouvelle unité pastorale et à faire bâtir une église derrière son magasin général. Amable Dionne était-il contrarié par l'amputation de sa paroisse ? Attendait-il la consolidation du succès matériel du marchand de Saint-Denis ? Le prétendant était-il trop papineauiste pour Amable Dionne, opposé au Parti patriote ? La jeune promise manifestait-elle trop peu de désir pour le marchand de Saint-

---

48. La transmission de la richesse de ce marchand de Rivière-Ouelle à ses enfants aurait également pu servir à illustrer la circulation intergénérationnelle du capital au sein des élites. À leur mariage, les filles reçoivent 1 000 £ de dot (entre 4 000 $ et 5 000 $). À la mort de sa femme (1825), Casgrain répartit entre ses enfants le produit (675 £) de la vente de ses biens mobiliers. À la mort de Pierre Casgrain, ses garçons reçoivent des immeubles, ses filles, 1 500 £ chacune. Voir Serge GAGNON, « Casgrain, Pierre », Dictionnaire biographique du Canada, vol. VI, p. 136-137.

Denis ? Quels que soient les motifs du refus, Chapais dut attendre encore plusieurs années avant d'obtenir la main d'une autre fille du marchand de Kamouraska.

Chez les Dionne, 1846 est l'année des mariages. Jean-Charles Chapais épouse Georgina le 20 juin. La mariée n'a que 16 ans, Chapais en a 34. Le contrat de mariage stipule que la dot doit servir à l'achat de propriétés foncières dont Georgina « aura seulement la jouissance, sa vie durant ». Les biens fonciers de l'épouse doivent être transmis aux enfants du couple. Si le mariage est stérile, le capital acquis doit « retourner en ligne directe » après le décès des conjoints. Voilà qui protège Dionne contre une éventuelle dilapidation du capital familial. Le contrat est typique des minorités sociales cossues.

Les 10 novembre et 14 décembre de cette même année 1846, Amable Dionne unit ses deux dernières filles célibataires à Ludger et Cirice Têtu, deux frères, descendants d'un ami de la famille. Ludger a reçu sa licence de médecine en novembre 1845, après un séjour de perfectionnement à Paris. Le destin de Cirice se rapproche de celui de son beau-père. Au moment de son mariage, il exploite un commerce sur la rue Saint-Jean, à Québec[49].

L'histoire de la famille Dionne démontre que, au temps de Louis-Joseph Papineau, richesse et pauvreté ne font pas bon ménage. Les familles riches s'échangent des biens matériels et symboliques dont les femmes sont l'instrument privilégié. La mobilité sociale par le mariage est exceptionnelle dans ces sociétés fortement hiérarchisées. Le choix du conjoint marque une volonté d'appariement des niveaux de fortune et des clivages culturels, l'homogamie maximisant les chances d'harmonie au

---

49. L'information ayant servi à la reconstitution des mariages chez les Dionne est reproduite en bibliographie dans Serge GAGNON, « Dionne, Amable », *Dictionnaire biographique du Canada*, vol. VIII, p. 248-249.

sein du couple. Sur ce plan, prêtres et familles partagent la même vision des choses.

Si les prêtres avaient été sommés de hiérarchiser leur niveau de désagrément, ils auraient sans doute pointé du doigt la disparité de culte comme principal facteur d'hétérogénéité déparant la formation des couples. Les unions interculturelles leur déplaisaient moins quand les partenaires partageaient la même confession religieuse. À Caraquet, au Nouveau-Brunswick, près de la frontière du Bas-Canada, le missionnaire Cooke déplorait, en 1822, les propos racistes de certains paroissiens : « Un certain vieillard passe son temps à composer des généalogies afin de prouver que toutes les familles excepté la sienne *ont du sauvage* […] cet été […] on en est venu à se frapper à plusieurs reprises. » Plaidant la thèse de l'égalité des créatures, Cooke faisait remarquer qu'« un père ne peut point empêcher le mariage de son fils uniquement parce qu'il pense qu'il y a eu ou parce qu'il y a eu en effet quelqu'un des ancêtres de la fille au 4 ou 5 degré en ligne directe ascendante allié avec des sauvages ». Mgr Plessis partageait l'indignation du missionnaire : « Ce désordre est très ancien parmi les Acadiens orgueilleux, tellement que depuis bien des années, le sang mêlé est devenu, dans la Baie des Chaleurs, une cause de dispense, inconnue dans le reste du monde chrétien. » L'évêque adressa aux fidèles de Caraquet la lettre pastorale que voici :

> Les âmes des sauvages sont-elles moins précieuses à J.C. que celles des autres nations ? A-t-on jamais vu l'Église refuser de les admettre […] au service des SS. autels […] ? Qu'auriez-vous pensé, si nous eussions confié votre desserte à un prêtre issu de parents sauvages, (ce qui aurait pu arriver) lui auriez-vous refusé le respect et l'obéissance qui lui sont dus à cause de son caractère ? Non sans doute. Si donc Dieu ne fait acception de personne, quel péché grief commettent ceux dont l'occupation est de faire et de publier de pareilles recherches puisqu'ils peuvent aisément prévoir que c'est envenimer les familles les unes contre les autres […]. Ne reprochez pas à vos frères un vice de naissance dont ils ne sont pas coupables et que Dieu aurait pu faire tomber sur vous comme sur eux.

Si Dieu paraît indifférent au mélange des races, les hommes ne partagent point ses valeurs. Il en va, pense-t-on, de leur survie comme groupements organisés.

Quand se nouent des idylles entre partenaires de races différentes, les familles, les communautés blanches et amérindiennes réprouvent le mariage. À Caughnawaga, en 1812, les habitants de la réserve s'opposent violemment aux engagements d'une des leurs avec un Blanc. Un autre se prépare l'année suivante, « mais, raconte le missionnaire, le jour même que devait se faire le mariage ils ont gardé la porte de l'église » et l'accès à sa résidence, « craignant que j'introduisisse les époux par la sacristie. Ils avaient mis des gardiens pendant la nuit. » Le futur s'en est remis aux avocats, le missionnaire à son supérieur hiérarchique, souhaitant toutefois célébrer le mariage dès que « l'opposition sera levée ». On ignore si le mariage a été célébré. Mais de telles unions y ont déjà eu lieu. À Oka, les sulpiciens font au contraire l'impossible pour les éviter.

Le 28 juin 1828, le missionnaire d'Oka annonce à Mgr Lartigue qu'un « Canadien qui appartient à une famille respectable tout opposée à cette alliance » veut unir sa destinée à une Amérindienne de la réserve. Le missionnaire s'inquiète particulièrement du fait que le futur veut habiter le village : « ce Canadien une fois admis, il faudrait aussi bientôt admettre tous les autres hardis qui se présentent en foule chaque année pour épouser les personnes qu'ils ont séduites dans les terres de chasse, et bientôt notre village ne serait plus qu'un assemblage de gens que l'on ne saurait définir ». Convaincu que la venue d'étrangers est préjudiciable à la cohésion culturelle amérindienne, le pasteur de la mission espère que, si le mariage a lieu, le couple n'habitera pas la réserve.

En 1826, Jean-Baptiste Roupe, missionnaire à Oka depuis 1813, croit bon de dresser un mémoire qui, bien qu'il ne fasse pas l'unanimité parmi les prêtres[50], convainc l'évêque de Québec et le gouverneur du Bas-Canada qu'il faut éviter les mariages interraciaux. Le débat s'amorce à l'occasion d'un projet de mariage entre une Blanche et un Amérindien. Rebutés par le sulpicien, les amoureux demandent le mariage au missionnaire de Caughnawaga. L'évêque de Québec partage les vues de Roupe : si le mariage a lieu, le couple devrait consentir à s'installer hors de la réserve. En conflit perpétuel avec les sulpiciens, Lartigue n'est pas de cet avis. Favorable au mariage, il aurait « conseillé à la fille, pour mieux réussir dans son projet, de se faire adopter par la nation ». Roupe se dit secondé par « les meilleurs sauvages » tout aussi opposés que lui au projet du couple. Non seulement celui-ci met-il en jeu la cohésion amérindienne, mais les amoureux eux-mêmes ne lui paraissent pas devoir être heureux en ménage : « Ce mariage est et ne peut qu'être des plus mal assortis, la Canadienne ne sait pas un mot iroquois, le sauvage n'est guère plus avancé dans le français, la Canadienne ne connaît ni la nature, ni l'étendue des engagements qu'elle contracte dans une tribu sauvage. » Les amoureux vivent sous l'envoûtement du coup de foudre. Pour reprendre les mots du missionnaire, le projet serait fondé sur « l'effervescence du moment dans une jeune créature qui est par suite de sa légèreté, et en moins d'un an, au deuxième sauvage, à la deuxième nation, et à la deuxième promesse ». Selon ses dires, les Blanches qui veulent épouser des Amérindiens seraient des « jeunes filles sans retenue, sans instruction, fort équivoques du côté des mœurs […] de jeunes filles qui ont encouru par leur inconduite et leur indocilité l'animadversion de leurs parents ». Les Blancs entichés des Amérindiennes feraient partie de ces « esprits inquiets, ambitieux, de caractère à troubler plutôt qu'à cimenter la paix dans un village ». Fort de l'appui du gouverneur, l'évêque refuse au missionnaire de Caughnawaga la permission de marier les deux jeunes.

---

50. Bruno HAREL, « Roupe, Jean-Baptiste », *Dictionnaire biographique du Canada*, vol. VIII, p. 861-862.

Ce sont ordinairement des hommes qui vont chercher des partenaires étrangers à leurs racines culturelles ou à leur confession religieuse. Suivant la règle de virilocalité, les épouses viennent vivre dans le lieu de résidence du mari. Dès lors, l'étrangère ne manque pas de susciter tensions et conflits avec sa belle-famille ou même avec la communauté d'accueil.

Les unions « à la mode du pays », contractées dans les lointains territoires de l'Ouest, étaient jugées préférables à des engagements indissolubles[51]. Les travailleurs de la fourrure y formaient des ménages à durée limitée, sans trop se soucier de leur descendance. Une dizaine de métis baptisés à Sorel entre 1795 et 1827 sont des enfants nés de ces mariages temporaires[52]. Mais les Amérindiennes n'acceptent pas toujours de devenir de misérables chefs de familles monoparentales. Certaines affirment avoir cohabité sur « promesse de ne jamais se séparer ». Elles suivent leur compagnon de vie lorsque celui-ci regagne la société blanche.

Louis-André Ducheny (vers 1780-1852), fils du seigneur de Carufel, devait avoir une quinzaine d'années lorsque, au décès de son père, il s'engagea comme travailleur de la fourrure dans les pays d'en haut. Au cours d'un séjour prolongé à la mission d'Oka, il fit la connaissance de Marie-Josephte Missinagokoi. D'après son témoignage, il aurait voulu s'en séparer au moment où prit fin son contrat d'engagement. Mais il regagna Maskinongé avec sa femme et leur enfant. Le curé lui intima alors l'obligation de recevoir le sacrement de mariage. L'Amérindienne en aurait profité pour menacer Louis-André de « le faire tuer par ses parents sauvages » s'il refusait de répondre à l'invitation du prêtre. Le mariage fut célébré le 23 février 1805. Devenu seigneur, Ducheny

---

51. Dans les années 1860, « la Cour supérieure de Montréal [...] décida que le mariage d'un chrétien avec une Indienne, païenne, contracté suivant la coutume de la tribu, doit être reconnu comme valide au Bas-Canada ». Cette évolution est signalée dans Désiré GIROUARD, *Considérations sur les lois civiles du mariage*, p. 3.
52. Allan GREER, *Peasant, Lord and Merchant : Rural Society in Three Quebec Parishes, 1740-1840*, p. 57.

se fit construire un manoir qu'il habita avec son épouse. Malgré les 11 enfants nés de leur union, les conjoints paraissent avoir mené une existence malheureuse. Le mari se lia à une maîtresse dont il eut plusieurs enfants. L'épouse délaissée accoucha des œuvres du voisin. Ducheny le poursuivit pour dommages et gagna son procès. Il obtint aussi une séparation de corps qui lui permit de chasser son épouse en toute légalité. Ayant vainement tenté de faire annuler son mariage, il reprit femme, en 1828, bravant l'excommunication qui pesait sur lui[53].

L'affaire Ducheny survient en même temps que les débats concernant les mariages interraciaux dans la mission amérindienne d'Oka. L'incident a certainement contribué à renforcer la conviction qu'il fallait tolérer le moins possible les unions entre partenaires de culture différente.

Dans l'ensemble, l'institution matrimoniale est encadrée par un corpus de règles écrites et non écrites qui visent à faire triompher l'homogamie sociale, religieuse et culturelle. Trop d'intérêts, matériels et culturels, sont en jeu pour laisser le choix d'un partenaire au caprice des jeunes. La liberté de choix du conjoint est une conquête récente des milieux populaires et des classes moyennes. Elle n'existe pas encore dans les richissimes familles de l'Occident contemporain.

---

53. Il existe une abondante documentation sur l'affaire. Elle a été exploitée dans Clément PLANTE, *Maskinongé, L'Ormière, Carufel, seigneurs et seigneuries*. Louis-André DUCHENY fit imprimer sa réplique au refus d'annuler son mariage sous le titre *Décision verbale ecclésiastique donnée par monseigneur l'évêque de Québec* [...]. Nous avons consulté l'exemplaire conservé aux Archives de l'évêché de Trois-Rivières dans le dossier de la paroisse de Maskinongé. Il est accompagné de plusieurs autres pièces concernant la séparation de corps et le procès intenté contre le séducteur de sa femme.

4

La formation du couple

Le mariage est un sacrement [...] institué par Notre-Seigneur J. C. pour sanctifier ceux qui se marient [...] pour conserver leurs corps dans la pureté [...] par la grâce de ce sacrement la chasteté doit présider à la conception des chrétiens ; au lieu que dans celle des infidèles c'est pour l'ordinaire la concupiscence, et la passion du plaisir qui y dominent[1].

Quand on lit le rituel de Saint-Vallier et autres documents ecclésiastiques, on peut avoir l'impression que l'Église détient un pouvoir à peu près exclusif sur la formation des couples. La réalité est tout autre. « L'on peut dire aussi, lit-on dans le rituel, que le mariage est un contrat, par lequel l'homme et la femme se donnent mutuellement, et acceptent réciproquement la puissance sur leurs corps. » En réalité, la transaction concerne des familles. Et pour de modestes habitants des campagnes, le recours au notaire étant parfois jugé peu utile et coûteux, l'acte de mariage tient lieu de contrat. D'où les multiples prescriptions légales concernant les formes de sa rédaction et la garde des registres.

Au moment du mariage, le propre curé, c'est-à-dire le pasteur d'au moins l'une des parties, agit à titre de fonctionnaire civil, lorsqu'il procède à la séance de signatures du registre devant être déposé au greffe. Il conserve en lieu sûr le registre de catho-

---

1. Jean-Baptiste DE LA CROIX DE CHEVRIÈRES DE SAINT-VALLIER, *Rituel du diocèse de Québec*, p. 328-329.

licité, propriété de la paroisse, où sont reproduits les actes dits « de l'État civil » et parfois quelques autres.

Dieu propose, l'État dispose

Au début des années 1830, la fonction civile du curé est remise en cause par l'aile gauche des députés patriotes. Un notaire de Terrebonne y perçoit l'ébauche d'un mouvement de laïcisation, calqué sur l'exemple français. À ses yeux, la tenue des registres par des fonctionnaires civils assénerait « un coup mortel à la confiance que pour son avantage le peuple doit reposer en ceux qui sont préposés pour le catéchiser ». Le tabellion de campagne, reconnaissant néanmoins que la rédaction des actes relève de « l'ordre civil » et n'est « pas essentiellement liée à la religion », craint que « le rite religieux » ne soit « plus considéré que comme nécessité de second ordre[2] ». L'initiative remue davantage Mgr Lartigue que Mgr Panet, son homologue de Québec. La motion du député John Neilson ne se réclamait-elle pas d'une « pétition de divers propriétaires de la ville de Montréal » ? L'initiative fit long feu, au grand soulagement de l'épiscopat et de la fraction conservatrice des élites laïques. Elle avait été précédée de divers incidents révélateurs des limites du pouvoir ecclésiastique en matière de formation des couples.

En 1793, le curé de Saint-François de Montmagny dut faire marche arrière après avoir publié la promesse de mariage de Michel Arbour, paroissien de Saint-Vallier dont il avait la desserte. Arbour, « dont les père et mère ont toujours été Bostonnais [favorables à la guerre d'Indépendance], et par là même éloignés des sacrements », fut jugé inapte à recevoir le sacrement de mariage, même s'il s'était confessé et conformé aux exigences religieuses du sacrement. Son péché relevait de la sphère politique. Il refusait, à l'exemple des rebelles américains, de prêter allégeance à la couronne britannique. Pour obtenir de l'évêque

___
2. *Journal de François-Hyacinthe Séguin, notaire, Terrebonne, 1831-1833*, p. 90-91. Voir Archives nationales du Canada, MG 24-1-109.

la permission de se marier, Arbour dut « changer de sentiment », se déclarer « fidèle royaliste, très soumis au roi d'Angleterre, prêt à le servir quand il sera commandé ». La soumission à Dieu ne suffit donc pas pour recevoir le sacrement de mariage. Il faut également la soumission au prince, fût-il hérétique. À l'inverse, le prêtre ne peut refuser de marier même si Dieu n'est pas pleinement satisfait du comportement des futurs. Que survienne un projet de mariage « mal assorti », que le futur ne veuille « se marier que par le motif avoué de devenir plus riche », voilà bien qui doit remuer un ministre du culte. Louis-Martial Bardy, curé de La Présentation, est aux prises avec un cas semblable en 1810. Or, on ne peut refuser de marier un homme qui pourrait recourir aux tribunaux s'il n'obtenait pas ce qu'il désire. En 1796, le curé Renaud de Beauport n'apprécie guère se faire bousculer pour marier Toussaint Desruisseaux qui se dit « pressé de semer [...]. Il est plus pressé de se marier pour jouir de vingt-cinq louis que la fille a en dot » repartit le curé contrarié. L'évêque rappelle celui-ci à l'ordre : « L'avantage d'épouser une fille qui [...] apporte 25 £ de dot n'est pas un empêchement. » Le 28 mars 1811, le curé de La Prairie est informé que, en matière de mariage, on ne peut refuser le sacrement à des personnes jugées indignes devant Dieu :

> Il faut distinguer entre le confesseur et le curé, quoique ces deux qualités soient souvent réunies dans la même personne. Celui-ci ne peut refuser le mariage à ceux qu'il ne connaît liés d'aucun empêchement canonique. Il n'en est pas de même de celui-là si son pénitent lui paraît indigne d'absolution, il doit lui déclarer qu'il ne peut contracter mariage sans commettre un sacrilège, que comme confesseur il ne saurait l'y autoriser parce que ce serait participer à son crime. « C'est donc à dire », repart quelquefois le pénitent, « que si je me présente demain au mariage, vous me le refuserez ? » Non, « parce qu'une fois sorti du confessionnal, j'ignore tout ce qui s'y est passé. Comme curé je n'ai nulle objection à votre mariage, mais comme confesseur je dois vous en détourner. Tant pis pour vous, si vous passez outre. Vous en subirez les conséquences devant Dieu. »

Déjà constatée à propos des mineurs, la soumission de l'Église à l'État est donc bien réelle. Celle-là médiatise les rapports de l'homme à Dieu. Le pouvoir civil gère les rapports des hommes entre eux, d'où son autorité sur le contrat. Il faut espérer, poursuit l'évêque, la soumission du pénitent. « Mais si sa rudesse, la hauteur ou l'obstination [...] dans son habitude, ne [...] laisse espérer aucun fruit de ce délai », le futur seul porte la responsabilité du sacrilège. De quel grand péché, de quelle mauvaise habitude le candidat au mariage est-il si coupable qu'il est jugé indigne de recevoir l'absolution ? Plessis envisage diverses hypothèses :

> La proximité d'un mariage autorise suffisamment à absoudre les habitudinaires lorsque leurs habitudes sont de nature à cesser par le mariage même, telles que le seraient des familiarités criminelles entre les futurs époux, la bestialité, la masturbation ou *self pollution*. Encore faut-il que depuis au moins une ou deux semaines, ils se soient abstenus de la pollution, ainsi que des libertés entre futurs époux. Quant à la bestialité on doit en exiger une abstinence plus longue. J'en dirais autant de la fornication commise avec d'autres personnes que le futur époux ou la future épouse ; parce qu'il est à craindre que ces affections existant encore, ne se reproduisent après le mariage contracté. Il faudrait tenir la même conduite envers les pollutionnaires, si l'époux ne devait pas demeurer avec sa femme, mais être éloigné d'elle presque aussitôt après le mariage contracté. C'est le cas des navigateurs, voyageurs, etc. Au reste [...] on n'absout que pour épargner aux gens la profanation du sacrement de mariage.

Aux prises avec des fidèles indociles, les prêtres doivent céder. En janvier 1800, le curé de Saint-Nicolas est invité à la prudence : « Si celui qui veut se remarier est vraiment en moyen de payer les funérailles de sa première épouse, il faut exiger ce paiement avant de le publier, mais avec une fermeté mêlée de douceur et de ménagement, de crainte de le porter à prendre quelque mauvais parti. »

Même un pécheur public peut exiger le mariage. C'est ce que soutient Mgr Lartigue en 1821. Après tout, concède-t-il, « les parties elles-mêmes sont les ministres du sacrement [...] le prêtre ne coopère qu'indirectement en sa qualité de témoin ». L'appartenance à la franc-maçonnerie est passible d'excommunication. Mais « un franc-maçon entêté, et choqué d'un refus de mariage, ne se ferait aucun scrupule d'aller contracter [...] devant un ministre hérétique, ou ce qui serait encore pis [...] obtiendrait des cours civiles un ordre de procéder au mariage, avec ses dommages et intérêts, et peut-être quelque punition exemplaire infligée au curé refusant ». Jean-Jacques Lartigue a étudié le droit avant de faire sa théologie[3]. Il est mieux placé que quiconque pour connaître les limites du pouvoir ecclésiastique. On peut essayer de convaincre un catholique de rompre avec la franc-maçonnerie, mais, si la manœuvre échoue, marier quand même ; « où ne nous mèneraient pas les juges et les avocats s'ils s'emparaient de ces sortes d'affaires », avertit l'auxiliaire de Montréal au cours d'un échange de vues avec son supérieur.

Un jeune homme est-il jugé trop ignorant du catéchisme pour recevoir le sacrement de mariage qu'on reporte la cérémonie jusqu'à ce qu'il ait appris les rudiments de la doctrine. Telle est la décision prise par Mgr Lartigue, le 31 juillet 1822, au sujet d'un couple de Saint-Clément de Beauharnois. Trois semaines plus tard, le curé déclare avoir rencontré le futur « une fois, il n'a pu me dire Notre Père, etc. ». Il l'a « trouvé ignorant comme on ne peut plus », mais n'a « rien dit pour le décourager ». Or, « la fille *in partu* [enceinte] l'a tellement pressé qu'ils ont été ces jours derniers se marier dans les États-Unis à un protestant ». Au début de septembre, les « concubinaires publics », ainsi qu'on les appelle, sont de retour à Saint-Clément ; « il faut tâcher d'amener par la douceur le garçon, avant même de parler de séparation, à se faire instruire assez pour » être remarié « le plus tôt possible ». Encore une autre affaire où le bon sens, la détermination, l'obstination populaire l'emportent sur la rigueur des principes. Plusieurs exigences religieuses ne sont pas reconnues par la loi. En 1791, le curé de Saint-Antoine de Tilly est réprimandé pour avoir

---

3. Gilles CHAUSSÉ, *Jean-Jacques Lartigue, premier évêque de Montréal*, p. 35.

refusé de marier un paroissien avec une infirme, «parce qu'étant pauvres tous deux, ils seront exposés à la misère». Les raisons d'ordre matériel «ne sont d'aucun poids» aux yeux de l'évêque, c'est-à-dire qu'elles ne doivent pas arrêter les prêtres de marier sur demande. Scrupuleux, le curé se fait dire que, même si le futur «ne sait pas les prières en latin, mais seulement en français», même s'il «a appris l'ancien catéchisme et non le nouveau», on doit accepter de le marier. Que serait-il arrivé si le futur avait ignoré ses prières et ses obligations religieuses ? L'évêque aurait conseillé de ne pas refuser le «sacrement» à des paroissiens capables de s'en plaindre auprès des tribunaux.

Le pouvoir du prêtre, faut-il le répéter, n'existe que dans la mesure où les fidèles s'y soumettent. Dans sa lettre pastorale aux habitants des paroisses du Richelieu, en 1808, Plessis exhortait les membres de la communauté, tout comme les proches, à fuir la compagnie de couples mariés *in fraudem legis* «pour les engager de quitter leurs désordres et de revenir à Dieu». Leurs enfants seront baptisés comme bâtards. Ils ne pourront être parrains ou marraines, ni «présenter le pain bénit». Les sacrements leur seront refusés «même à l'heure de la mort, à moins qu'ils n'aient renoncé à leur mauvais commerce». Point de sépulture ecclésiastique pour ces rebelles, s'ils n'obtempèrent. Toutes ces sanctions n'ont d'effet que dans la mesure où le couple et leurs familles éprouvent du repentir. Dès lors, c'est le sentiment «religieux» d'appartenance et non la contrainte légale qui induit la procédure de réhabilitation. Dieu propose, le prince dispose.

Le propre curé[4]

Pour la très grande majorité des fidèles, la subordination de l'Église à l'État est sans conséquence. Mais, plus ou moins

---

4. Une abondante littérature juridique vise à montrer que les pasteurs protestants ne sont pas reconnus comme ministres du mariage des catholiques. Voir E. Lef. DE BELLEFEUILLE, «Une autre question de mariage. De la célébration du mariage des catholiques devant un ministre protestant», *Revue canadienne*, 5, 1868, p. 240-264.

conscients de leurs droits, peu sensibles aux exigences religieuses, plusieurs dizaines de couples ont testé les limites du pouvoir ecclésiastique. Devant les exigences rigoureuses du catholicisme, ils savaient que des pasteurs protestants, des juges de paix et autres magistrats avaient le pouvoir de conjoindre. Rebutés par la rigueur catholique, les uns passaient au protestantisme, les autres se faisaient unir par un magistrat ou le ministre d'un culte protestant, dans toute l'Amérique[5]. Les catholiques bas-canadiens n'étaient pas en reste. Leur refusait-on dispense que certains allaient se faire marier dans les États américains, quitte à faire revalider leur union à leur retour au pays.

Dans l'ouest du Québec, à la campagne comme à la ville, on a d'autant plus de chances de recourir au ministre qu'il existe, à proximité, des communautés protestantes encadrées par des pasteurs de leurs confessions respectives. On a vu des cousins germains, incapables d'obtenir dispense, aller se faire marier par des fondés de pouvoir non soumis aux règles canoniques. Des mineurs traversent la frontière pour s'unir devant un fonctionnaire parce que, aux États-Unis, les jeunes ne sont pas assujettis à la volonté des parents. On se mettra éventuellement en règle avec le Dieu des prêtres catholiques, tout en sachant qu'une preuve de mariage suffit pour être en règle avec la société.

On peut se marier sans recourir au prêtre seulement là où les services pastoraux ne sont pas disponibles, par exemple dans les territoires en voie d'organisation, même s'il n'y a pas de témoins pour assister à la prise d'engagement mutuel. Lartigue soutient même qu'il n'est pas toujours indiqué de « renouveler [...] ces mariages devant le prêtre, sinon quand cela est nécessaire pour assurer leurs effets civils ». Car les conjoints se sont véritablement donné le sacrement dans l'intimité.

---

5. Nous avons rencontré plusieurs cas pour les Maritimes. Sur ce sujet, voir aussi Peter WARD, *Courtship, Love and Marriage in Nineteenth-Century English Canada*, p. 24.

En Gaspésie, dans l'Outaouais (seigneurie de la Petite Nation) comme en Ontario, dans les Maritimes, l'absence de services religieux accrédite une procédure sommaire. Le 20 octobre 1819, l'évêque de Québec écrit au missionnaire Leclerc de Bonaventure : « Il devrait y avoir dans les postes où vous ne pouvez aller qu'après un long temps, des juges de paix ou autres personnes de probité reconnue, qui puissent recevoir le consentement des personnes qui ont des raisons pressantes de se marier, qui puissent leur en donner un certificat en forme, pour ensuite bénir vous-même leur mariage. » Quatre ans plus tard, Joseph-Philippe Lefrançois, successeur de Leclerc, informe Québec « de trois couples [...] dont l'un a été marié par un ministre protestant, le second par un maître d'école et le troisième par un capitaine de milice ». L'évêque pense qu'il « faut tâcher de les réhabiliter sans bruit, puisque le public les croit légitimement mariés ». L'une des épouses doit seulement se soumettre à une formation religieuse adéquate avant de recevoir la bénédiction nuptiale. En septembre 1824, le curé des Cèdres reçoit l'ordre d'aller en mission dans l'ouest du Haut-Canada. Il s'occupera de faire « renouveler une quarantaine de mariages contractés devant le magistrat », faute de prêtre. Dans ces régions privées de service pastoral, les couples ayant eu la patience d'attendre le passage du missionnaire doivent néanmoins recevoir « des éloges » publics, comme le souligne Plessis au curé de Saint-André de Kamouraska avant son départ pour la mission du Madawaska, en 1801 : « Ce sera autant de leçons pour ceux qui, conduits par les désirs de la chair, se sont unis sans prêtre et même sans dispense lorsqu'ils en avaient besoin. » Avant de conjoindre ces derniers, le missionnaire doit les exhorter à réparer le scandale.

Dans la mesure du possible, le prêtre itinérant doit voir s'il y a eu fraude, s'assurer de la liberté des partenaires unis avant son passage. En mai 1829, le missionnaire de la Petite Nation reçoit des directives à propos des mariages conclus devant un magistrat, faute de prêtre. Il pourra, « sans les séparer ni les publier, recevoir de nouveau leur consentement devant deux témoins et en secret, pour éviter les fraudes et leur procurer un acte authentique de mariage ». Mais « si ce sont de prétendus mariages attentés en fraude de la loi, et pour éviter le propre prêtre, ces contrats étant nuls, il faut les renouveler publiquement, avec les publications et solennités requises, après avoir séparé les parties, à moins que lesdites parties ne passent dans le public pour mariées légitimement, car alors, *ad vitanda scandala*, les ayant séparées de lit seulement, il faudrait ne les remarier que devant deux témoins, après avoir obtenu dispense des trois publications ».

Le fameux décret *Tametsi* du Concile de Trente oblige à contracter devant témoins et devant le curé de paroisse d'au moins une des parties, après la publication des bans ou promesses de mariage. Quand on habite une paroisse, s'épouser autrement constitue une union clandestine. Pour tenir compte du mouvement de colonisation, la Sacrée Congrégation de la Propagande, le 16 octobre 1824, oblige les prêtres à publier le décret « dans les paroisses ou missions nouvellement établies ». L'empêchement de clandestinité ne peut avoir lieu que « là où le décret conciliaire a été promulgué », note l'évêque pour le bénéfice du curé de Sainte-Anne-de-la-Pocatière :

> Archange Leclair âgée de 18 ans, native de votre paroisse, mais transportée avec ses parents dans le Haut-Canada depuis plusieurs années, revient à Sainte-Anne pour recueillir leur succession. Chemin faisant, elle a contracté à Niagara devant un ministre protestant, avec Joseph Levasseur domicilié là et natif de Montréal. Ils sentent qu'il manque quelque chose à leur union. Je leur ai d'abord fait entendre que leur mariage n'était point valide. Ils ont certainement eu tort de communiquer *in divinis* avec un ministre hérétique, et dans ce pays-ci ils n'auraient pu contracter validement devant lui, étant tous deux catholiques. Mais le grand éloignement où ils se trouvaient des prêtres les autorisait à contracter devant des témoins, sauf à se faire donner la bénédiction nuptiale quand ils en trouveraient l'occasion. L'empêchement de clandestinité ne peut avoir lieu que dans les endroits où il est possible de l'éviter [...]. Il faut donc tenir leur union pour légitime en soi, et les disposer à

recevoir la bénédiction nuptiale le plus tôt possible, vous bornant à exiger une séparation *a thoro* [de lit] quelques jours auparavant.

Au terme de nombreuses discussions, débats, échanges et questions adressées à Rome, l'Église bas-canadienne parvient à préciser la portée territoriale du décret *Tametsi*. La question est d'importance. Là où le décret n'a pas été publié, deux catholiques sont validement mariés par un ministre protestant, un magistrat, ou même « devant personne ». Dans les territoires où le décret est en vigueur, ces mêmes unions sont nulles sauf, on l'a vu, quand les partenaires sont dans « l'impossibilité morale » de recourir à un prêtre.

La territorialité du décret recouvre « toute l'Amérique britannique telle que possédée ci-devant par la couronne de France », suivant l'avis de Jean-Jacques Lartigue. Le décret n'a pas été proclamé dans le Haut-Canada et les États-Unis, mais dans l'ancienne Acadie française. Dans l'Europe protestante, en Suède, au Danemark, en Norvège, en Russie, dans les Provinces-Unies, en Hollande, en Angleterre, en Écosse, le décret n'a jamais été promulgué, non plus que dans six diocèses catholiques d'Irlande[6]. Ces informations sont essentielles aux gestionnaires religieux de l'institution matrimoniale ; quand un couple d'immigrants se dit marié par un ministre ou un magistrat, l'union est considérée comme valide seulement si l'endroit où le mariage a eu lieu n'est pas assujetti au décret[7].

---

6. Dublin, Kildare, Faerns, Kilkenny, Meath et le Wardianship of Galloway ; c'est l'énumération donnée par Plessis au missionnaire James Grant de Manchester Bay, le 15 mars 1825. La liste reproduite dans Thomas Maguire, *Recueil de notes diverses sur le gouvernement d'une paroisse* [...], p. 57, indique Ossery au lieu de Kilkenny.

7. « [...] dans les lieux où le décret *Tametsi* n'a pas été publié, l'ancien droit touchant les mariages clandestins subsiste [...] le mariage de deux catholiques ou de deux protestants, ou d'une partie catholique avec une protestante, dans ces lieux, est toujours valide, soit qu'il ait été contracté entre les parties, sans aucun témoin, ou devant témoins, ou qu'il ait été célébré par un ministre protestant ou par un magistrat ». (Thomas Maguire, *op. cit.*, p. 59.)

Dans la France d'Ancien Régime, en vertu des libertés gallicanes, le décret conciliaire n'a pas fait l'objet de promulgation. Colonie française, la Nouvelle-France était-elle liée par *Tametsi* ? Quelques prêtres se posent la question. L'évêque dissipe les doutes de Charles-Joseph Asselin, vicaire à Rivière-Ouelle : la monarchie française a adopté la discipline du Concile de Trente. Consultée par Plessis, Rome a décidé que « le décret *Tametsi* est censé avoir été publié partout où il a été suivi dans la pratique, ce qui étant le cas de la France et du Canada, il s'ensuit que l'on y doit tenir pour nul tout mariage célébré hors de la présence de deux témoins et du propre curé de l'une des deux parties ou d'un prêtre commis par ce curé » ou par l'évêque. L'ultramontain Jean-Jacques Lartigue est plus catégorique. Le décret a été publié dans la vallée du Saint-Laurent, quoi qu'en pensent certains juristes d'orientation gallicane[8]. Ces discussions académiques n'altèrent pas l'efficacité du décret. L'empêchement de clandestinité n'existe pas à Rivière Rouge. Joseph-Norbert Provancher, vicaire apostolique du Nord-Ouest, est prié de « l'y introduire en faisant publier 3 fois dans l'église devant le peuple assemblé le décret irritant du Concile de Trente [...] précédé [...] par un petit mandement ordonnant » au clergé « d'en faire la publication. Il faudra réitérer la même formalité à chaque nouvelle mission qui s'établira. »

Les catholiques bas-canadiens devant se marier devant un prêtre assisté de témoins, tout laïc « faiseur de mariage » ne peut faire office de célébrant quand on peut recourir à un prêtre. Au début du xixᵉ siècle, un Noir se présente au curé de Kamouraska en compagnie de l'oncle de sa future, une jeune fille de 15 ans. Le curé refuse de concourir à leur projet, l'étranger ne pouvant fournir un « certificat de liberté et de catholicité [...]. Le prétendu se voyant frustré, huit jours après a été trouver un nommé

---

8. Lartigue à Thomas Maguire, 17 janv. 1828. Guy ARBOUR, *Le droit canonique particulier au Canada*, p. 100-101, fait sien le point de vue de Lartigue.

Bouchard » qui les a conjoints après avoir reçu leur consentement. Les participants repentis « qui ont eu part au prétendu mariage du nègre vagabond » se sont soumis aux réparations du scandale exigées par les autorités épiscopales. Quant aux époux, ils « se sont si bien crus mariés qu'ils ont agi comme mari et femme l'espace de trois ou quatre mois ». Le curé de Saint-Pierre de Montmagny où ils se sont installés raconte dans quelles circonstances ils viennent d'être séparés : « plusieurs de mes paroissiens la lui ont arrachée des mains touchés de compassion par les mauvais traitements qu'il lui faisait souffrir, sachant d'ailleurs » qu'ils avaient été mariés par un laïc. En 1824, Jean Otis, nommé par l'évêque pour ondoyer à « petit Matane », est dénoncé pour « avoir prêté son ministère à un mariage ». Avant de se faire marier par le curé Chauvin de Rimouski, le couple doit se séparer et faire amende honorable tout comme celui qui les a unis. Les délinquants se soumettent. Mais l'année suivante, un juge de paix s'avise de marier au même endroit. Comme « c'est le fils de la seigneuresse », on craint qu'il ne soit plus difficile de le disqualifier que Jean Otis. Mgr Plessis conseille la prudence au curé de Rimouski : « Il n'y a que par insinuation que vous pourrez détourner le magistrat de prêter son ministère à des mariages qui ne sauraient être considérés comme valides dans nos principes religieux, quoique notre Parlement provincial ait eu la complaisance dans sa dernière session, de les valider quant aux effets civils[9]. »

Le défaut de recourir au propre curé a souvent pour cause la rigueur des règles canoniques. Forme d'union clandestine, le mariage à la gaumine constitue la réponse occasionnelle à une

---

9. La lettre de Plessis est datée du 6 avril 1825. La première session du douzième Parlement s'est tenue du 8 janvier au 22 mars. Le 5 mars, Plessis écrit à Lartigue : « Le Conseil vient de passer un bill que l'Assemblée admettra sans doute, lequel accorde des registres aux missionnaires 1º de l'Église anglicane, 2º de l'Église d'Écosse, 3º de celle de Rome. L'Assemblée en a accordé aux ministres Wesleyens. Ce bill est maintenant devant le Conseil qui ne leur est pas favorable. » (Archives de l'archevêché de Montréal, 295.101, 825-10.)

rebuffade. Voici, à cet égard, un scénario vécu dans la paroisse de Cap-Santé :

> Dans le mois de juillet 1817 un jeune journalier et une jeune fille, l'un et l'autre de cette paroisse, n'ayant pu obtenir de monseigneur Plessis une dispense de parenté [...] vinrent à l'église avec les témoins qu'ils croyaient nécessaires ; et là, pendant une grand-messe [...] ils se prirent l'un l'autre pour époux et pour épouse, et contractèrent ainsi une espèce de mariage à la gaumine [...] il y avait un certain nombre de personnes, de manière que le scandale donné [...] devint bientôt la nouvelle du jour et de tous les lieux circonvoisins de la paroisse.

Six mois plus tard, après avoir reçu « les dispenses et permissions nécessaires », le curé « fit contracter un nouveau mariage » au couple « après leur avoir fait réparer publiquement et en présence de toute la paroisse, le dimanche pendant le prône, le scandale qu'ils avaient donné, et dont ils demandèrent pardon, par la voix du curé, à toute la paroisse[10] ».

Dans les paroisses particulièrement délinquantes de la vallée du Richelieu, l'évêque recourt à des procédés plus spectaculaires pour humilier des transgresseurs. À Saint-Philippe de La Prairie survient un quasi-mariage à la gaumine ; l'échange de consentement a lieu à l'église, mais en l'absence du curé. Une lettre pastorale stigmatise le couple et ses « complices » : « Les deux coupables ont mérité d'être excommuniés [...] leur cohabitation n'est et ne saurait être un véritable mariage [...] les enfants qui pourraient naître de leur commerce seront illégitimes », désignés comme tels au registre de catholicité. Les sanctions imposées constituent une véritable escalade pour faire capituler le couple, leurs familles et les autres témoins du mariage sans prêtre : « Peu s'en faut que nous ne défendions au prêtre de célébrer la messe en leur présence, et que nous n'interdisions l'église qu'ils ont souillée par leur sacrilège. »

---

10. F.-X. Gatien, *Histoire de la paroisse de Cap-Santé*, p. 185-188.

Dans des paroisses plus dociles, le déroulement des cérémonies tronquées révèle plus de ruse que de révolte. À Saint-Jean-Port-Joli, en 1788, un couple refusé au mariage suivant les formes canoniques se donne le consentement à l'occasion d'une autre célébration. « L'on dit qu'ils répondirent le « oui » lorsque je demandai le consentement aux autres » raconte le curé, ministre malgré lui, du double mariage.

Les mariages à la gaumine sont disparus au début du XIXᵉ siècle[11]. En revanche, le mariage de deux catholiques devant un ministre protestant survient plus souvent pour des couples et des familles en rupture avec l'institution catholique. Le statut colonial ne joue-t-il pas en faveur de cette solution de rechange ? Diverses lois adoptées par le Bas-Canada et parfois l'autorité impériale ont donné aux ministres anglicans, presbytériens et d'autres religions dissidentes le pouvoir de célébrer et d'enregistrer des mariages, quelle que fût la religion des époux[12].

En 1791, Mᵍʳ Hubert, son secrétaire Plessis, le coadjuteur Denaut, alors curé de Longueuil, discutent : « comme il est probable » que les « magistrats de cette province sont civilement autorisés à recevoir, aussi bien que les ministres, le consentement de mariage » de personnes appartenant à des religions différentes, s'ensuit-il que le mariage de deux catholiques par de tels officiants soit valide ? On convient que oui, là où le décret *Tametsi* n'a pas été publié, « par exemple dans la Nouvelle-Angleterre ». En conséquence, si un couple ainsi marié émigrait au Bas-Canada, il ne serait pas tenu à la réhabilitation. À l'intérieur des frontières bas-canadiennes, le décret étant en vigueur, le recours de deux

---

11. Jacques MATHIEU et Jacques LACOURSIÈRE, *Les mémoires québécoises*, p. 151.

12. Voir : E. Lef. DE BELLEFEUILLE, « Une autre question de mariage. De la célébration du mariage des catholiques devant un ministre protestant », *art. cit.*, p. 240-264 ; James H. LAMBERT, « Spark, Alexander », *Dictionnaire biographique du Canada*, vol. V, p. 846 ; Thomas R. MILLMAN, « Mountain, Jacob », *Dictionnaire biographique du Canada*, vol. VI, p. 581 ; Peter BURROUGHS, « Ramsay, George, 9ᵉ comte de Dalhousie », *Dictionnaire biographique du Canada*, vol. VII, p. 781-794.

catholiques à un autre officiant que le prêtre de leur confession produirait une union « invalide et les parties [seraient] inadmissibles aux sacrements » jusqu'à la revalidation de leur engagement devant un prêtre. La réhabilitation peut se faire ailleurs qu'à l'église et ordinairement dans le secret « en présence du curé et des témoins [...] précédée d'une séparation plus ou moins longue ». Il s'agit de renoncer pour un temps au lit conjugal. Un délai est nécessaire « pour se disposer à la réception des sacrements ». Cette opinion de Mgr Denaut (rapportée par Plessis) ne fait pas l'unanimité. Certains théologiens ne prétendent-ils pas que les époux se donnent le sacrement, peu importe la religion ou le statut de l'officiant ?

S'autorisant d'une loi qui leur en confère le pouvoir, des ministres des cultes protestants accueillent, à l'occasion, des couples éconduits par l'institution catholique. C'est le cas de deux cousins de Montréal, en 1826. Mgr Panet exige leur remariage devant un prêtre catholique, mais « sans publication de bans, de grand matin, sans bruit et sans noces, devant les seuls témoins requis ». On ne doit pas dresser d'acte civil de leur mariage, « parce qu'il y en a déjà un sur celui du ministre qui suffit pour assurer les droits civils des enfants ». Le curé de Notre-Dame « gardera seulement la dispense » enregistrée à l'évêché. Devant les initiatives du législateur favorable à la concurrence des Églises, l'évêque n'a pas d'autre choix que de s'incliner. De même pour le mariage devant des magistrats. Ils « ne sauraient être considérés comme valides dans nos principes religieux », déplore l'évêque Plessis, quelques mois avant sa mort, déçu que la Chambre d'assemblée provinciale vienne d'en reconnaître la validité « quant aux effets civils ». Bref, c'est seulement par conviction religieuse que les couples se soumettent aux humiliations imposées lorsqu'ils veulent redevenir catholiques de plein exercice. En 1824, deux autres cousins germains de L'Acadie, mariés par un pasteur protestant, acceptent de se séparer sur les instances de leur curé. Ils ont « un enfant encore vivant ». On ne peut les « persuader de se quitter pour toujours ». Aussi faut-il se résoudre à les dispenser.

L'évêque accepte de leur accorder dispense, mais au bout de trois ans de séparation... Le délai sera abrégé s'ils se conduisent de manière édifiante. Or, l'évêque sait fort bien qu'il n'a pas le pouvoir de les contraindre, s'il ne parvient pas à les convaincre de se soumettre à ses exigences. Une dispense est finalement accordée... le 25 septembre 1828. Les cousins ont reçu le sacrement de mariage le 25 novembre. Les deux enfants du couple, Marcellin, deux ans, et Sophie, un an, ont été légitimés suivant la procédure habituelle[13].

L'Acadie est une paroisse où des services religieux sont régulièrement assurés par un prêtre en résidence. Ce n'est point le cas de Drummondville, encore visitée par un missionnaire. Le curé de Nicolet est l'un d'entre eux. En 1816, il ne sait comment agir avec « un grand nombre » de couples mariés par un ministre « hérétique » ou un juge de paix. Si les couples de religion mixte ne posent pas de problème, que faire de « ceux qui sont tous deux catholiques » ? Aux yeux du clergé, ils

> ne sont mariés que civilement [...] doit-on les attendre les uns après les autres pour leur dire tout bas à l'oreille qu'il faut renouveler leur consentement de mariage, ou peut-on leur dire ouvertement que tous ceux qui, étant catholiques l'un et l'autre, se sont présentés au ministre, ne sont point mariés aux yeux de la religion ?

Dans ces communautés multiconfessionnelles, les conduites sont moins uniformes que dans les vieilles paroisses homogènes des basses terres du Saint-Laurent. Le 14 novembre 1825, Mgr Plessis console Jean Holmes, premier curé de Drummondville. Il doit se réjouir que les ministres protestants ne lui fassent pas concurrence ; « c'est sur quoi les Anglicans seuls montrent de la délicatesse. Ceux des autres sectes n'en font pas de scrupule. »

---

13. Nous remercions Hubert Charbonneau d'avoir retracé les renseignements consignés au registre de L'Acadie. Une dispense de trois bans a été accordée pour les deux paroisses où devaient avoir lieu les publications : L'Acadie et Saint-Cyprien de Napierville.

En situation pluraliste, surtout s'il s'agit de territoires en voie d'organisation, la rigueur du droit canon ne paraît pas responsable des défections. Dans des zones missionnaires comme les Cantons de l'Est, la Gaspésie et l'Outaouais, le poids démographique des protestants s'ajoute à l'absence de prêtre résident pour que se multiplient les unions contractées par des catholiques devant des officiants laïques ou des pasteurs protestants. À Sainte-Marie de Monnoir (Marieville), tout comme à Drummondville, le premier curé constate, au début du siècle, que beaucoup de couples catholiques se sont conjoints devant des juges de paix, « car pour les ministres ils marient rarement ». On pourrait multiplier les exemples qui contrastent avec la rareté des comportements délinquants du vieux terroir laurentien. Quels que soient les contextes sociologiques, l'État veille discrètement à ce que la liberté des contractants ne soit pas mise en péril par un quelconque prosélytisme. En définitive, seule la conviction peut arrêter un couple de passer outre à l'obligation de contracter mariage devant le propre curé.

D'un cas litigieux à l'autre, le clergé catholique a pris conscience de la limite de son pouvoir. Selon le canoniste montréalais Jean-Henri-Auguste Roux, l'État n'a pas le pouvoir de délivrer des permis de mariage. L'évêque partage sans doute cette conviction. Mais que faire si l'autorité politique accorde des permis à des gens qui se sont vu refuser une dispense ? L'État est au-dessus de l'Église, les prêtres le savent, les fidèles les plus futés aussi. Le 14 novembre 1825, Plessis écrit au missionnaire de Drummondville : « Quant aux mariages mixtes qui me déplaisent, pour le moins, autant qu'à vous, n'allez pas croire que j'en aille étourdir les oreilles du gouverneur en chef qui n'a ni intérêt à les condamner ni le pouvoir de le faire avec succès. Criez contre, si vous le voulez, inspirez-en autant que possible l'éloignement aux catholiques [...] mais tenons-nous-en là. »

Impuissant à faire cesser la concurrence interreligieuse à l'intérieur du diocèse, le clergé catholique en est réduit à sévir seulement contre ceux qui traversent la frontière pour se marier plus facilement *in fraudem legis*, selon le vocabulaire ecclésiastique. Le curé de Boucherville, vicaire général ayant juridiction dans la région du Richelieu, est prié de combattre tout recours à des magistrats américains « pour éluder les lois » diocésaines. Mgr Plessis lui envoie une lettre pastorale rédigée le 30 novembre 1808 à l'intention des habitants de Saint-Luc et de Saint-Philippe de La Prairie : l'évêque y condamne les contrevenants mariés en fraude, à défaut d'avoir obtenu une dispense, ou parce qu'ils ont refusé de se soumettre à une pénitence publique. Ceux qui recourent à des ministres ou magistrats outre-frontière pour échapper à l'autorité parentale sont aussi condamnés par la lettre de l'évêque. Même si un prêtre catholique les a conjoints en territoire américain, ils « n'en reviennent pas plus mariés qu'ils n'étaient partis ». Une décision du pape Urbain VIII sert d'appui à la déclaration. Le mariage est « nul toutes les fois que d'un pays où la présence du curé est nécessaire à sa validité, on va le contracter dans un pays où cette condition n'est point requise ». La complaisance des prêtres catholiques américains est dénoncée à plus d'une reprise. Le 9 mars 1829, l'évêque de Québec écrit à son homologue de New York :

> J'admire votre dextérité à excuser le missionnaire d'Albany : mais je vous prie de lui recommander [...] de ne plus faire de pareils mariages des gens de notre pays. La faute importante qu'il a faite ne porte pas tant sur la *minorité* des parties contractantes, que sur la *nullité* de ce mariage, provenant, de ce que les parties, *in fraudem legis*, ont fui la présence de leur *propre prêtre* pour aller se marier ailleurs contre la défense du concile de Trente qui y a apposé un empêchement dirimant lequel est en force dans ce diocèse.

Quel que soit le motif de la fraude, quel que soit l'officiant, le mariage contracté outre-frontière illustre la rigueur de la discipline bas-canadienne.

Dans l'ouest du Québec, à cause de la proximité des États-Unis et du pluralisme existant dans la région montréalaise comme dans plusieurs zones rurales, principalement au sud de la ville, environ 10 % des paroisses comptent annuellement un ou plus d'un couple qui sont allés se marier au sud de la frontière, selon une enquête de 1857. Le clergé s'interroge : « Y aurait-il quelque réparation à exiger de deux Catholiques qui vont, *in fraudem legis*, se marier aux États-Unis ou ailleurs, devant des Ministres ou Magistrats ? » Réponse : « La seule digue puissante que nous puissions opposer à cette licence [...] est la conscience du peuple et son attachement à la foi et aux pratiques religieuses[14]. » On ne pouvait mieux traduire le pouvoir moral et symbolique du prêtre.

Au début de son épiscopat (1833), Mgr Joseph Signay (1778-1850) reçut de Rome des précisions confirmant la politique de ses prédécesseurs. Deux catholiques mariés devant leur curé, en présence de deux témoins, contractent un mariage valide, même si le curé s'oppose à leur union. Le célébrant n'a pas le pouvoir de refuser le mariage. Se marier aux États-Unis *in fraudem legis* rend le mariage valide, si les partenaires catholiques élisent domicile dans le pays voisin. S'ils reviennent au Bas-Canada, leur mariage est nul. Les débuts de l'émigration, temporaire ou définitive, doit alors poser de nombreux problèmes à la hiérarchie. Rome répète enfin que, à l'intérieur du diocèse de Québec, le mariage de deux catholiques, avec ou sans témoins, mais toujours sans prêtre est valide dans des territoires de mission[15].

Du projet à l'engagement solennel

> *Ne laissez jamais fréquenter votre fille par un jeune homme que vous ne voulez pas lui imposer pour époux, ou dont elle ne veut pas [...]. Il ne vous appartient pas de faire choisir à vos enfants des partis*

---

14. Diocèse de Montréal, *Questions sur le mariage*, p. 48 et 49. L'estimation du nombre de paroisses où se trouve au moins un couple de délinquants est tirée des dossiers de paroisses pour l'année 1857. Voir Archives de la chancellerie de l'archevêché de Montréal, 350.102-857.

15. Henri Têtu et Charles-Octave Gagnon (éd.), *Mandements, lettres pastorales et circulaires des évêques de Québec*, t. 3, p. 359-365.

qui ne leur agréeraient pas [...]. Ne portez jamais
vos jeunes gens à faire des mariages par esprit
d'intérêt[16].

Jusqu'ici, nous avons appréhendé la règle à partir de cas limites. Or, la très grande majorité des 91 777 mariages célébrés entre 1790 et 1830[17] n'a soulevé aucun problème devant la loi civile ou canonique. Que quelques centaines de jeunes aient bravé l'autorité parentale pour se marier avant l'âge de 21 ans revêt une importance toute relative. Au premier mariage, les garçons de la vallée du Richelieu ont en moyenne atteint le milieu de la vingtaine, leurs épouses sont généralement majeures, même si elles sont de deux à trois ans plus jeunes qu'eux. Selon les calculs effectués à partir du recensement de 1851, l'âge moyen au premier mariage des hommes mariés dans les années 1820 était de 25,5 ans, celui de leurs épouses, de 23,7 ans[18].

Les projets de mariage se concrétisent chez des jeunes adultes capables de subvenir, pour eux-mêmes et pour les enfants à naître, aux besoins essentiels de l'existence. Prêtres et parents s'entendent pour surveiller des fréquentations[19] qui prennent fin lorsque émergent les possibilités d'autonomie nécessaire à la formation d'un nouveau ménage.

---

16. Alexis MAILLOUX, *Manuel des parents chrétiens*, p. 205-207.

17. *Annuaire statistique du Québec*, 1914, p. 88.

18. Voir : Allan GREER, *Peasant, Lord and Merchant : Rural Society in Three Quebec Parishes, 1740-1840*, p. 51 ; Jean-Pierre BARDET et Hubert CHAR-BONNEAU, « Culture et milieu en France et en Nouvelle-France », dans Joseph GOY et Jean-Pierre WALLOT (dir.), *Évolution et éclatement du monde rural [...]*, p. 79. Le mariage tardif est une pratique européenne implantée dans la vallée du Saint-Laurent. Pour la période qui nous occupe, il existe peu d'études démographiques. Nous connaissons mieux la Nouvelle-France, où, au début du XVIIIe siècle, les hommes se mariaient, en moyenne, à 26,7 ans à des compagnes de près de 23 ans. Voir Hubert CHARBONNEAU, *Vie et mort de nos ancêtres*, p. 165. La moyenne est plus élevée dans les vieilles paroisses rurales qu'à la ville, au sein des élites que dans les classes populaires. Voir : Danielle GAUVREAU, *Québec. Une ville sa population au temps de la Nouvelle-France*, p. 95-104 ; Lorraine GADOURY, *La noblesse de Nouvelle-France*, p. 74-75.

19. Serge GAGNON, *Plaisir d'amour et crainte de Dieu*, p. 84-87.

Les historiens ont soutenu plusieurs hypothèses à propos de la liberté des jeunes. Au-delà des thèses et débats[20], on peut faire le point sur la marge d'initiative des candidats au mariage. Quand le jeune homme appartient aux classes dirigeantes, il jouit d'une plus grande liberté que ses sœurs. Mais il est lui aussi contraint, par conviction ou docilité, de juguler les caprices de la passion afin de chercher la femme que lui dictent la raison et les convenances. Favorisé d'un capital matériel et symbolique hors du commun, l'enfant du bourgeois ou du seigneur choisit partenaire dans des familles dotées d'avantages proportionnés à l'avoir et au paraître de son milieu familial. Tout est affaire de compatibilité ou de complémentarité. On peut être seigneur et pauvre, mais néanmoins marier ses filles à des conjoints de haut rang, entendu que, pour les femmes, la culture de classe peut compenser une dot substantielle si le futur est capable d'assurer bien-être, voire opulence. En revanche, une fille aux traits disgracieux mais bien dotée peut être alliée à un homme que cet apport de capital mettrait à l'aise. Bref, la richesse peut épouser le prestige, un capital de charme et de beauté peut remplacer l'absence de dot, surtout si la pauvreté provient du revers de fortune. Mais, en règle générale, plus les familles ont du bien, plus la liberté de choix est subordonnée aux impératifs économiques.

Des mariages forcés aboutissent quelquefois à des drames personnels dont les femmes sont les victimes ordinaires. Marie-Catherine Delezenne[21] (1755-1831), fille d'un orfèvre de Québec, fait la connaissance de Pierre de Sales Laterrière au moment d'avoir 16 ans. Ils éprouvent de l'attrait l'un pour l'autre. Trois ans après cette rencontre, la jeune fille épouse Christophe Pélissier, ami de son père. Veuf, Pélissier est directeur des forges du

---

20. Résumés par Martine Segalen, *Sociologie de la famille*, p. 118-121.

21. Voir Robert Derome, « Delezenne, Marie-Catherine (Pélissier ; Sales Laterrière) », *Dictionnaire biographique du Canada*, vol. VI, p. 200-202. Voir aussi : Pierre Dufour et Jean Hamelin, « Sales Laterrière, Pierre de », *Dictionnaire biographique du Canada*, vol. V, p. 808-811 ; M.-F. Fortier, « Pélissier, Christophe », *Dictionnaire biographique du Canada*, vol. IV, p. 669-671.

Saint-Maurice. Il a 27 ans de plus que son épouse. Ses plaintes et ses larmes n'ont pu lui épargner un mari qu'elle n'aime pas. Laterrière est embauché aux forges. Les amants se rencontrent, échangent des marques d'affection, jurent de s'aimer toute leur vie. Après un an de mariage, Pélissier doit quitter son épouse pour un voyage d'affaires aux États-Unis puis en Europe. L'épouse devient enceinte des œuvres de Laterrière. L'enfant adultérin naît au début de 1778. À son retour, au cours de l'été, le mari trompé fait enlever l'infidèle, séquestrée dans la maison de l'orfèvre François Ranvoyzé. En vain essaie-t-on de lui faire signer une fausse déclaration d'enlèvement. Les menaces du mari et du père – qui déshérite Marie-Catherine – ne parviennent pas à faire cesser une union libre que les amants sont incapables de rendre légitime. L'épouse malheureuse retrouve enfin sa liberté lorsqu'elle obtient des preuves suffisantes du décès de son mari à l'étranger. Devenu médecin, l'amant Laterrière, jadis honni de sa belle-famille, est désormais accepté par les Delezenne. Marie-Catherine épouse Pierre de Sales Laterrière en 1799. Bilan de l'affaire : 20 ans d'un mariage non désiré, 20 ans ou presque de liaison adultère.

Contrastant avec ces intrigues qui compliquent la vie des jeunes nobles et des enfants des bourgeois, les mariages d'inclination paraissent courants dans la communauté paysanne. Au reste, l'apport des femmes au nouveau ménage ne dépasse parfois guère leur capital de vertu, leur force de travail et de reproduction. À mesure que s'affirme un ordre social façonné par la bourgeoisie, la moitié féminine de l'humanité perd tout pouvoir sur les patrimoines, comme en témoigne la tendance à abandonner le principe de l'égalité des hommes et des femmes dans les pratiques testamentaires[22]. Conçues comme des avances sur les successions, les dots ne sont guère prisées par l'Église qui y voit un obstacle à l'établissement des garçons. Elles provoquent souvent, écrit le prêtre moraliste Alexis Mailloux, « la séparation et la division des biens de famille qui, tombant entre un grand

---

22. Allan GREER, *op. cit.*, p. 80-81 et 223.

nombre, finissent par passer entre les mains des étrangers, au détriment des garçons». Ce connaisseur des mœurs paysannes prétend qu'il serait «plus avantageux au bonheur et au bien-être des familles, de ne point doter les filles, mais de réserver tout ce qu'ils peuvent avoir de biens pour pourvoir à l'établissement des garçons». En agissant ainsi, on «empêcherait de prendre pour épouses des filles qui n'ont souvent d'autres recommandations que leurs richesses et qui, sûres de trouver un parti qu'elles doivent enrichir, n'ont aucun intérêt à se former aux qualités requises dans une mère de famille[23]».

La montée des valeurs bourgeoises tout comme l'ascendant des prêtres sur la vie paysanne se conjuguent pour faire en sorte que la fille d'un modeste habitant des campagnes apporte en ménage des vêtements personnels, «quelques pièces de literie», quelques écus. Si son père est un riche exploitant agricole, l'apport de la future va compter une ou plusieurs bêtes, aliments, spiritueux et avoirs liquides[24]. Dans ces sociétés où les hommes détiennent le pouvoir sur les biens, les femmes et les enfants, l'épouse jouit d'une liberté restreinte quant au choix de son compagnon de vie. Elle est choisie, se contentant souvent, pour dénicher un mari, de prier ou encore de recourir à diverses recettes magiques mettant en œuvre l'eau, la Lune, du feuillage, une épingle, un œuf, ou quelque autre objet incantatoire[25]. Le choix du jeune homme est balisé par des conseils qui lui viennent du curé[26] ou de sa famille. Celui à qui doit échoir le bien patrimonial doit faire en sorte que son choix soit agréable à ses parents. Sa femme ne va-t-elle pas souvent en prendre soin jus-

23. Alexis MAILLOUX, op. cit., p. 208-209.

24. George BERVIN et France GALARNEAU, «La coutume de la dot au Québec», Justice, déc. 1985, p. 4.

25. Ces procédés sont énumérés dans Martine SEGALEN, Amours et mariages de l'ancienne France, p. 74-84.

26. Par exemple, «Avis d'un confesseur à un jeune homme qui désire se marier», feuillet 4 verso et feuillet 5 recto. Voir Archives du Séminaire de Québec, M 147B. Il s'agit d'un cahier ayant appartenu à Charles-Joseph Asselin (1798-1856).

qu'à leur mort ? Ses frères sont plus libres de passer outre aux objections des parents, quelle que soit l'importance du capital qu'ils leur destinent. Les stratégies diffèrent quand il y a seulement des filles dans la famille ; ce qu'on appelle « mariage en gendre » est alors inévitable, et dans ce cas les parents de la future participent de façon déterminante au choix du conjoint.

Bien qu'elle souhaite des mariages précoces[27], l'Église favorise l'exercice de la liberté responsable. Elle est depuis longtemps sensible à l'inclination des jeunes. Thomas d'Aquin et, à sa suite, plusieurs moralistes ont perçu le désir sexuel comme un dispositif créé par Dieu pour l'épanouissement des conjoints. C'est au XIXᵉ siècle que va triompher une vue pessimiste de la sexualité humaine dans le monde médical et théologique. Trois siècles plus tôt, le Concile de Trente et le catéchisme qui en est issu voyaient dans « l'instinct des deux sexes » le premier motif du mariage. La procréation était subordonnée aux forces pulsionnelles. Le « remède contre les désirs de la chair » venait en troisième place dans la hiérarchie des finalités. On n'en redoutait pas moins la passion qui aveugle, dans le monde laïque comme parmi les prêtres-sexologues. D'où ces ambivalences et cette circonspection lorsqu'il est question d'unir pour la vie[28].

C'est un péché, répètent les prêtres, de marier ses enfants par intérêt ou contre leur volonté. Que des parents aient à leur charge plusieurs filles tardant à trouver preneurs ne suffit pas pour obtenir une dispense d'épouser un parent. Les curés s'assurent que la jeune fille le désire. Le 21 janvier 1790, le curé de Sainte-Geneviève de Batiscan relate une histoire de projet de mariage voué à l'échec, faute de désir mutuel. Les chefs des deux familles « voulant marier leurs enfants ensemble » sollicitent le concours

---

27. « Les mœurs de la jeunesse de notre pays y gagneraient beaucoup, si les parents mariaient leurs enfants plus jeunes qu'ils ne le font ordinairement. » (Alexis MAILLOUX, *op. cit.*, p. 209.)

28. Voir : Marcel BERNOS et collab., *Le fruit défendu*, chap. 6 et 7 ; Michel DESPLAND, *Christianisme, dossier corps*, p. 91-94 ; Serge GAGNON, *op. cit.*

du curé pour rédiger une demande de dispense de consanguinité au troisième degré. Le curé ayant tardé à faire cheminer la demande, le futur se présente à lui, muni d'une dispense obtenue du vicaire général de Trois-Rivières. Il demande à faire publier sa promesse de mariage. Avant d'y consentir, le curé veut obtenir l'assentiment de la future :

> Où est-elle ? Il [le futur] me fit réponse qu'elle était dans l'église. Je lui répartis pour lors, allez lui dire qu'elle vienne me donner son consentement. Au lieu de m'amener la fille, il m'amena le père de ladite fille. Je dis donc au père que la fille eut à me donner son consentement de mariage. Il me dit que cela n'était pas nécessaire. Enfin jamais la fille ne voulut venir me donner son consentement. Voyant que la fille en agissait ainsi [...] je ne fis pas la publication desdits bans. T. [...] marchand de Sainte-Anne allait voir la fille en question. On disait avec beaucoup de raison, je crois, qu'elle l'aimait mieux que l'autre et qu'elle ne consentait à prendre P. [...] que par complaisance pour son père.

Le curé finit par publier le projet de mariage, les parents l'ayant menacé d'en appeler au grand vicaire. Les intéressés « voulurent lui prouver que ledit consentement [de la future] n'était pas nécessaire ». Pour décharger sa conscience, le prêtre rappela avoir déjà prêté son concours à un mariage forcé : « J'eus même bien des disgrâces à essuyer de la part des parents leur prédisant ce qui arriverait dans la suite. Ils ne voulaient point m'entendre. Enfin je fis ledit mariage. Il n'est que trop arrivé ce que j'avais prédit. Lesdits parents ne cessent d'essuyer des disgrâces à leur tour. C'est un mariage de damnation. Celui-ci, si je ne me trompe, sera la même chose. »

L'incident de Sainte-Geneviève montre que les curés ne réussissent pas toujours à faire respecter le principe de la liberté de consentement. Quand il y va de l'intérêt des familles, des parents essaient de faire taire les sentiments d'une jeune fille. Ces unions de malheur arrivent à tout âge. Et les parents n'ont parfois rien à y voir. Le 3 juillet 1810, le curé de La Présentation alerte l'évêché à propos d'un jeune homme qui convoite le capital d'une veuve :

> Il se présente un jeune homme d'environ 30 ans qui demande à épouser une vieille femme, veuve depuis six mois, âgée de soixante ans au moins. Il la veut épouser parce qu'elle est riche et parce qu'il espère de n'en jamais avoir d'enfants. Ce jeune homme est extrêmement attaché aux biens de ce monde [...] malgré l'aversion naturelle qu'il a toujours portée à cette veuve dont il a publié les défauts du vivant de son mari, jusqu'à la faire passer pour ce qu'elle n'est pas, je pense, je veux dire pour ivrognesse, etc., il se figure pouvoir l'épouser pour ses écus [...]. Comment me comporter à leur égard pour les sacrements ?

On doit refuser l'absolution au futur, mais on ne peut lui refuser le mariage, même s'il commet un sacrilège en le recevant indignement. L'Église est donc impuissante à empêcher une veuve sexagénaire de se payer un mari de 30 ans plus jeune qu'elle. Bien qu'il s'agisse d'un cas extrême, un écart d'âge considérable n'est pas exceptionnel. À Québec, les veuves qui se remarient avec des célibataires entre 1700 et 1760 ont en moyenne 34,2 ans, quatre ans et demi de plus que celui qu'elles épousent[29]. L'écart est supérieur à dix ans dans un mariage sur cinq.

En général, les familles sont aussi soucieuses que les prêtres du bonheur durable des époux. En 1832, Joseph Marcoux, missionnaire auprès des Amérindiens, en fournit une preuve parmi d'autres :

> Chez les sauvages, si l'on ne faisait que des mariages fondés sur l'amitié, on n'en ferait pas. Jamais ils ne se parlent avant le mariage ; quelquefois même ils ne se sont pas vus bien distinctement. Il leur suffit qu'ils ne se haïssent pas [...]. Depuis 19 ans, je n'ai pas fait quatre mariages de gens qui eussent fait faute ensemble. Pour l'ordinaire, les filles qui tombent en faute sont réputées indignes et restent en graine. Tels sont nos usages[30].

---

29. Danielle GAUVREAU, *op. cit.*, p. 124.
30. Cité dans Lucien LEMIEUX, *Histoire du catholicisme québécois*, t. 1 : *Les années difficiles (1760-1839)*, p. 246.

En signalant les particularités de la culture amérindienne, le missionnaire renvoie implicitement aux normes différentes régissant le marché matrimonial blanc.

Le Concile de Trente exige qu'on se marie devant son propre curé. Encore faut-il en avoir un. Quand un prêtre dessert plus d'une unité pastorale, il est quelquefois inévitable que les couples d'une communauté voisine de sa cure de résidence se déplacent pour se faire conjoindre. En 1822, le curé Pierre Clément, fondateur de Beauharnois (Saint-Clément), demande dispense d'«aller marier dans les missions» en bordure de sa paroisse[31] ; «ils ne se marient qu'une fois mais moi je marie toutes les semaines, ça fait deux voyages coup sur coup, mon cheval aura de la peine à suffire ; ou bien qu'on vienne me chercher pour un besoin particulier comme un mariage, une sépulture, un malade». L'évêque permet au curé d'exiger qu'on vienne se marier à Saint-Clément. Comme les ressources humaines du diocèse stagnent alors que les unités pastorales se multiplient au rythme de la colonisation, les situations semblables à celle du curé de Saint-Clément sont assez nombreuses. En 1794, Amable-Simon Raizenne, septuagénaire, occupe la cure de Saint-Pierre-les-Becquets et dessert à l'occasion la paroisse de Saint-Jean de Deschaillons, sans curé résident. Devant marier dans l'une et l'autre paroisse, il alterne comme il peut : «j'ai fait le mariage lundi à Saint-Pierre, le mardi à Saint-Jean». En 1807, le curé de Gentilly est prié de desservir Saint-Pierre-les-Becquets, où deux mariages n'ont pu être contractés, faute de prêtre : «vous célébrerez ou à Saint-Pierre ou à Gentilly selon votre commodité, après les avoir publiés une fois. La présente vous tiendra lieu de la dispense des autres publications.» À l'automne de 1804, Charles Germain, curé de Lachenaie, est «autorisé à publier les bans, et à marier» dans sa paroisse «tous les gens de Terrebonne

---

31. De septembre 1822 à novembre 1823, Pierre Clément, curé de Saint-Clément de Beauharnois (1 069 habitants), dessert Sainte-Martine (1 306 habitants) et Saint-Timothée (888 habitants). Voir Alice ROUSSEL, *La belle histoire de Saint-Timothée, 1829-1979*, p. 45.

qui se présenteront ». La cure de Terrebonne est momentanément vacante. Ces situations irrégulières sont nombreuses, aussi bien dans les vieilles zones d'occupation que dans les territoires récemment défrichés. Elles représentent peut-être, bon an mal an, entre 10 % et 20 % des unités pastorales bas-canadiennes au tournant du XIXe siècle.

Dans la majorité des paroisses, lorsque deux amoureux ont pris la décision de s'épouser, que les accords des familles sont conclus[32], le temps est venu de faire connaître le projet de mariage par la médiation du curé. La paroisse de résidence de chacun des futurs doit en être informée. Six mois de résidence suffisent pour acquérir domicile dans une autre localité que sa paroisse natale pour les jeunes ayant atteint l'âge de majorité. C'est dans cette paroisse d'adoption qu'il faut alors être publié.

Pour reconstituer la démarche en vue de faire publier la promesse de mariage, prenons l'exemple somme toute assez banal d'un garçon et d'une fille appartenant à la même communauté. Le curé reçoit les futurs en entrevue. Ceux-ci déclinent leurs noms, ceux de leurs parents, leur « métier et profession ». Sont-ils « majeurs ou mineurs de 21 ans » ? En cas de minorité, la loi civile exige que leurs parents ou tuteurs approuvent leur union. Un consentement écrit du père est exigé s'il est « vivant et absent ». Si le père de l'un ou de l'autre est décédé, la mère supplée au pouvoir paternel. Est-elle absente au moment de l'entretien que son consentement doit être attesté par écrit. L'orphelin mineur, garçon ou fille, doit fournir au curé le consentement de son tuteur. Quand les jeunes sont accompagnés de leurs parents ou tuteurs, le curé ne demande évidemment pas si ceux-ci approuvent le projet. L'interrogation est également abrégée pour des jeunes ayant atteint leur majorité. Question suivante : « y a-t-il quelque parenté ou alliance entre vous ? » Le curé véri-

---

32. Il faudrait avoir dépouillé des séries de contrats de mariage pour s'attarder à cet aspect fondamental. Des éléments ont été rassemblés ici et là. Voir Allan Greer, *op. cit.*, p. 53-55.

fie, le cas échéant, le niveau de consanguinité ou d'affinité interdit par le droit canonique. Lorsque l'empêchement est constaté, le curé doit tenter de « les détourner de se marier ensemble ». Si le projet est maintenu, on doit faire appel au vicaire général de sa zone pastorale, peut-être même à l'évêque diocésain, en fournissant « des raisons solides de demander dispense » d'un empêchement public de mariage. Des consanguins ou alliés à un degré prohibé doivent aussi dévoiler, on l'a vu, tout rapport sexuel antérieur entre eux ou avec des proches. Davantage qu'un simple péché, ces privautés non déclarées au confesseur habituel peuvent rendre le sacrement nul et sans effet puisqu'il s'agit d'empêchements occultes de mariage. Une rencontre sexuelle du jeune homme avec la sœur ou avec la mère de celle qu'il veut épouser est réputée incestueuse et prohibe le mariage, à moins d'être déclarée[33].

D'autres sujets de moindre importance font également l'objet d'interrogations. Le futur a-t-il « fait des promesses de mariage à quelque autre personne » ? Si la réponse est affirmative, il ne peut, « sans offenser Dieu, épouser une personne au préjudice d'une autre » à moins que celle-ci ne lui ait rendu sa liberté, ou que, étant mineure, ses parents aient contrecarré un projet de toute manière compromis, s'il s'est « découvert [...] quelque vice assez notable pour rompre ». Parfois l'annonce officielle du mariage suscite opposition. Le curé doit alors attendre que le futur réussisse « à faire lever l'opposition soit par le désistement de la partie opposante, soit par sentence de tel juge ou magistrat qui voudra prendre sur lui de la regarder comme nulle et non fondée », ainsi que le précise l'évêque au curé de Saint-Jean-Port-Joli, en 1798. L'opposition touche également l'homme et la femme. Le 23 mai 1824, le curé de Saint-François de Montmagny informe l'évêché qu'une « fille demeurant à Québec avait promis de se marier à un homme de cette ville. Elle est même venue pour faire ses préparatifs à Saint-Pierre sa paroisse natale ; puis

---

33. Sur cette question, voir Serge GAGNON, *op. cit.*, p. 167 et suiv.

en arrivant elle a changé d'idée et est publiée avec un autre. »
Peut-on regarder son engagement antérieur « comme un empêchement » ? se demande le curé. Voici la réponse de l'évêque :
« L'empêchement dont se trouve liée » la jeune fille « est un
empêchement empêchant qui ne saurait rendre son mariage nul,
mais qui le rend illicite, en sorte que vous ne pouvez l'absoudre
jusqu'à ce qu'elle ait obtenu le désistement de celui avec qui elle
s'était d'abord promise. Si celui-ci met opposition à la publication
de ses bans ou à son mariage et que son opposition vous soit
légalement signifiée, vous suspendrez tout jusqu'à ce qu'elle soit
levée. » Notons encore une fois le caractère contraignant des lois
humaines par rapport à l'obligation morale et symbolique des
consignes religieuses.

L'empêchement dit « d'honnêteté publique » relève exclusivement de la sphère religieuse. Dans son manuel à l'usage des
curés, Thomas Maguire le définit ainsi : « Lorsqu'il se présente
un mariage à faire, on doit se rappeler qu'il est très probable que
la promesse secrète et sans témoins [...] qu'une fille a faite suc-
cessivement à deux frères, ou celle d'un garçon à deux sœurs,
produit l'empêchement d'honnêteté publique, et que dans la pratique il faut une dispense[34]. » Les fiançailles solennelles ayant été
abolies par le synode de 1698[35], seules les promesses intimes sont
désormais possibles entre les jeunes gens.

Du temps de Mgr Plessis, l'empêchement dit « d'honnêteté
publique » n'a jamais été bien assuré. En 1808, le curé de Sainte-
Marie de Monnoir propose le cas d'« une fille [...] qui, il y a
environ 4 à 5 ans a épousé le frère de celui avec lequel elle avait
été publiée 3 fois, et qui mourut après lesdites publications ». On
les a mariés sans soulever de problème. Aurait-on dû obtenir
dispense ? Voici la réponse de Plessis :

---

34. Thomas Maguire, *op. cit.*, p. 82-83.
35. *Ibid.*, p. 124.

Honestas est un empêchement qui vient de la promesse *publique* de s'épouser. Monseigneur de Pontbriand [dernier évêque du Régime français] a enseigné *que la promesse secrète d'un garçon et d'une fille ne produisait pas l'honnêteté publique : qu'il fallait de plus un écrit juré en présence des parents : qu'il n'était pas même décidé si cela suffisait pour le diocèse.* Ce sentiment a fait fortune dans le séminaire de Québec. Tous ceux qui y ont enseigné depuis n'ont voulu reconnaître d'empêchement d'honnêteté publique (outre celle qui naît *ex matrimonio rato et non consummato*) qu'autant qu'il existerait une promesse publique, par exemple un contrat de mariage passé devant notaire, ou déclaration publique de la promesse privée, telle que la publication d'un ou de plusieurs bans.

Le curé de Saint-Ours écrit à Plessis, le 10 mai 1815 :

[…] j'ai été persuadé que cet empêchement n'avait lieu dans ce diocèse 1° parce que les promesses de mariage n'y sont point solennelles, c'est-à-dire faites à l'église ; 2° parce que feu M. Gravé [professeur au grand séminaire], qui nous a fait voir le traité du mariage, nous a dit que des promesses secrètes de mariage ne produisent point d'empêchement ; 3° parce qu'il est dit dans notre Rituel qu'*Honestas* est un empêchement qui vient de la promesse publique.

Scrupuleux, Plessis n'est pas tout à fait convaincu. Dans le doute, il estime qu'il ne faut pas nécessairement considérer ledit empêchement comme inexistant au Bas-Canada. Parions que, pour la majorité des prêtres, l'empêchement d'honnêteté publique n'a jamais existé. En 1828, le successeur de Plessis écrit au curé de Rivière-Ouelle : « Les promesses que se font entre elles secrètement deux jeunes personnes ne font pas un empêchement d'honnêteté publique. Comme il ne se fait pas dans ce pays de fiançailles en forme, il faut que la promesse de mariage soit vraiment publique, comme quand on fait écrire les bans ou que le contrat de mariage a été passé devant notaire. » À l'exemple de son prédécesseur, Panet accorde toutefois plus d'importance à l'empêchement quand il « vient d'un mariage contracté et non consommé ».

En règle générale, les prêtres ne jugent pas très engageantes les « promesses secrètes de mariage, même confirmées par serment, que les jeunes se font souvent dans les accès d'un amour déréglé, et qui ne sont propres qu'à entraver d'autres liaisons souvent plus raisonnables et plus réfléchies qui se forment par la suite » ; ainsi pensait l'évêque au début du XIXe siècle. Le sulpicien Roux, son interlocuteur, était plutôt d'avis qu'« une promesse [...] oblige sous peine de péché mortel », à moins que la partie lésée ne dégage l'autre de ses engagements. Un curé de l'île d'Orléans se fait dire par l'évêque en 1809 que les « promesses de mariage [...] intéressent la conscience et qu'on ne peut les résilier que *de mutuo consensu* ». On doit en répondre « au confessionnal. Si c'est hors de là que quelqu'un les cite et se plaint », le confesseur n'est « pas obligé d'y avoir égard. C'est à celui qui se croit lésé de se pourvoir par la voie de l'opposition » auprès des tribunaux. Quand Dieu seul s'en mêle, le prêtre mise sur la conviction pour que justice soit rendue : « Marie engagée par serment à épouser Luc, n'en peut être dégagée que par lui : jusque-là elle est [moralement] obligée de l'accomplir » [Saint-Thomas de Montmagny, 1819]. Lorsque les engagements moraux sont assortis de clauses réparatrices, le prêtre agit comme médiateur entre le Dieu débiteur et le pécheur créancier : « Un garçon et une fille majeurs qui, après s'être promis en mariage, promettent encore pour celui qui se dédira de sa promesse, de faire dire un certain nombre de messes : le premier qui manque à sa parole est-il obligé de les faire dire ? Dans ce cas, est-ce la même chose pour les mineurs qui se feraient de semblables promesses ? » Un prêtre de la région montréalaise ne sait comment agir avec ses pénitents. L'évêque lui adresse sa manière de voir :

> Les garçons et filles majeures dont vous parlez sont obligés de faire dire les messes de compromis, quand ils se dédisent de leurs promesses : mais comme les parents ou tuteurs peuvent annuler les promesses de mariage de leurs enfants et pupilles mineurs, ceux-ci ne peuvent, par la même raison, faire dire sans leur permission les messes auxquelles ils s'étaient engagés par dédit.

L'entrevue avec le couple venu mettre les bans à l'Église n'est toujours pas terminée... Si le prétendant est « engagé dans les troupes de ligne », il doit obtenir la permission de se marier « du commandant du régiment, brigade ou bataillon auquel il appartient ». Les promis ne vivent pas « sous le même toit », sinon le curé aurait exigé d'eux « par prudence et par décence [qu']ils se séparent immédiatement de cohabitation », avant de publier leur promesse de mariage. L'annonce est prête à être lue en chaire. Le couple se retire après avoir acquitté les frais d'usage[36].

Combien d'annonces ? La loi en exige trois. L'Église a néanmoins le pouvoir de dispenser d'un ou deux bans, et même de toute publication, consciente néanmoins qu'un mariage non publié pourrait lui attirer des ennuis. Le curé prend en délibéré les motifs qui incitent les familles à demander « dispense d'un ou de plusieurs bans [...]. Si c'est la vanité, le désir de faire autrement que les autres, la prétendue honte de voir leurs noms proclamés 3 fois, il doit leur faire voir la frivolité de ces raisons et les détourner, autant qu'il dépendra de lui, de cette démarche. » Le couple insiste ? Le prêtre « les laissera faire sans solliciter la dispense pour eux ». Qu'ils aillent se pourvoir auprès du vicaire général de leur zone pastorale s'ils souhaitent une dispense d'un ou deux bans ; s'ils ne veulent aucune annonce, l'évêque seul peut recevoir leur demande. Le prêtre doit offrir son concours, « solliciter même la dispense » désirée, quand les couples, les familles « ont des raisons légitimes » de réduire ou d'éviter toute publicité. Parmi les motifs acceptables figurent

la proximité du temps prohibé qu'ils n'ont pas prévu ou qu'ils n'ont pas pu prévenir, les mauvais chemins qui nuisent à la facilité des communications, lorsque les parties sont de différentes paroisses éloignées l'une de l'autre, l'appréhension fondée

---

36. Thomas MAGUIRE, op. cit., p. 253, renvoie au tarif fixé au synode de 1690 : « Six francs pour la publication des bans et la rétribution de la messe de mariage ; et quarante sols pour les bans seuls. »

d'un charivari[37], la nécessité pour un cultivateur d'avoir quelqu'un pour garder sa maison dans le temps des travaux qui approche, la proximité d'un voyage nécessaire qui ne pourrait se différer sans de grands inconvénients, ou enfin la crainte de quelque obstacle qui serait malicieusement mis au mariage[38].

D'autres motifs peuvent être retenus ; ils sont laissés au jugement du curé. Les raisons effectivement mentionnées dans les requêtes sont généralement calquées sur la liste idéale. Tel habitant de Saint-Hyacinthe demande « dispense de deux bans vu la proximité des guérets ». Tel autre souhaite que son mariage soit célébré le plus tôt possible parce que le « temps des labours » approche. La maladie d'un curé, la desserte de plusieurs paroisses font en sorte que des dispenses sont octroyées comme palliatifs à l'interruption ou à l'absence de service pastoral. En octobre 1827, Michel Ringuet, curé de Rimouski, reçoit de Mgr Panet des instructions concernant les unités pastorales dont il a la charge à titre de missionnaire :

> Comme il est difficile de recourir au supérieur quand vous faites les missions de Saint-Jérôme de Matane, de Saint-Norbert du Cap-Chat et de Sainte-Anne, je vous accorde jusqu'à nouvel ordre le pouvoir de dispenser ces gens non seulement de la publication des bans (même quand vous feriez les mariages à Rimouski) mais encore des degrés de parenté ou d'affinité au 4e degré et du 4e au 3e degré. Vous ne demanderez pas de componendes pour les dispenses de bans que vous jugerez nécessaires.

Quand des publications sont omises pour des raisons indépendantes de la volonté des familles, elles sont octroyées gratuitement. Lorsque les fidèles en font la demande, ils doivent payer une componende. Le tarif prévoit des maxima pour les familles

---

37. Sur le charivari, voir plus loin dans ce chapitre.

38. L'entrevue a été reconstituée à partir du dossier RCD 38, conservé aux Archives de la chancellerie de l'archevêché de Montréal. Jean-Olivier Chèvrefils, curé de Saint-Constant de 1816 à 1832, était propriétaire de ce modèle d'entrevue intitulé « Questions que doit faire un curé à ceux qui viennent porter leurs bans de mariage ». Plusieurs exemplaires ont été consultés et les variantes sont mineures. Voir, par exemple, Archives du Séminaire de Québec, M 147B.

à l'aise. La dispense d'un ban coûte 0.10.0£ ou 12 #, de deux, 1.0.0£ ou 24 #, soit le même montant qu'une dispense d'honnêteté publique ou encore celle du temps prohibé (l'Avent, le Carême) et celle dite « d'affinité spirituelle[39] ». La dispense de toute publication coûte quatre fois plus cher. Dans certains cas, elle est octroyée gratuitement sans même avoir été sollicitée. L'évêque veut par exemple éviter de faire connaître le projet de mariage d'un couple vivant en union libre, alors que la communauté les croyait mariés lorsqu'ils ont immigré dans la paroisse. Par ailleurs, pour réduire le nombre de dispenses accordées aux cousins germains, l'évêque souhaite parfois que de telles unions se déroulent dans l'intimité, et donc sans annonce préalable, à l'aube ou en soirée, sans noces ni même rassemblement de familles. De leur côté, les familles qui réclament dispense des trois publications veulent protéger leur réputation. Mais quand un mariage discret n'est d'aucun avantage pour la morale, l'épiscopat refuse d'acquiescer aux demandes, à moins qu'il ne craigne un affrontement aux conséquences encore plus graves que le refus :

> Si le mauvais commerce qu'ont eu ensemble T.G. et J.L. doit être connu du public avant […] peu, je ne vois pas de quel avantage leur pourra être la dispense de trois bans et du temps prohibé que je vous adresse, à moins qu'elle ne serve à diminuer le scandale. Car s'il devait être le même, j'aimerais autant qu'ils se mariassent comme les autres, et il ne serait peut-être pas mauvais qu'ils portassent la honte de leur faute […] s'il n'y a pas à craindre ni refus de la part des impétrants, ni désistement de la part du garçon, ni présentation au ministre protestant, autant vaudrait-il les renvoyer après Pâques. Je n'aime pas à favoriser le libertinage par des dispenses. Dans le cas présent il faut d'autres raisons que la fantaisie de deux jeunes impudiques pour passer par-dessus les règles, et j'aimerais mieux vous renvoyer la componende, que de donner lieu à d'autres de faire pareille faute dans l'espoir d'une semblable indulgence [Saint-Pierre de Montmagny, 1801].

Le déshonneur de Marie Madeleine [...] étant déjà public, la publication des trois bans n'ajoutera rien au scandale, et puisqu'elle n'est grosse que de sept mois, le mariage pourra se faire après l'Épiphanie. Vous pourrez commencer la publication le 1er janvier les marier après le 3e ban comme d'autres. Seulement je permets que vous fassiez ce mariage le soir et sans autres témoins que le nombre nécessaire [Saint-Jean-Port-Joli, 1802].

La dispense de trois bans induisant une forme de mariage clandestin, ceux qui la demandent doivent étoffer leur requête. Tel veuf craint un charivari parce qu'il se marie pour la troisième fois. En 1825, un habitant de Saint-Constant désire épouser une « fille qu'il a chez lui depuis nombre d'années ». Il craint lui aussi la vindicte populaire, probablement parce qu'on le soupçonne de vivre maritalement avec sa compagne. Mais les motifs de demande sont quelquefois sans rapport, ou si peu, avec des privautés sexuelles antérieures, présumées ou réelles. En 1793, une demande d'omettre les trois publications est motivée par la « maladie très longue et sans espoir de guérison » du père de la future. La publicité exposerait « à une disgrâce » la belle-famille du demandeur.

Pour les trois premières décennies du XIXe siècle, plus d'une centaine de dispenses de trois bans ont été inventoriées à l'aide des cahiers ou registres de componendes de l'archevêché de Québec. La grande majorité des demandeurs ont déboursé le plein tarif. C'est dire l'importance que prêtres et fidèles accordaient à ces mesures d'exception[40]. Car c'est bien peu pour plus de 75 000 mariages[41].

La plupart des mariages sont annoncés au prône de la messe dominicale une, deux, voire trois fois, « dans les paroisses

---

40. En Nouvelle-France, il était courant d'obtenir, sur requête, une dispense de trois bans pour se remarier. Voir Jacques MATHIEU, La Nouvelle-France, p. 189. À La Prairie, entre 1854 et 1877, 57,4 % des projets de mariage ont été publiés une seule fois, contre 5,8 % de publications de deux bans. La pratique de trois publications ne touche donc qu'environ le tiers des futurs. Voir Philippe SYLVAIN et Nive VOISINE, Histoire du catholicisme québécois, t. 2 : Réveil et consolidation (1840-1898), p. 379.

41. Georges LANGLOIS, Histoire de la population canadienne-française, p. 259-260.

où demeurent actuellement les parties » ainsi que « dans telles paroisses où elles auraient demeuré 6 mois de suite et d'où elles seraient sorties depuis moins de 6 mois ». Cette seconde obligation est imposée aux personnes majeures. « Si elles sont mineures, elles doivent, de plus, être publiées dans les paroisses où demeurent leurs pères et dans le cas où les pères seraient morts, dans celles où demeurent leurs mères ou leurs tuteurs. » Même majeurs, les futurs en curatelle doivent obtenir du curateur la permission de se marier. L'annonce du projet de mariage doit être faite dans la paroisse de ce dernier. Lorsque la publication est faite dans plusieurs paroisses, les futurs sont avertis au moment de l'entrevue qu'« ils ne seront mariés qu'autant qu'ils apporteront des certificats de ces publications ».

L'engagement nuptial est une affaire publique. Il intéresse la société tout entière. C'est la raison d'être de toute la publicité qui le précède. Par contre, la sphère sacrée, ce qui touche aux relations sexuelles, se discute à l'insu de la communauté. Avant d'annoncer le projet, des interrogations ont pour but de régir la dimension affective, sexuelle, religieuse de l'union envisagée. La question 17 de l'entrevue se lit comme suit : « Y a-t-il longtemps que vous n'avez été à confesse ? » Dans le cas où les futurs « ont négligé ce devoir, il faut les presser de le remplir, leur conseiller même une confession générale [...] et leur faire voir les suites malheureuses d'un mariage qui serait contracté dans le péché mortel ; enfin les avertir qu'elles seront obligées de présenter un billet de leur confession avant de se marier ». C'est vraisemblablement au cours de la confession prénuptiale que sont découverts les empêchements occultes de mariage. La question 16 vise à savoir si les futurs sont « suffisamment instruits de la doctrine chrétienne ». Quelles que soient les réponses, le curé ne doit « pas procéder à la dernière publication avant d'avoir vu les parties elles-mêmes et de les avoir entretenues avec la chasteté et la modestie convenables pour les assurer de leurs dispositions ». Ainsi prend place l'admonition prénuptiale dont il a été question dans un autre livre[42]. S'il y a contrat de mariage, le notaire a été convoqué pour en rédiger les éléments « ordinairement le dimanche précédant la noce[43] ».

Les mariages sont inégalement répartis dans le cycle annuel. D'un côté, le calendrier liturgique interdit de célébrer depuis le commencement de l'Avent jusqu'à l'Épiphanie et depuis le début du Carême jusqu'à la Quasimodo. L'évêque accorde des dispenses du temps prohibé pour divers motifs, par exemple pour dissimuler une conception prénuptiale. Mais la levée de l'interdit n'est pas toujours fondée sur des considérations morales. Quand le curé de La Prairie demande, le 13 mars 1818, une dispense en faveur de sa paroissienne, Sophie Raymond, et du bourgeois Joseph Masson de Terrebonne, il invoque « la crainte qu'il [Masson] ne puisse traverser à Laprairie après la Quasimodo », à cause du dégel[44]. Si la fonte des neiges est la cause de quelques anticipations, les aléas de l'économie influencent bien davantage le rythme des mariages. Le cycle des travaux agricoles apparaît comme un des éléments qui conditionnent la distribution annuelle des mariages. La fin de l'automne, surtout novembre, précédant l'Avent, et les semaines hivernales avant le Carême constituent les temps forts des engagements matrimoniaux[45]. L'alternance des récoltes abondantes et des années de disette exerce aussi une influence déterminante : « La mauvaise récolte [de 1816] a arrêté beaucoup de mariages, mais l'apparence de la bonne va les mettre en train » remarque le curé de Rivière-Ouelle en septembre 1817.

On ne célèbre pas de messe de mariage le samedi, de peur que le prolongement de la noce n'occasionne des réjouissances le lendemain, dimanche. Il est interdit de se marier le vendredi,

---

42. Serge GAGNON, op. cit., p. 87-92.

43. Joseph-Edmond ROY, Histoire de la seigneurie de Lauzon, t. IV, p. 189.

44. La cérémonie a eu lieu le 6 avril. Voir Henri MASSON, Joseph Masson, dernier seigneur de Terrebonne, 1791-1847, p. 38.

45. Allan GREER, op. cit., p. 49.

jour maigre, en mémoire de la mort du Christ. En France, le jeudi est « réputé néfaste dans les croyances populaires ». On ne saurait dire si cette superstition existait au Bas-Canada où fréquemment « on se mariait le mardi », comme dans l'ancienne mère patrie[46]. Ce jour de la semaine fut fixé par Mgr Hubert. La décision fut-elle du goût des habitants ? « Il est difficile, pour un jeune homme de tenir la charrue le lundi quand il pense que le lendemain il sera un homme marié » écrit l'historien de la seigneurie de Lauzon, reprenant à son compte l'opinion du coadjuteur Bailly de Messein, opposé aux vues de son supérieur : « Les noces qui n'étaient que de deux jours, le dimanche et le lundi, le furent bientôt de trois et de quatre parce que les habitants les anticipaient[47]. » En voulant éviter que le dimanche ne soit consacré aux préparatifs immédiats, l'évêque mécontenta plus d'une famille ; pour les ruraux, le dimanche, jour de chômage forcé, pouvait servir à d'autres fins que la prière. En 1821, dans la région montréalaise, « la routine du lundi est presque générale » constate l'évêque Lartigue. Comme les sulpiciens y sont favorables, il s'attend à des résistances au changement qu'il veut proposer. Surprise : « Partout on accepte de marier le mardi », se réjouit-il au cours de sa première visite pastorale.

Des familles réclament parfois le privilège de célébrer le lundi. En 1826, le curé Chaboillez de Longueuil hésite à le permettre à Édouard Perras de La Prairie qui va épouser sa paroissienne Françoise Patenaude. Depuis la visite de Mgr Panet, huit ans plus tôt, le « jour fixé pour la célébration des mariages a été changé, à son désir, du lundi au mardi ». Le curé croit qu'acquiescer à la demande le « mettrait dans la nécessité de le faire à l'avenir pour tous ceux qui voudraient en faire autant ». Pierre Joyer, curé de Saint-Sulpice de 1806 à 1815, avait l'habitude d'y célébrer les mariages le mardi. À Sorel, où il vient d'être affecté,

---

46. Voir : Martine SEGALEN, *Sociologie de la famille*, p. 104 ; François LEBRUN, *La vie conjugale sous l'Ancien Régime*, p. 41.

47. Joseph-Edmond ROY, *op. cit.*, p. 188.

on voudrait se marier le lundi, d'où son embarras : « quand le mariage se fait le lundi, les habitants font la cuisine le dimanche [...] quand il y a dispense de deux bans on a bien peu de temps pour découvrir les empêchements qui de temps à autre ne sont découverts qu'après le mariage, et après cela on a toutes les peines du monde à remarier les gens ». Joyer pense pouvoir passer du lundi au mardi sans trop d'opposition. Mais il hésite. N'a-t-il pas été autrefois blâmé par le vicaire général de Montréal pour avoir ainsi décidé à Saint-Sulpice ? Ses « voisins marient le lundi ». Il demande à son supérieur d'éclairer sa décision. Le chef du diocèse l'incite au changement :

> Il est libre à tout curé de fixer le mardi au lieu du lundi pour le jour ordinaire des mariages. La raison que vous donnez n'est pas la meilleure. En voici deux plus dignes d'être considérées, la première que les mariages du lundi donnent occasion de passer le contrat le dimanche ; la seconde que quand il y a eu des publications faites dans d'autres paroisses, le certificat n'arrive pas assez tôt ou est délivré contre les règles, le jour même de la dernière publication.

La raison populaire a souvent préséance sur la rationalité cléricale. Dans la centaine de paroisses du diocèse de Montréal, au lendemain des révoltes patriotes, on célèbre le lundi à Repentigny, Saint-Laurent, Saint-Joseph-de-la-Rivière-des-Prairies, Pointe-Claire, Saint-Jacques-le-Mineur, Saint-Isidore de Châteauguay, Lachine, Saint-André d'Argenteuil, Saint-Benoît, Saint-Hermas, Saint-Augustin, ainsi que dans les réserves amérindiennes de Caughnawaga et de Saint-Régis. Dans huit paroisses, on célèbre tantôt le lundi, tantôt le mardi qui est la seule journée des mariages pour la majorité des unités pastorales[48].

---

48. À La Prairie, entre 1845 et 1877, « 69 % des mariages se célèbrent le mardi, et 28 % le lundi ; à Sainte-Brigitte de Montréal, de 1905 à 1914, 48,23 % des mariages ont lieu le lundi et 34,23 % le mardi ». (Philippe SYLVAIN et Nive VOISINE, op. cit., t. 2, p. 339.)

Les cérémonies sans publication ont lieu de préférence « en tout autre jour que celui qui est ordinairement assigné » afin de « déconcerter les curieux ». Il semble que personne n'ait jamais souhaité se marier les mercredis ou jeudis. De très rares demandes de s'unir le dimanche ont généralement fait l'objet d'un refus.

La cérémonie se déroule exceptionnellement avant l'aube ou après le crépuscule quand les prêtres ou les familles veulent soit dérober une mariée enceinte au regard de la communauté, soit éviter le commérage sur la trop grande disparité d'âge ou le mariage précipité d'un veuf ou d'une veuve. Les mariages du soir agacent l'épiscopat : « Je ne crois pas l'avoir permis deux fois [à Québec] depuis douze ans » déclare l'évêque en 1809. En 1813, le sulpicien Roux, vicaire général de Montréal, confie à ce dernier : « Il y a environ quinze ans, qu'on a absolument cessé de [...] permettre » les mariages le soir.

En 1792, l'évêque exprime sa préférence pour l'avant-midi afin de « procurer aux époux l'avantage d'assister à la messe le jour de leurs noces ». Jeûne eucharistique oblige, le curé doit être à jeun depuis minuit pour célébrer la messe. Il est exceptionnel que la cérémonie se déroule en fin de matinée. Le 17 février 1829, le curé de Rimouski reçoit de Mgr Panet les directives que voici :

> Je ne puis vous permettre de faire les mariages sans dire la messe pour ceux [...] qui sont trop éloignés pour se rendre à l'église à 10 heures du matin, mais [...] je ne veux pas vous permettre de donner la bénédiction nuptiale hors de la messe, ni de faire les mariages l'après-midi. Si vous voulez bien les attendre jusqu'à 11 heures et demie pour leur dire la messe, vous pourriez la continuer jusqu'à l'après-midi et leur donner à cette messe la bénédiction nuptiale.

N'insistons pas. Ce sont des horaires exceptionnels. Selon un témoignage de 1818, on marie, du moins dans l'ouest du Québec, « après 7 heures en hiver, et 9 en été ».

La cérémonie peut se faire sans messe parce que les mariés arrivent en retard, que le curé est indisposé ou qu'une sépulture fait concurrence aux épousailles : « Donner la bénédiction nuptiale pendant le service même, comme on dit que quelques-uns se sont avisés de le faire, est un mélange de cérémonie lugubre et de cérémonie joyeuse, qui ne convient nullement. » Telle est l'opinion que l'évêque partage avec le vicaire général de Montréal avant la nomination de l'auxiliaire Lartigue. Que la cérémonie soit réduite à un simple échange de consentements devant témoins (hommes ou femmes), comme la loi l'exige, ne devrait pas priver l'épouse d'une bénédiction spéciale. On doit « réciter sur l'épouse *extra missam*, la bénédiction que l'on a coutume de lui donner après le *Pater*. Il y a sans doute quelque fruit attaché à cette bénédiction, pourquoi l'en frustrer ? » Telle est la remarque adressée au curé de Pointe-Claire qui, « pendant deux mardis consécutifs » en 1817, a célébré des mariages sans messe, parce qu'il y avait « des services et enterrements ». Une veuve ou une jeune fille ayant perdu sa virginité n'a pas droit à la bénédiction spéciale ; ainsi le veut le rituel qui ne prévoit pourtant pas tous les cas d'espèce : « Doit-on [...] donner la bénédiction nuptiale, quand l'épouse est tombée autrefois en faute, mais que son péché paraît oublié ou inconnu d'une partie des assistants ? » À ce problème soulevé en 1811 par le curé de La Prairie, l'évêque propose une solution libérale : on peut bénir l'épouse lorsque sa « faute n'est pas publique. Peu importe si elle l'a été autrefois. Il suffit qu'elle soit ignorée de la plupart des assistants. »

La cérémonie religieuse

« Le jour du mariage venu, le futur époux se rend de grand matin à la maison de la future épouse avec tous les parents et amis des deux parties, et font à leur façon le compliment à la future épouse sur son mariage. » Ainsi commence le récit d'un mariage paysan à l'île d'Orléans, rapporté par un étudiant en droit, Nicolas-Gaspard Boisseau (1765-1842), fils d'un fonctionnaire de la justice[49]. À la fin du XVIIIᵉ siècle, le jeune homme participe à un mariage en dehors de sa classe sociale. D'une précision toute ethnograhique, sa description est traversée par les goûts et dégoûts de son milieu. D'où l'intérêt de son témoignage pour connaître la culture populaire.

Après le compliment à la mariée, Boisseau raconte : « Vers les sept heures du matin, la future épouse conduite par son père ou plus proche parent, ainsi que le futur époux, s'embarquent dans leur voiture avec tous leurs autres parents et se rendent (deux ou trois par voiture) à l'église de la paroisse de la future épouse. » L'intérieur de l'église a peut-être été décoré, particulièrement si les familles sont à l'aise. À la fin de mars 1798, un négociant de Québec épouse une demoiselle de Verchères. L'instituteur de la paroisse, qui fait office de sacristain, note dans ses carnets auto-biographiques : « J'avais préparé la veille un tapis violet sur la balustre, un tapis sous les pieds avec deux fauteuils, deux chandeliers d'argent et cierges au bout [...]. Le matin je fis un bouquet de giroflée à la mariée[50]. »

Les futurs sont à jeun, « autant qu'il se pourra [...] et vêtus modestement[51] ». En arrivant à l'église, l'époux remet au célébrant « un certificat de publication de bans », quand le projet a été annoncé « dans une autre paroisse ». La cérémonie débute par une exhortation sur la grandeur du sacrement qui transforme les époux quand chacun s'y présente « purifié de tout péché mortel, par une bonne et sincère confession ». Le célébrant proclame que saint Paul « recommande aux maris d'aimer leur femme

49. Sur le père, voir André LACHANCE, « Boisseau, Nicolas-Gaspard », *Dictionnaire biographique du Canada*, vol. V, p. 99-100. Sur le narrateur, voir Serge GAGNON, « Boisseau, Nicolas-Gaspard », *Dictionnaire biographique du Canada*, vol. VII, p. 97-98.

50. *Mémoires de Labadie*, cahier 2. Pour plus de renseignements, voir Serge GAGNON, « Labadie, Louis », *Dictionnaire biographique du Canada*, vol. VI, p. 417-419.

51. Selon le rituel qui nous sert de guide pour reconstituer la cérémonie religieuse : DIOCÈSE DE QUÉBEC, *Extrait du rituel de Québec* [...], p. 224-235.

comme Jésus-Christ a aimé son Église ». Les épouses sont invitées à « témoigner à leur mari la même soumission et la même tendresse que l'Église a eues pour Jésus-Christ ». Le célébrant énumère les « obligations » réciproques des conjoints. Le devoir d'aimer[52], de fidélité mutuelle est la première responsabilité énoncée devant les mariés. Les époux sont exhortés à se « secourir mutuellement » afin de mieux traverser « les peines et les incommodités de la vie. Vous êtes encore obligés, poursuit le prêtre, de supporter avec patience vos défauts, vos imperfections et vos infirmités réciproques. » L'obligation de donner la vie ferme la liste des devoirs et finalités du mariage.

Imprimée en 1836, l'exhortation que nous venons de résumer marque une évolution remarquable par rapport au discours prescrit par Mgr de Saint-Vallier dans son rituel paru au début du XVIIIe siècle. Les époux se faisaient dire devant l'autel que le mariage avait été institué 1) pour procréer, 2) pour le soutien mutuel « dans les peines et les besoins de la vie », 3) pour « modérer la concupiscence et y servir de remède ». Vraisemblablement depuis les premières décennies du XIXe siècle, l'amour mutuel, l'inclination réciproque ont préséance sur le devoir de procréer. Cette conception moderne a marqué non seulement l'exhortation faite aux époux au moment du mariage, mais aussi l'admonition prénuptiale, comme nous l'avons noté dans *Plaisir d'amour et crainte de Dieu*.

L'échange de consentements succède à l'exhortation. La question adressée à chaque époux est directe : « prenez-vous »

---

52. L'amour comme devoir peut choquer le lecteur d'aujourd'hui parce que nous confondons amour et désir sexuel. Une partie de la littérature psychologique contemporaine reconnaît pourtant, comme le poète Gilles Vigneault, que l'amour est exigeant et difficile. Généralement, on y distingue le sentiment du désir. « L'équilibre dans le couple résultera de la part qui sera faite à la logique du plaisir qui veut l'appropriation de l'autre et à la logique de l'amour qui est transformation de ce plaisir en don, c'est-à-dire en dé-possession. » (Michel RICHARD, *Besoins et désir en société de consommation*, p. 35.) Cette conception dialectique de l'amour humain a été répandue depuis le milieu des années 1950 par le psychanalyste Erich FROMM, *L'art d'aimer*.

pour époux, pour épouse, et non pas « voulez-vous prendre ». Ici, « *le curé doit être fort attentif à ce que les deux contractants, et surtout l'épouse, si elle est encore jeune* » expriment un « oui monsieur » bien audible « *de manière à ne laisser aucun doute sur la liberté de leur consentement* [...] *s'il y avait la moindre apparence que l'un ou l'autre des contractants ne consentît pas pleinement, il faudrait tout suspendre* ». Les mariés se conjoignent par un oui « ou au moins par signes sensibles, s'ils ne peuvent parler ». L'évêque explique en 1806 : « S'il est vrai que l'on puisse donner son consentement au mariage autrement que par des paroles, comme font les muets, ce consentement ne peut-il pas aussi être entendu autrement que par les oreilles ? La porrection de l'anneau, la jonction des mains que font les époux, ne sont-elles pas, aux yeux des assistants, des marques aussi certaines du consentement des époux, que s'ils entendaient les paroles par lesquelles ils contractent ? » Le célébrant, « n'ayant aucun lieu de douter du consentement des époux », bénit « l'anneau nuptial ». L'épouse ayant « reçu l'anneau », les mariés se donnent « la main droite l'un à l'autre » pour recevoir du prêtre le « *conjugo vos in matrimonium* ». Après la messe, si des enfants sont nés du couple – chose rarissime –, il faut procéder à leur légitimation. Selon un manuel de 1830, « l'enfant à légitimer est placé auprès des époux. Le curé récitera une prière reproduite au rituel[53]. » Les nouveaux mariés, déjà parents, n'ont pas nécessairement vécu en union libre. En octobre 1827, le curé de Saint-Pierre de Montmagny doit « recevoir un nouveau consentement de mariage » d'Étienne Simoneau et de Victorine Dandurand, ci-devant paroissiens de Saint-Luc, région du Richelieu. Ils s'étaient épousés à L'Acadie sans la permission de leur propre curé. Mgr Panet indique au desservant de Saint-Pierre comment doit se dérouler la réhabilitation du mariage : « Il ne sera pas nécessaire d'en faire un acte sur le registre, mais un écrit simplement signé de vous et des deux témoins avec mention de notre présente permission lequel écrit nous sera envoyé pour

---

53. Thomas MAGUIRE, *op. cit.*, p. 132-133.

être mis au rang de nos archives et y avoir recours en cas de contestation au civil à l'égard de ce mariage. »

Le vice de procédure antérieur ayant tout l'air d'avoir déplu davantage à Dieu qu'au législateur, le couple est soumis à « une pénitence secrète et salutaire [...] pour la faute [...] commise en habitant ensemble, malgré l'avertissement qu'on leur avait donné de la nullité de leur mariage ». Le document conservé à l'évêché porte la date de réhabilitation : les époux « ont confessé être procréée d'eux [...] une fille nommé Rosalie, baptisée en cette paroisse le vingt-deux août dernier [nous sommes le 3 octobre] qu'ils reconnaissent par ce présent acte [de réhabilitation] être habile à leur succéder en tous leurs biens, noms, maison et actions ».

La cérémonie terminée, le curé procède à l'enregistrement. Depuis la fin du XVIIIe siècle, la loi civile n'exige plus que deux témoins au lieu de quatre[54], mais elle n'interdit pas qu'il y en ait davantage. Selon Boisseau, notre narrateur, les nouveaux mariés vont signer le registre « avec toute leur suite à la maison presbytérale ». Le lieu des signatures a certainement varié. On a probablement enregistré à la sacristie quand l'église en est pourvue. Le registre dit « de catholicité » est conservé dans les archives paroissiales. Le registre de l'état civil « se porte tous les ans au greffe des Archives dans la ville de Québec », selon Nicolas-Gaspard Boisseau qui décrit un mariage à l'île d'Orléans.

Idéalement, l'acte mentionne la date du mariage, la dispense de bans s'il y a lieu, le nom de la ou des paroisses où l'annonce du mariage a été publiée, les nom, prénom, profession, domicile du marié. Si les conjoints sont majeurs – renseignement porté au registre –, les nom, prénom, profession, domicile du père ainsi que les nom et prénom de la mère de chacun des conjoints sont transcrits. Le curé indique également si l'un ou l'autre des parents est décédé. « Si les contractants étaient

---

54. Depuis le « statut provincial de la 35e George III ». (*Ibid.*, p. 139.)

veufs », le rédacteur donne les nom, prénom, profession et domicile du défunt, omettant, pour le futur, le domicile et la profession de l'épouse décédée. Si les mariés sont mineurs ou orphelins, on doit aussi marquer « l'agrément des parents desdites parties » ou encore celui du tuteur ainsi que son domicile. Toute dispense d'empêchement, de quelque nature qu'elle soit, doit figurer au registre. Le degré de consanguinité et d'affinité doit être indiqué quand il s'agit d'un empêchement de parenté. Le rédacteur termine par « vu enfin qu'il ne s'est découvert aucun autre empêchement, nous soussigné, etc.[55] ». L'acte-modèle contient beaucoup plus de renseignements que ceux qui sont requis en droit civil. L'État exige le nom des parents seulement lorsque les époux sont mineurs. Quand ils sont veufs, il n'est pas non plus nécessaire de mentionner le nom du ou des défunts. Dans quelle mesure les informations obligatoires ou facultatives ont-elles été enregistrées ? Les historiens-démographes nous le diront, puisqu'ils dépouillent, de préférence, le registre de catholicité, plus détaillé que le double déposé au greffe.

La noce paysanne[56]

En 1798, Joseph-Octave Plessis note que « les solennités des noces sauvages ne sont pas fort bruyantes pour l'ordinaire ». Le mariage à l'occidentale est en revanche une fête populaire fréquemment dénoncée par l'épiscopat et l'austère curé de campagne. Est-ce à dire qu'il « n'y avait pas de véritable noce à moins qu'elle ne durât trois jours et trois nuits », ainsi que l'a écrit un historien[57] ? Il y a sûrement eu beaucoup plus de mariages sans faste que de bombances spectaculaires au sein du petit peuple des campagnes. Mais les historiens, à l'égal de leurs lecteurs, aiment parfois le spectacle !

---

55. La description de l'acte-modèle est tirée de Thomas MAGUIRE, op. cit., p. 233-236.
56. Le mariage paraît avoir été moins ritualisé à la ville. Jacques MATHIEU et Jacques LACOURSIÈRE, op. cit., p. 158, citent un témoignage de 1820.
57. Joseph-Edmond ROY, op. cit., p. 187-188.

Que la fête commence ! Après avoir satisfait le Dieu du ciel et les princes de ce monde, le peuple s'adonne à un cérémonial de son cru. Écoutons le jeune bourgeois Boisseau raconter, ébahi, la noce des rustres. De retour de l'église,

ne serait-il que dix ou onze heures, ils se mettent tous à table, excepté le marié, son beau-père, et sa belle-mère qui restent debout et servent la mariée qui est au haut de la table, ayant à ses côtés son frère ou autre proche parent, et la sœur ou autre parente du marié, qu'ils nomment garçon et fille d'honneur pour les cérémonies de la noce ; le nombre des conviés est toujours près de cent personnes.

Le repas est toujours composé de pièces de lard frais et de moutons qu'ils font cuire dans le four, ou qu'ils font bouillir, les deux seules manières de faire cuire leur viande, ils ont aussi quelquefois mais très rarement des volailles.

Vers le milieu du repas, ils font chanter la mariée, qui le fait bien ou mal, et chacun ensuite chante sa chanson qui ne finit guère sans boire un coup d'eau-de-vie, étant la seule liqueur qu'ils y boivent, et ce en grande quantité.

Lorque les esprits commencent à s'échauffer, on voit avec un œil surpris le père s'approcher de son fils qui quelquefois n'a pas quinze ans, on le voit, dis-je, boire avec lui pendant plus d'une heure et se saluer réciproquement, et déchirer avec un appétit incroyable des morceaux de viande d'une énorme grosseur, ainsi que des pâtés à demi-cuits composés de pommes et de mélasse qu'ils trouvent meilleurs que nous des chapons rôtis ; ce qui me surprend le plus c'est qu'ils en sont rarement incommodés ; il faut croire que l'eau-de-vie qu'ils boivent recuit les aliments qu'ils mangent et les fait digérer aussitôt. J'en ai cependant vu un qui en fut malade. Je lui conseillai de boire de l'eau chaude ; quand il m'entendit parler d'eau chaude il se mit à rire, et demanda au contraire encore à manger, cela, me dit-il, fera passer le reste.

Le dîner de la noce fait, qui dure environ une heure et demie, le garçon d'honneur tenant un gant va prendre le marié par la main, et la fille d'honneur la mariée et les conduisent ainsi au milieu de la chambre, où un mauvais joueur de violon les fait danser un menuet. Dès qu'ils ont fini, on prie quatre autres couples qui dansent aussi tous ensemble 4 menuets, dans une chambre qui souvent n'a pas dix pieds en carré. Je fus prié un jour à une de ces noces et je me perdis si bien en dansant de la sorte, que je ne pouvais plus trouver un partenaire. Quant à eux ils sont si bien accoutumés qu'ils ne se trompent jamais.

La fête continue. Après le souper, une « foule » de jeunes, garçons et filles, arrivent pour danser. On les appelle les « survenants. Les jeunes gens ont pour coutume et ne manquent jamais de porter chacun une bouteille d'eau-de-vie sous le bras qu'ils cachent autour de la maison de la mariée, ou dans les bûchers, et vont de temps à autre boire un coup pendant la danse.» Boisseau ouvre ici une autre parenthèse : on ne boit pas ainsi dans sa classe. Curieux, il a demandé pourquoi « on ne voit jamais de vin dans un repas [...] le vin n'a pas assez de force », s'est-il fait répondre, comme s'il fallait à ces paysans, soumis au prince, au seigneur, au marchand, une boisson capable de renverser, dans l'ordre symbolique de la fête, l'ordre social qui les humilie... « Mais je m'écarte, ce me semble, de mon sujet » reprend aussitôt le narrateur dont le père a épousé deux filles de seigneurs alors que lui-même va se marier, en 1790, avec une femme de l'aristocratique famille Aubert de Gaspé.

La noce décrite par Boisseau[58] est vraisemblablement représentative des grandes festivités dont seules étaient capables les familles tant soit peu opulentes. En 1820, à Charlesbourg, une noce dure trois jours et trois nuits. « Le vieux Bourret n'avait que deux filles » et estimait avoir les moyens de les marier de belle manière. Il y fallut plusieurs maisons : l'une pour danser, une autre pour dormir, une troisième pour cuisiner et faire ripaille. La noce des Bourret fut surpassée. Cinquante ans plus tard, un riche cultivateur de Saint-Jean-Port-Joli fit durer trois semaines les noces simultanées de sa fille et de son fils cadet[59].

58. La description est extraite des *Mémoires de Nicolas-Gaspard Boisseau, 1787-1789* (2 vol.). Le manuscrit est subdivisé en 161 songes ; la noce en est le soixante-neuvième. Voir Archives nationales du Canada, MG 23, GV, 1.

59. Jean PROVENCHER, *C'était l'hiver*, p. 138-139.

Le clergé met en œuvre plus d'une stratégie pour éteindre la concupiscence festive des noceurs. À l'église, l'exhortation aux époux, reproduite dans le rituel de 1836, se termine par cet avertissement : « vous bannirez de vos noces tout ce qui pourrait être contraire à la décence et à la modestie chrétienne ». Peu d'habitants paraissent avoir sollicité la bénédiction du lit nuptial. Cette coutume visait à sacraliser la rencontre sexuelle ainsi qu'à exorciser les maléfices jugés responsables de l'impuissance ou de la stérilité[60]. La bénédiction du lit dût-elle avoir lieu qu'elle aurait marqué la fête populaire d'une austérité malséante, puisque le rituel en fixait la cérémonie au retour de l'église...

À plusieurs reprises, des prêtres de campagne sollicitent l'appui épiscopal pour faire cesser la venue des survenants aux noces. Au milieu des années 1790, le curé de Saint-Pierre et desservant de Saint-Laurent, île d'Orléans, publie en chaire la condamnation épiscopale de la coutume. Les fidèles de sa paroisse se soumettent, mais ceux de la communauté voisine « n'en ont tenu aucun compte et y ont manqué chaque fois que l'occasion s'en est présentée. Les jeunes gens s'en moquent et les maîtres de maisons disent qu'ils n'ont pas la force de refuser ceux qui veulent entrer. » Les paroissiens de Saint-Pierre ne persévèrent pas. En 1809, leur curé annonce à l'évêque : « S'il se fait une noce, tous les jeunes gens d'un bout à l'autre de la paroisse y courent en foule. » Saint-Laurent est désormais pourvu d'un curé résident aussi déçu par les survenants que son confrère de Saint-Pierre. Certains viennent « recevoir les sacrements la veille de ces assemblées ». D'autres demandent pardon le lendemain de la veille. « Quelle religion matérielle ! » s'exclame le curé déterminé à leur refuser l'absolution. L'évêque le seconde par une lettre pastorale dans laquelle « l'amour du monde et de ses vanités » s'oppose à « l'esprit de religion » et aux « bonnes mœurs » :

---

60. Robert-Lionel Séguin, *La civilisation traditionnelle de l'« habitant » aux 17ᵉ et 18ᵉ siècles*, p. 45-46.

Que des frères ou des sœurs ou de proches parents ou des voisins connus se réunissent quelquefois pour célébrer un mariage et prennent ensemble quelqu'un de ces amusements licites et honnêtes que l'usage semble avoir consacrés, qui ne se prolongent pas fort avant dans la nuit et dans lesquels les lois de la modestie et de la tempérance chrétienne sont rigoureusement observées, c'est ce que nous sommes bien éloignés de reprendre et de censurer. Mais qu'à l'occasion d'un mariage qui est toujours ou qui doit toujours être une chose sainte, on voie des jeunes gens de différent sexe, étrangers les uns aux autres, se présenter en survenants, faire des marches et des promenades nocturnes qui les exposent à mille dangers, qu'ils aillent prendre part à des noces auxquelles ils ne sont pas invités, qu'ils y soient conduits par un esprit de dissipation et de libertinage et qu'ils s'y livrent à l'intempérance, à la dissipation et à toutes les familiarités que la concupiscence inspire, et que des pères et des mères souffrent tranquillement ces excès sans se mettre aucunement en devoir de les réprimer, c'est Nos très chers frères l'imprudence la plus coupable et la plus extravagante dans laquelle ils puissent tomber. Vos enfants sont-ils à vous ou à Dieu ? [...] Aimez-vous vos enfants ? Mais si vous les aimez comment pouvez-vous souffrir que par leurs déportements ils s'exposent à la damnation éternelle ? [...] Enfants pervers [...] vous ne seriez pas si ardents pour les plaisirs et les divertissements du monde, si vous songiez que dans le moment même où vous vous y livrez, il y a un grand nombre de chrétiens plongés dans l'inquiétude [...] il y en a enfin qui brûlent dans l'enfer pour être tombés dans les mêmes désordres que vous.

Un incendie allumé par la concupiscence paysanne paraît être maîtrisé dans l'île que le ça[61] populaire en allume un autre ailleurs. En 1788, le curé de Sainte-Anne-de-la-Pocatière dénonce les survenants. En 1797, les survenants de Deschambault désolent le curé parce qu'ils ont l'habitude « de transporter beaucoup de boisson avec eux ». La répression paraît d'autant plus inefficace que certains prêtres sont moins sévères que d'autres.

---

61. La concupiscence est un terme emprunté à la tradition chrétienne, qui correspond au ça des psychanalystes : « Le ça [...] constitue ce fond pulsionnel, instinctuel [...] directement en rapport avec le corps dans lequel il puise ses énergies [...]. Le ça se voit allouer toutes les pulsions sexuelles. » (Jean-Pierre TREMPE, Lexique de la psychanalyse, p. 12.)

Les habitants profitent de ce manque d'unanimité pour faire comme bon leur semble.

La lutte contre les noces jugées immorales s'apparente au combat tout aussi inutile livré contre la danse, les veillées et autres rassemblements festifs comme la fête solennelle des saints patrons de paroisses, souvent abolie parce que le plaisir y mettait la prière en retrait[62]. Un manuel du curé de campagne paru en 1830 réprouve d'une même envolée les noces et soirées de danse : « Quoique la plupart des réunions pour la danse soient condamnables, à raison des occasions de péché qu'elles présentent, les supérieurs ont décidé maintes fois que, dans nos campagnes comme dans les villes, elles peuvent, avec certaines restrictions, être permises aux noces, et de plus, dans ces petits rassemblements pour des repas auxquels les pères et mères, avec leurs enfants, se rendent sur invitation[63]. » Ces propos dénotent le réalisme d'un clergé las de prêcher dans le désert. Les curés rigoristes sont invités à plus de souplesse. Au milieu des années 1820, celui de Bonaventure et desservant de Paspébiac propose un plan de noces « chrétiennes ». Mgr Plessis réagit à ce règlement qu'il trouve « un peu trop sévère » et pointe du doigt les excès de zèle : « 1° [...] il n'admet point de parents au-delà du 2^d degré, 2° [...] il prononce trop en détail sur la toilette des filles, 3° [...] il annonce un refus de sacrements pour des choses qui pourraient n'être pas des péchés. » Conclusion épiscopale : « Un tel règlement devrait être donné comme direction et non comme loi. » Vingt ans plus tôt, le même évêque avait écrit au curé des Éboulements : « Les abus qui règnent dans les noces de votre paroisse ne sont pas une raison de refuser les dispenses. » La rigueur n'est pas indiquée lorsqu'elle laisse les fidèles indifférents, ou les rend hostiles.

---

62. Serge GAGNON, *op. cit.*, p. 72-78.
63. Thomas MAGUIRE, *op. cit.*, p. 74-75.

Au milieu du xixᵉ siècle, le prédicateur de retraites Alexis Mailloux croit le moment venu de donner le coup de grâce aux noces « païennes ». Des mariages chrétiens ne tolèrent pas d'invités à la « conduite scandaleuse ». Il faut proscrire « les mauvaises chansons, les mauvais discours, l'ivrognerie [...] tout ce qui peut être contraire *à la modestie et à l'honnêteté* prescrites » par le Concile de Trente. Au repas de noces, point de « gloutonneries [...] il n'est permis d'y faire qu'un *seul repas modeste, et convenable à la profession* de ceux qui marient leurs enfants ». Mailloux considère comme excessive la prolongation des « noces au-delà du jour du mariage, et encore plus au-delà de deux et même de trois jours ». Le moraliste dénonce les danses à plusieurs reprises dans ce *Manuel des parents chrétiens*, particulièrement celles qui sont « *bruyantes et lascives*. Mais quelles sont les danses qui ne sont *ni bruyantes ni lascives* ? En connaissez-vous quelqu'une ? » Le *Manuel* comporte un chapitre flamboyant sur la danse. La condamnation fait appel aux moyens les plus variés, même les cantiques :

> Funeste danse
> Qui séduis le cœur des humains,
> Quoiqu'innocente en apparence
> Toujours tu fis trembler les saints,
> Funeste danse.

Sept autres couplets sont commentés par le célèbre prédicateur des campagnes. Mailloux croit la danse plus dangereuse à l'occasion des mariages, « à cause de la joie à laquelle on s'y livre, et de la vue des nouveaux époux », surtout quand on danse après le crépuscule. La noce doit se terminer « avant la nuit, mauvaise conseillère, temps dangereux » pour les célibataires. Pour mieux convaincre, le moraliste assure ses lecteurs que déjà certaines familles se sont pliées à son mode d'emploi. La fin du *Manuel* stigmatise un passé maudit : « dans une foule de circonstances, les noces ont été, en ce pays, l'occasion de scandales épouvantables, et de dépenses énormes. Trois jours, et quelquefois plus, se passaient à boire, à manger, à chanter, à crier, danser, et souvent les nuits n'étaient pas plus tranquilles que les jours ! On revenait de ces noces, plus convenables à des païens qu'à des chrétiens, fatigué, épuisé, et la conscience chargée de beaucoup de péchés qu'on se reprochait à peine[64]. »

Le voyage de noces est extrêmement rare. Parti avec son épouse au lendemain de son mariage en compagnie du père (Amable Dionne) et des frères de sa femme, le bourgeois Jean-Charles Chapais représente une exception caractéristique de sa classe. La plupart du temps, la noce terminée, la mariée déménage dans la localité où est installé son mari. C'est ce qu'on appelle « règle de virilocalité », rarement transgressée par les mariages hypogamiques[65].

Le charivari

> [...] on évite les trop grandes disparités entre les conjoints quant à l'âge, à la fortune et à l'éducation reçue. De même doit-il s'écouler une période de deuil respectable avant de penser à se remarier. Les personnes faisant fi de ces règles s'exposent à un charivari[66].

Le charivari, cette foule tumultueuse qui mène vacarme jour et nuit jusqu'à la libération de ses victimes inquiète les prê-

---

64. Alexis MAILLOUX, op. cit., p. 185-188, 234-236 et 323.

65. Gérard BOUCHARD et Marc DE BRAEKELEER (dir.), Histoire d'un génôme, p. 87. « Hypergamique, hypogamique : se dit d'un mariage entre époux de statut social différent. En se plaçant d'un point de vue masculin, on dira ainsi qu'un mariage est « hypergamique » quand l'épouse a un statut supérieur à celui de son époux ; il sera « hypogamique » dans le cas inverse. » (André BURGUIÈRE et collab. (dir.), Histoire de la famille, t. 2, p. 553.)

66. Jean PROVENCHER, op. cit., p. 139-140. Nous empruntons d'autres renseignements à l'auteur qui renvoie, aux pages 140-145, aux principales études classiques du charivari. Il faudrait ajouter certains travaux anciens, comme Raymond BOYER, Les crimes et les châtiments au Canada français du XVIIᵉ au XXᵉ siècle, p. 323-325. Il y est fait mention de quelques charivaris urbains survenus au début du XIXᵉ siècle, dont celui de 1821, raconté par Edward Allen Talbot. Voir à ce sujet Jacques MATHIEU et Jacques LACOURSIÈRE, op. cit., p. 152.

tres et les politiques. Au xviie siècle, le premier évêque de Québec promulgue un mandement portant menace d'excommunication contre les charivarisants. Le document est lu au prône des églises paroissiales jusqu'au début du xixe siècle. Alors que l'Église y voit surtout une occasion de libertinage, l'État s'inquiète au nom d'une justice encore mal implantée dans les campagnes. Des victimes de charivaris se plaignent de préjudices à leur réputation, d'extorsion d'argent, de coups et blessures, de dommages à la propriété et autres méfaits. Des procès sont intentés aux chahuteurs, de sorte que la source judiciaire constitue, pour l'historien René Hardy, la principale filière d'information susceptible de renouveler notre connaissance du charivari[67].

Évaluer la fréquence des charivaris serait à peu près impossible. Ceux-ci n'ont pas toujours alerté les autorités judiciaires et religieuses. Un notaire de Terrebonne écrit au début des années 1830 que « l'endroit fournissait des charivaris de temps à autre ». Il en décrit un, survenu en janvier 1833, qui avait pour cible un veuf de 50 ans marié à une veuve de 68 ans :

> Le charivari tant appréhendé par les nouveaux mariés [...] a effectivement eu lieu depuis le soir de leur mariage jusqu'à hier inclusivement. Ce tintamarre n'était d'abord composé que de 7 à 8 personnes masquées ou déguisées et suivies par quelques curieux, mais ce nombre s'est ensuite accru jusqu'à une quinzaine et les spectateurs ont aussi augmenté en proportion ; de sorte que pour avoir la paix nos jeunes mariés ont été obligés d'employer un médiateur pour transiger avec ces messieurs sur les conditions de l'accommodement. Après avoir bien marchandé le marché a été finalement conclu ce matin et on est convenu qu'au moyen de trois louis, dont un pour défrayer les frais du charivari et les deux autres à être distribués aux pauvres de l'endroit, les nouveaux mariés pourront à l'avenir se livrer paisiblement à toutes les jouissances de leur union[68].

---

67. René HARDY, « Le charivari dans la sociabilité rurale québécoise au xixe siècle », dans Roger LEVASSEUR (dir.), De la sociabilité, p. 59-72.

68. Journal de François-Hyacinthe Séguin, notaire, Terrebonne, 1831-1833, p. 71 et 82-83. Voir Archives nationales du Canada, MG 24-1-109.

Voilà un charivari paisible. Le curé n'a peut-être pas cru bon d'intervenir. N'avait-il pas marié discrètement les deux veufs le soir, pour leur éviter des ennuis ? Point de dommages, non plus, au point de songer à des poursuites, et donc charivari absent des archives judiciaires...

C'est à La Prairie, en 1807, que paraît s'être déroulé l'un des plus importants charivaris ruraux de l'histoire bas-canadienne. Le 24 novembre, le curé raconte que, depuis une semaine, le tumulte reprend de plus belle tous les soirs : « Masques hideux, travestissements abominables de garçons en filles, profanation des cérémonies et chants funèbres de l'Église, toutes les horreurs ont été employées. » Les participants sont du village, parmi eux, quelques protestants, quelques habitants des paroisses voisines : « Enfants, jeunes gens, pères de famille, filles et femmes, presque tous [...] y ont pris part. » Malgré une colère dominicale donnée en spectacle du haut de la chaire, le curé ne parvient pas à stopper le chahut. Les manifestants ont mis en branle « une espèce de convoi funèbre auquel assistaient peutêtre cent personnes, dix environ sous le masque ».

Il fallut un mandement pour mettre fin à la fête. Privés des sacrements jusqu'à la réparation du scandale et des clôtures, les charivarisants sont invités à des exercices de repentance. Le calme revient le 25 novembre, après que les assiégés eurent versé l'amende exigée. Le curé, l'évêque réclament restitution : « Ils se sont fait un principe que cette extorsion était légitime en donnant une partie de l'argent aux pauvres. » Une longue trêve s'en est suivie, au cours de laquelle le curé a fixé et réparti des sommes à verser pour réparer les dommages. On fit savoir au prêtre que « le charivari se faisait partout et de tous temps », qu'il « n'était qu'un jeu d'enfants », qu'il n'y avait « qu'un petit nombre qui y prirent part ». Le curé avait cru les identifier. Se fiant au rapport de quelques délateurs et puisant dans ses souvenirs personnels, il dit connaître « 36 de ceux qui se sont masqués ; dont 5 seulement sont protestants [...]. Je peux produire pour témoins les soldats

[…] anglais cantonnés dans le village. » Impuissant à faire payer les « coupables », le desservant de La Prairie réduisit la facture, et finit par acquitter lui-même les frais de réparation…

La région du Richelieu fait partie des terroirs aux populations tièdes[69] où le charivari se pratique peut-être plus souvent qu'ailleurs. En 1825, le curé de Saint-Constant appréhende la tenue d'un premier charivari depuis qu'il dessert la paroisse (1816) : « nous sommes bien proches de Laprairie où il est bien connu, et où il vient de s'en finir un la semaine dernière ».

Des veufs, des veuves demandent la faveur d'un mariage discret, sans publication, sans noce, surtout si la richesse d'un partenaire âgé s'alliant à la beauté d'une personne plus jeune[70] fait craindre la vindicte populaire. En octobre 1811, le curé de Sainte-Marie de Beauce a

> été obligé de marier à huit heures du soir […]. Je fus surpris de voir les parties contractantes avec leurs témoins venir demander la bénédiction nuptiale. Je refusai, mais […] les raisons alléguées et les présents qu'ils ont faits autrefois à l'Église me déterminèrent […] persuadé que votre grandeur jugerait de mon embarras. Surtout pour éviter un scandale car la maladie de la femme venait d'une crainte réelle d'un charivari.

En février 1813, le curé de Saint-Cuthbert veut hâter le mariage de deux veufs, « vu la proximité du carême », temps prohibé pour la célébration des mariages. L'engagement « doit se faire sans aucune assemblée, la veuve ayant perdu son père dernièrement ». L'année suivante, à Trois-Rivières, le curé demande, le 30 novembre, de marier un aubergiste veuf avec une femme

---

69. Serge GAGNON, *op. cit.*, p. 60-72.

70. Dans la ville de Québec, durant la première moitié du XVIIIᵉ siècle, les femmes qui épousent des célibataires en deuxièmes noces ont en moyenne 34,2 ans au remariage et leur époux, 29,7 ans. Dans deux cas sur dix, l'écart dépasse dix ans. C'est dans une proportion de sept sur dix que les veufs se remarient avec des célibataires plus jeunes qu'eux de plus de dix ans. L'écart moyen pour les hommes est de 14 ans : leur âge moyen au remariage est de plus de 38 ans et ils épousent des célibataires dont l'âge moyen dépasse tout juste 24 ans. Voir Danielle GAUVREAU, *op. cit.*, p. 124-126.

de Louiseville. Le futur « craint et est déjà menacé de charivari s'il se marie ». L'Avent est aussi un temps interdit pour les mariages, de sorte qu'une dispense et un mariage privé, en décembre, déjoueraient les stratégies populaires. L'aubergiste dont le mariage est jugé nécessaire et pressant, « tant pour ses enfants que pour la conduite de sa maison », obtient gain de cause moyennant 150 # de componendes affectées au Séminaire de Nicolet et au paiement de la « rente d'assurance du couvent » des ursulines de Trois-Rivières.

Des charivaris sanctionnent quelquefois des manquements à la morale sexuelle catholique. Dès lors, pourquoi les prêtres ne laissent-ils pas l'événement suivre son cours ? Le vicaire général de Trois-Rivières pense que « les charivaris sont [...] scandaleux » depuis « que nous avons tant de vagabonds et de mauvais chrétiens ». Outre la crainte du libertinage, les pouvoirs religieux et civil craignaient que le peuple ne s'approprie subversivement une fonction judiciaire, normalement exercée par les minorités sociales dominantes.

La formation du couple est régie par l'État. Le notaire, en rédigeant le contrat de mariage, est témoin des engagements et transferts de biens nécessités par la formation d'un nouveau ménage. Si le cortège qui se met en branle vers l'église laisse une certaine initiative aux familles, le rituel ecclésiastique des engagements devant le prêtre n'est pas de facture populaire. Après la signature de l'acte de mariage qui tient lieu de preuve civile du contrat, à défaut d'acte notarié, les mariés accompagnés de leurs parents, peut-être de quelques amis, quittent l'église pour se livrer à la fête. Celle-ci dure parfois jusqu'à ce que s'épuisent les provisions d'aliments et de boissons. De leur côté, les mariés qui s'engagent à l'insu de la communauté deviennent parfois les victimes d'un charivari, dénoncé par les prêtres avec encore plus de vigueur que les noces « païennes ».

5

Malheur des unes, bonheur des autres ?

Nous ne savons pratiquement rien sur les neuf dixièmes de la population ayant vécu avant le XIXᵉ siècle, mis à part les faits bruts de leur état civil. De ce fait, l'histoire de la famille pour ce pourcentage de la population se trouvant au bas de l'échelle est essentiellement quantitative et statistique. Quant à l'élite, qui constitue le dixième ou le vingtième de l'ensemble, elle a laissé une foule de documents – lois, procès, testaments, contrats de mariages, écrits didactiques, journaux, nouvelles, correspondance familiale, autobiographies, journaux intimes, etc. C'est dans cette disproportion entre la masse des témoignages concernant une petite minorité et les renseignements tout à fait insuffisants pour la plus grande majorité de la population que réside l'irrémédiable faiblesse de l'histoire de la famille[1].

Connaître la vie du couple et de la famille dans les sociétés rurales prémodernes est une tâche difficile. Les classes populaires n'ont guère laissé de traces écrites et personnelles de leur vie privée. En revanche, nous sommes pour ainsi dire inondés de témoignages directs sur la vie privée des minorités élitaires. Correspondances et récits autobiographiques nous renseignent non seulement sur les événements et le quotidien, mais aussi sur les sentiments et les aspirations. De Jacques Solé à Peter Ward, quelle profusion de détails sur les joies et deuils des couples et des

---

1. Lawrence Stone, cité dans C. Vann Woodward, « L'interprétation du passé », *Dialogue*, n° 3, 1984, p. 51.

familles juchés au sommet de la hiérarchie sociale ! Avec la généralisation de l'école, l'écriture se répand dans les couches populaires. Pour le tournant du XXᵉ siècle[2], Denise Lemieux a rassemblé des récits intimes qui proviennent autant des familles du peuple que des foyers bourgeois. Nous n'avons pas eu cette chance. Jusque vers le milieu du XIXᵉ siècle, la très grande majorité des ruraux ne savent pas lire, encore moins écrire. Dès lors, l'historien est piégé par ses sources. Un peu comme les journalistes de nos cités médiatiques, il est informé des mésententes et des ruptures conjugales par des sources extrafamiliales. On aurait tort d'en conclure que la majorité des mariages populaires ont abouti à l'échec. Comme dit le proverbe, les couples heureux sont sans histoire. Il faudra se le rappeler en lisant l'enfilade d'échecs conjugaux que nous relatons plus loin. Ces drames ne sont pas représentatifs de l'ensemble. Pour la multitude, nous faisons l'hypothèse de la réussite conjugale, à condition de postuler que le bonheur n'existe pas. Car c'est le désir de bonheur qui nous habite. En bref, le bonheur existe, à condition de ne prendre ses désirs que pour des possibilités jamais réalisées.

Nous entendons ricaner Edward Shorter. N'a-t-il pas fait frissonner ses critiques en proclamant que les unions prémodernes étaient généralement sans joie, que les couples ne s'aimaient pas, que leur vie commune perdurait faute de moyens matériels et juridiques de rupture ? Que les couples engendraient beaucoup d'enfants qu'ils détestaient, mais mettaient néanmoins au monde, faute de posséder les moyens contraceptifs modernes et les procédés d'avortement sans danger qui sont les nôtres ?

---

2. Il faudrait citer une pléiade de travaux, à commencer par ceux de Lawrence STONE, notamment *The Family, Sex and Marriage in England, 1500-1800*. Voir aussi : Jacques SOLÉ, *L'amour en Occident à l'époque moderne* ; Peter WARD, *Courtship, Love and Marriage in Nineteenth-Century English Canada* ; Denise LEMIEUX, *Les femmes au tournant du siècle, 1880-1940*.

Certains l'ont noté, Shorter a confondu sentiment amoureux et pulsion sexuelle[3]. Au temps de Papineau, le bonheur ne se mesurait pas au nombre des orgasmes. C'est du moins ce que nous imaginons, sans chercher à convaincre les sceptiques opposés à cette vue des choses.

Les élites

> [...] le commissaire général Routh [...] a bal chez lui où il réunit la société canadienne en aussi grand nombre que la société anglaise [...]. Ce Mr. Routh est veuf [...] il a quarante-cinq ans et s'avise d'être amoureux mais très amoureux de Mlle Taschereau qui en a seize à dix-sept et qui est la plus jolie personne que je voie. Mais c'est une horreur dit Me. Taschereau une si grande différence d'âge, une si grande famille, un protestant non il n'en sera rien. La bonne maman [...] m'a persuadé [...] que son opposition était un calcul pour faire de meilleures conditions à sa fille [...]. Puisque les prêtres nous vendent le Ciel, moyennant les dispenses avec lesquelles vous couchez avec vos cousins sans péché je ne suis pas plus scandalisé, que les mères vendent leurs filles, car c'est aujourd'hui une marchandise bien commune en comparaison avec le nombre des épouseurs [Louis-Joseph Papineau à sa femme, 7 février 1829][4].

---

3. « La « révolution sexuelle » de Shorter est, à mon sens, plus évidente que sa révolution sentimentale. » (Maurice CRUBELLIER, L'enfance et la jeunesse dans la société française, 1800-1950, p. 332.) Cette réaction à Naissance de la famille moderne, XVIIIe-XXe siècles d'Edward SHORTER est plus posée que celles de J.H. PLUMB, The New York Times Book Review, 21 déc. 1975, section 7, p. 3, et de Jean-Pierre BARDET, Annales de démographie historique, 1978, p. 428-435. L'appréciation d'André BÉJIN, Cahiers internationaux de sociologie, vol. LXV, juill.-déc. 1978, p. 370-373, est aussi plus sereine.

4. Lettre reproduite dans le Rapport de l'archiviste de la province de Québec, 1953-1955, p. 265-266. Sir Randolph Isham Routh (1782-1858), contrôleur des dépenses militaires des Haut et Bas-Canada, a épousé la jeune fille le 16 janvier 1830. Voir Elinor Kyte SENIOR, « Routh, Sir Randolph Isham », Dictionnaire biographique du Canada, vol. VIII, p. 862-864. Sur le père de la mariée, voir Honorius PROVOST, « Taschereau, Jean-Thomas », Dictionnaire biographique du Canada, vol. VI, p. 828-829.

Quand on lit la partie conservée et accessible de la volumineuse correspondance échangée entre Louis-Joseph Papineau (1786-1871) et Julie Bruneau (1796-1862), sa femme[5], on n'a pas de peine à reconnaître l'amour qui unit les deux êtres. Les lettres du mari à sa « chère Julie », sa « bonne amie », expriment la douleur réelle d'une séparation physique imposée par les aléas de la vie politique. À la mort de Julie, l'ancien chef patriote, devenu seigneur de la Petite Nation aux confins de l'ouest québécois, exprime son « malheur de survivre » à son épouse : « Elle m'avait aimé, soigné, consolé, encouragé pendant quarante-cinq ans de mariage, épouse et mère aussi incessamment dévouée à tous ses devoirs qu'il est possible d'être[6]. »

Les Papineau se sont unis le 23 avril 1818. Louis-Joseph est de dix ans plus âgé que sa femme. Mais cet écart est courant chez les élites. Le riche marchand François Baby épouse, l'année de la naissance de Papineau, la fille du seigneur Charles-François de Lanaudière, 15 ans ; il en a 52[7]. Cas extrême qui rappelle celui de Christophe Pélissier, époux de Marie-Catherine Delezenne. Il en existe d'autres[8]. Des écarts de 10 à 15 ans sont courants dans la bourgeoisie comme dans l'aristocratie. Joseph Masson, 28 ans, l'ami de Papineau, se marie la même année que lui à Sophie Raymond, 19 ans[9]. Nous pourrions multiplier ces

5. La correspondance conservée aux Archives nationales du Québec a été éditée par Fernand Ouellet dans le *Rapport de l'archiviste de la province de Québec*, 1953-1955, p. 185-442 ; 1955-1957, p. 253-375 ; 1957-1959, p. 53-184.

6. Cité dans Fernand OUELLET, « Le destin de Julie Bruneau-Papineau (1796-1862) », *Bulletin des recherches historiques*, janv.-févr.-mars 1958, p. 9-10.

7. John CLARKE, « Baby, François », *Dictionnaire biographique du Canada*, vol. V, p. 46-51.

8. Toussaint Pothier épouse à 48 ans une mineure, fille de Philippe Pothier. Voir Philippe POTHIER, « Pothier, Toussaint », *Dictionnaire biographique du Canada*, vol. VII, p. 760-761. Le couple Routh-Taschereau évoqué au début de cette section est du nombre.

9. Henri MASSON, *Joseph Masson, dernier seigneur de Terrebonne, 1791-1847*, p. 38.

exemples qui contrastent avec les pratiques populaires[10]. En 1845, Lactance Papineau écrivait à Louis-Joseph, son père : « Les jeunes cavaliers d'aujourd'hui ont trente ans. On exige, avant tout, de la fortune. Les mariages d'inclination sont aussi rares qu'en Europe[11]. » Lactance savait-il que son père avait suivi la norme en se mariant au début de la trentaine avec une femme sensiblement plus jeune ?

Plus la disparité d'âge est élevée, plus il y de chances que l'amour et surtout la passion occupent moins de place que la raison qui préside à des mariages pragmatiques[12], une affaire parmi d'autres, régie par contrat. Quand l'écart est d'une quinzaine d'années ou plus, la future doit bien se douter qu'elle aura un jour un vieillard pour mari, en quête de soins et d'attentions. En revanche, elle est à peu près assurée d'une confortable sécurité matérielle et d'un statut économique enviable au décès de son mari, si elle lui survit. Souvenons-nous du mariage de Jean-Charles Chapais, 34 ans, avec une adolescente de 15 ans. Le couple démarre avec un capital respectable bonifié par une dot substantielle, 8 000 dollars, deux fois plus que les 4 000 versés par Papineau en faveur de sa fille Azélie, mariée à Napoléon Bourassa en 1857[13]. Le mariage Chapais-Dionne fut paisible, à l'abri du besoin[14]. Azélie, 23 ans, Napoléon, 30 ans, s'aimaient avec plus de fougue. Papineau ne réussit pas à détourner sa fille d'épouser un artiste. Ils vécurent souvent d'amour et de l'aide de Louis-Joseph[15]. Jamais Chapais ne fut aux crochets de son beau-père...

10. Pour des précisions statistiques sur la première moitié du xviiie siècle, voir Danielle GAUVREAU, Québec. Une ville et sa population au temps de la Nouvelle-France, p. 95-104.

11. Cité dans Brian YOUNG, George-Étienne Cartier, bourgeois montréalais, p. 54.

12. Peter WARD, op. cit., p. 58, reprend cette idée déjà exprimée par Peter Laslett et Edward Shorter.

13. Roger LE MOINE, Napoléon Bourassa, l'homme et l'artiste, p. 73.

14. Julienne BARNARD, Mémoires Chapais.

15. Roger LE MOINE, op. cit., chap. 4.

Le mariage d'un vieux garçon avec une jouvencelle met parfois en péril la paix du ménage. L'avocat et journaliste Pierre-Stanislas Bédard (1762-1829), prédécesseur de Papineau à la direction du Parti canadien, épouse, le 26 juillet 1796, Jeanne-Françoise-Louise-Luce Lajus, fille du chirurgien François Lajus de Québec[16]. Bédard a presque 34 ans, sa femme n'en a pas encore 18. Le caractère de l'époux, sa détention comme prisonnier politique, ses soucis financiers expliquent peut-être dans une large mesure la mésentente conjugale. Mais l'écart d'âge y a certainement contribué. Bédard gémit d'être subordonné à son épouse. À son avis, elle refuse « son état de femme » ; de guerre lasse, il avoue « n'être plus capable de la gouverner ». Après une vingtaine d'années de triste vie commune, les partenaires songent à une séparation finalement écartée. Résignés, ils endurent jusqu'au tombeau un mariage malheureux[17].

Louis-Joseph Papineau connut une union conjugale indéniablement plus épanouissante que celle de son prédécesseur à la tête du Parti canadien. Mariage réussi ? Si on eût interrogé le chef politique, il eût certainement répondu oui, bien avant de pleurer la mort de sa compagne. Sa femme aurait-elle fourni la même réponse ?

Papineau s'éloigne régulièrement du domicile conjugal. Son épouse trouve plus pénible que lui les absences prolongées. Durant les premières années du mariage, pendant que le mari fait des séjours de plusieurs mois à Québec, la capitale, gémissant sur le sort incertain de sa patrie bien-aimée, Julie, à Montréal, s'affaire aux soins de leurs jeunes enfants. D'une santé fragile, elle déplore souvent malaises, indispositions, maladies. Au cours des 15 premières années de son mariage, Julie traverse une dizaine

---

16. Thérèse-P. Lemay, « Lajus, François », *Dictionnaire biographique du Canada*, vol. IV, p. 466-467.

17. Fernand Ouellet, « Bédard, Pierre-Stanislas », *Dictionnaire biographique du Canada*, vol. VI, p. 45-53. Voir, du même auteur, *Le Bas-Canada, 1791-1840*, p. 130-132. Le renseignement sur l'âge de l'épouse est tiré de la généalogie des Lajus, *Bulletin des recherches historiques*, 1934, p. 246.

de maternités[18] qui doivent lui peser lourd. Quand elle se sent bien, l'un ou l'autre des enfants lui cause des inquiétudes, des nuits d'insomnie. En 1835, resté à Québec pour la période des fêtes, Papineau reçoit une de ces lettres remplies de tristesse, écrite le lendemain de Noël. Julie espère que, en ce temps de relâche, le chef patriote va lui écrire « plus souvent », n'ayant « que cela à faire et puis aller dîner aller au bal ». Julie s'ennuie. Elle n'a, dit-elle, « aucune distraction que des occupations ennuyeuses[19] ». D'autres tribulations l'attendent : les troubles de 1837-1838, l'exil de Papineau, rejoint par Julie, de lourdes maladies des enfants, des soucis financiers. Le retour en politique du mari revenu d'exil n'est pas très heureux. Papineau se replie dans la vie privée ; il réside jusqu'à sa mort dans la seigneurie de la Petite Nation, achetée de son père peu avant son mariage. Parce qu'elle aime Montréal, Julie l'accompagne avec peine. Dès que les circonstances le permettent, elle revient passer l'hiver à la ville[20]. L'ex-politicien, devenu gentilhomme et serein philosophe, est enfin réuni à sa deuxième compagne de vie, son imposante bibliothèque[21].

Les lettres de Julie transpirent la mélancolie. Dans ses moments d'abattement, la religion lui sert de bouée de sauvetage. Car l'espérance chrétienne est certainement pour cette femme éprouvée une valeur-refuge. Cinq ans après son mariage, elle écrit à son mari, en mission en Grande-Bretagne :

---

18. Fernand OUELLET, « Le destin de Julie Bruneau-Papineau (1796-1862) », *art. cit.*, p. 12-13. Jean-Jacques LEFEBVRE, « La vie sociale du grand Papineau », *Revue d'histoire de l'Amérique française*, mars 1958, p. 486, attribue neuf enfants au couple.

19. Cité dans le *Rapport de l'archiviste de la province de Québec*, 1957-1959, p. 71.

20. Roger LE MOINE, *op. cit.*, p. 64 et 76.

21. Outre les travaux déjà cités de Fernand Ouellet, notre reconstitution puise dans trois autres de ses études : *Louis-Joseph Papineau, un être divisé* ; *Papineau, textes choisis* ; « Papineau, Louis-Joseph », *Dictionnaire biographique du Canada*, vol. X, p. 619-633. Sur la bibliothèque, voir : Roger LE MOINE, *Le catalogue de la bibliothèque de Louis-Joseph Papineau*, ainsi que *Napoléon Bourassa, l'homme et l'artiste*, chap. 4.

[...] j'éprouve tout à la fois un ennui dont rien ne peut me distraire mille inquiétude[s] de différentes espèces [...] font de moi une être assez malheureuse pour que je ne compte plus sur le prétendu bonheur que l'on croit pouvoir goûter dans ce monde car en vérité les peines ne cessent de se succéder les unes aux autres sans interruption ; si je puis seulement parvenir au but de souffrir avec patience et sans me plaindre ; et par là mériter quelques choses pour l'autre vie ; c'est je crois tout ce que l'on peut attendre de consolation même dans cette vie. Je m'efforce d'y travailler, je ne me plains à personne je souffre en silence[22].

Julie croit d'autant plus à la résurrection bienheureuse qu'elle subit une existence remplie de déceptions et de malheurs. En 1830, un soupçon de révolte fait réagir son mari. La réaction de Papineau est typique de la fonction que les hommes de cette bourgeoisie incrédule assignent au christianisme :

[...] ta bonne et aimable lettre [...] respire un peu trop d'esprit d'indépendance contre l'autorité légitime et absolue de ton mari [...] le contrat social de Rousseau te fait oublier l'Évangile de st Paul. « Femmes soyez soumises à vos maris. » Toute puissance vient de Dieu [...]. Vous êtes enclines à la révolte [...]. Voyez tout le mal que le péché d'une seule femme, Ève, a déjà fait au monde. Et si tant de femmes foulent aux pieds les commandements de Dieu & de l'Église, ne devez-vous pas trembler & rentrer en vous-mêmes [...]. Vous serez cause de la fin du monde[23].

Survenue 15 jours après cette réplique, la mort d'Aurélie (le 26 février 1830), leur fille, impose aux Papineau un deuil particulièrement douloureux pour Julie, alors enceinte. N'avaient-ils pas déjà perdu Didier (1820-1821) et Arthur (1824-1825), encore au berceau[24] ? Au moment de ces deuils, Papineau consolait sa femme en lui rappelant les vertus de résignation et d'espérance chrétiennes.

---

22. *Rapport de l'archiviste de la province de Québec*, 1957-1959, p. 59.

23. *Ibid.*, 1953-1955, p. 281.

24. Jean-Jacques LEFEBVRE, « La vie sociale du grand Papineau », *art. cit.*, p. 486.

Tout en étant agnostique, Papineau s'était plié au rite catholique du mariage. Il insistera plus tard, avec succès, pour obtenir des funérailles civiles[25]. Éprouvée par l'indifférence religieuse de son mari, la pieuse épouse ressent comme un échec le malheur de n'avoir point un fils prêtre, ce qui sans doute devait réjouir Louis-Joseph. Ces bourgeois mariés à de dévotes épouses trouvent la religion utile au maintien de l'ordre social et conjugal, mais ne prisent guère l'entrée d'un fils dans la carrière ecclésiastique, comme en témoigne la vocation sacerdotale d'Édouard-Charles Fabre, le futur archevêque. Pendant qu'Édouard-Raymond Fabre (1799-1854), important libraire montréalais, ami de Papineau, gronde Édouard-Charles parce qu'il veut se faire prêtre, la mère, pieuse dame, occupée aux œuvres de charité, remercie le ciel d'une pareille grâce. Le libraire considère l'instruction de ses fils comme un investissement devant les mener à une occupation lucrative[26]. Luce Perrault, sa femme, ne partage sans doute pas tout à fait cet idéal, comme Julie Bruneau qui reproche une fois à son fils d'être trop matérialiste. Elle fut probablement un peu jalouse de Luce Perrault, la femme du libraire, le jour où elle apprit la nouvelle du choix de carrière d'Édouard-Charles.

Ébranlée par le deuil, hantée par la mort, Julie fut singulièrement attristée, en 1836, par le décès de l'enfant unique de Louis Viger, cousin de son mari. Nul doute que le souvenir de sa fille défunte resurgit comme un cauchemar dans sa mémoire. Les deuils sont courants à l'époque, et pas seulement dans les milieux populaires. Jusqu'au milieu du XIXe siècle, toutes classes sociales confondues, la mortalité infantile est presque banale : « Un enfant sur quatre n'atteignait pas son premier anni-

25. Serge GAGNON, *Mourir hier et aujourd'hui*, p. 7.
26. Jean-Louis ROY, *Édouard-Raymond Fabre, libraire et patriote canadien (1799-1854)*, chap. premier.

versaire et deux sur cinq ne dépassaient pas vingt ans[27]. » La surmortalité (par rapport à nos normes) touche aussi les familles élitaires. Sur les 12 enfants du couple Masson-Raymond, 4 meurent en bas âge[28]. Pierre Casgrain (1771-1828), bourgeois gentilhomme de Rivière-Ouelle, associé d'Amable Dionne, qui s'est marié à une fille de 14 ans, en 1790, aura 13 enfants, dont 6 parviennent à l'âge adulte[29]. Sept des 12 enfants de sa fille Luce, mariée en 1819 à l'avocat-politicien Philippe Panet, sont aussi morts avant d'avoir atteint l'âge adulte[30]. Huit des dix enfants de Papineau sont morts avant leur père[31]. Julie Bruneau est donc loin d'être la seule qui ait connu plusieurs morts d'enfants. Au moment du deuil des Viger, son mari lui écrit : « Il me semble qu'il t'échappe un cri d'effroi chaque fois que tu penses à la mort, la terrible mort, dis-tu. » Julie accepte avec plus de douleur que d'autres les grandes épreuves de l'existence.

Des couples élitaires sont plus chanceux que les Papineau et nombre d'autres. Né et mort la même année que le célèbre politicien, Philippe-Joseph Aubert de Gaspé, le seigneur et illustre écrivain, fut de ces pères épargnés par la mort de ses enfants[32]. À l'exemple de la femme du marchand Dionne, son épouse mit au monde beaucoup de filles qui lui fournirent, lui

---

27. Jacques MATHIEU et Jacques LACOURSIÈRE, *Les mémoires québécoises*, p. 141. « En moyenne, il y a neuf enfants par famille, qui naissent tous les 28 mois, mais à peine un sur deux atteint l'âge adulte. » (Jacques MATHIEU, *La Nouvelle-France*, p. 189.) La mortalité est si courante que l'on n'enregistre pas tous les décès d'enfants : « des décès d'enfants de 1 an ont échappé à l'enregistrement [...] près de 25 % entre 1720 et 1760 ». (Danielle GAUVREAU, *op. cit.*, p. 179.) Beaucoup de ces « oubliés » sont des illégitimes.

28. Fernand OUELLET, « Masson, Joseph », *Dictionnaire biographique du Canada*, vol. VII, p. 645.

29. Serge GAGNON, « Casgrain, Pierre », *Dictionnaire biographique du Canada*, vol. VI, p. 137.

30. Claude VACHON, « Panet, Philippe », *Dictionnaire biographique du Canada*, vol. VIII, p. 752-753.

31. Roger LE MOINE, *Napoléon Bourassa, l'homme et l'artiste*, p. 88.

32. Jacques CASTONGUAY, *Philippe Aubert de Gaspé, seigneur et homme de lettres*, p. 88.

aussi, l'occasion d'élargir le réseau d'influence de la famille. Comme le disait si bien Élizabeth-Anne Baby, femme de Charles-Eusèbe Casgrain (1800-1848), le fils de Pierre : « Ce n'est pas à la femme à ennoblir l'homme ; c'est l'homme qui doit ennoblir la femme[33] »... ainsi que la famille pourvoyeuse d'épouses.

Reçu au barreau le 15 août 1811, de Gaspé épouse le 25 septembre Susanne Allison, fille d'un officier britannique chargé, un an plus tôt, de saisir le journal nationaliste *Le Canadien* et d'arrêter Pierre Bédard, le mari malheureux, ainsi que d'autres journalistes. Descendant de la vieille aristocratie canadienne, de Gaspé épouse l'idéologie de sa classe ; il est loyal à la couronne britannique et ne partage pas les principes d'autonomie défendus par la petite bourgeoisie à l'origine du soulèvement de 1837-1838.

Le capitaine Thomas Allison, beau-père de De Gaspé, n'assiste pas au mariage célébré à la cathédrale de Québec, soulignant par ce geste son aversion pour le catholicisme[34]. La mariée a seulement six ans de moins que Philippe. Mariage d'amour, selon toutes les apparences, mariage interculturel aussi, facilité par un apprentissage de l'anglais, le père du marié ayant pris les moyens pour rendre Philippe parfaitement bilingue.

Les mariages interculturels semblent beaucoup plus nombreux dans l'élite seigneuriale que dans la bourgeoisie nationaliste[35]. Habituée au service des armes, l'ancienne élite nobiliaire canadienne recherche des alliances avec les anglophones. Cette classe décadente s'accroche à l'État colonial et aux nouveaux dirigeants britanniques. Elle s'applique à occuper les

---

33. Cité dans Paul-Henri Hudon, *Rivière-Ouelle de la Bouteillerie, 1672-1972*, p. 290.

34. Jacques Castonguay, *op. cit.*, p. 66-69.

35. Cette hypothèse devrait faire l'objet d'une recherche. Amédée Papineau, fils de Louis-Joseph, a épousé deux Américaines et plusieurs petits-enfants du chef patriote se sont alliés à des conjoints américains ou britanniques. Voir Jean-Jacques Lefebvre, « La vie sociale du grand Papineau », *art. cit.*, p. 508 et 512-513.

quelques postes lucratifs et prestigieux qu'on lui concède, ainsi qu'à toucher les pensions et autres émoluments versés en gage de sa loyauté[36]. Pour éviter la déchéance et parce que plusieurs de ces familles ont beaucoup d'enfants, elles allient fréquemment leurs filles à des marchands anglophones. Une compilation statistique devrait un jour révéler à quel point la circulation des femmes d'un groupe linguistique à l'autre a favorisé la loyauté de l'élite seigneuriale et nobiliaire à l'Empire britannique. Au reste, les échanges de femmes jouent dans les deux sens. De riches marchands anglophones ont acheté près d'une cinquantaine de seigneuries au cours du premier demi-siècle qui a suivi la Conquête. Plusieurs acquéreurs ont consolidé leur position de rentiers de la paysannerie francophone en prenant épouse dans la vieille élite canadienne[37].

Les mariages interculturels sont une pratique courante chez les de Gaspé. Quatre filles de Philippe vont se marier avec des anglophones de bonne bourgeoisie. Seulement deux autres épouseront un parti francophone. Deux des quatre garçons de Philippe se marient, l'un à une anglophone, l'autre à une fille du groupe linguistique majoritaire[38]. Ces mariages allient parfois des partenaires de différentes religions. Que nous sommes loin de la conduite de Blanche d'Haberville, l'héroïne du roman *Les anciens Canadiens* ! Au lendemain de la Conquête, Blanche refuse de s'allier à l'homme qu'elle aime, l'Écossais Archibald Cameron of Locheill, par fidélité à la nationalité française[39].

---

36. Gilles PAQUET et Jean-Pierre WALLOT, *Patronage et pouvoir dans le Bas-Canada (1794-1812)*, p. 38, note 14, et p. 80-85 et 124-125.

37. « Beaucoup de seigneurs d'alors sont des anglophones [...]. Plusieurs ont épousé des francophones. » (Serge COURVILLE, *Entre ville et campagne*, p. 78, note 29.)

38. Les renseignements généalogiques ont été recueillis dans la biographie de Jacques Castonguay ainsi que dans Pierre-Georges ROY, *La famille Aubert de Gaspé*. Voir aussi Luc LACOURCIÈRE, « Aubert de Gaspé, Philippe-Joseph », *Dictionnaire biographique du Canada*, vol. X, p. 19-24.

39. Maurice LEMIRE, « *Les anciens Canadiens*, roman de Philippe Aubert de Gaspé », dans Maurice LEMIRE et collab., *Dictionnaire des œuvres littéraires du Québec*, p. 16-24.

Les épreuves des de Gaspé ne sont pas venues de la politique ni de la maladie. En ce qui concerne leur niveau de vie, ils paraissent passablement plus riches que les Papineau. Ils habitent, après sept ans de mariage, une confortable maison de la capitale, avec leurs quatre enfants et sept domestiques. Fréquentant la haute bureaucratie anglophone – Philippe n'a-t-il pas appris son droit avec le haut fonctionnaire Jonathan Sewell ? –, le rejeton de l'illustre famille seigneuriale gravit rapidement les échelons de la bureaucratie. Nommé shérif du district de Québec, de Gaspé mène grand train dans la capitale, jusqu'à son congédiement en 1822. Accusé de défalcation, incapable de rembourser la couronne, chargé de sept enfants, le malheureux se réfugie au manoir familial de Saint-Jean-Port-Joli. Il est accueilli par sa mère, veuve depuis le 13 février 1823. Alors commencent les inquiétudes qui vont précéder l'emprisonnement pour dettes. Le couple n'en continue pas moins d'avoir des enfants jusqu'en 1837. Susanne Allison, au début de la quarantaine, doit subir l'emprisonnement de Philippe de mai 1838 jusqu'à l'automne de 1841. Demeurant à proximité de la prison avec sa mère, sa belle-mère et ses dix enfants, l'épouse traverse l'épreuve non sans avoir essayé de faire libérer son mari par le nouveau gouverneur, lord Durham, moins d'un mois après l'incarcération. L'avocat William Power, marié à l'une des filles du prisonnier, verse finalement le cautionnement exigé pour l'élargissement de son beau-père.

Par suite du décès de sa mère, en 1842, l'écrivain put enfin toucher le capital familial. Devenu seigneur de Saint-Jean-Port-Joli, il vécut désormais en toute quiétude, l'été dans son domaine, l'hiver à la ville. Comme Papineau, il survécut longtemps à sa femme, morte le 3 août 1847 à l'âge de 53 ans. Mariage heureux ? Supposons que oui. N'ayant pas rédigé d'autobiographie, n'ayant pas laissé de correspondance avec son mari dont elle ne fut séparée que par trois ans de prison dans le voisinage de la demeure familiale, Susanne Allison, probablement fatiguée par de nombreuses grossesses, a vécu, sans les écrire, les bonheurs et les malheurs d'une famille d'autrefois.

La mort du conjoint, épreuve ou libération ?

À côté de ces morts naturelles, les familles élitaires n'ont pas été épargnées par les décès tragiques, voire le meurtre d'un époux. En 1834, Joséphine-Éléonore d'Estimauville, 18 ans, se marie avec le notaire Achille Taché, 21 ans, héritier d'une partie de la seigneurie de Kamouraska. Veuve, la mère du nouveau marié garde l'usufruit du capital foncier qu'elle se charge d'administrer elle-même, laissant son fils dans la dépendance. Les quatre ans de vie commune des nouveaux mariés sont un enfer pour Joséphine. Elle quitte son mari alcoolique et violent pour trouver refuge, avec ses deux jeunes enfants, chez une tante, à Sorel, où elle s'éprend du docteur George Holmes, compagnon d'études d'Achille au Séminaire de Nicolet. La passion aidant, Holmes trame la mort d'Achille. Après avoir vainement tenté de le faire empoisonner, le médecin sorelois entreprend, en janvier 1839, le long voyage qui va le mener à Kamouraska où il assassinera le mari de Joséphine. Au cours du procès qui suivit, on ne parvint pas à incriminer l'amante. L'assassin disparut aux États-Unis, son pays d'origine. Joséphine se remaria à Québec avec le notaire Léon-Charles Clément. Installé aux Éboulements, le couple aura six enfants. Après avoir connu un mariage malheureux rompu par la mort violente, Joséphine survécut plus de 50 ans à son premier mari[40].

Les archives judiciaires nous diront un jour les horreurs vécues par d'autres ménages, ici comme ailleurs[41]. Nous devrons toutefois nous rappeler que la justice n'a pas été saisie de tous les drames conjugaux. Ceux-ci, à vrai dire, sont plus faciles à dis-

---

40. Voir : Sylvio LEBLOND, « Le drame de Kamouraska d'après les documents de l'époque », *Les Cahiers des Dix*, nᵒ 37, 1972, p. 239-273 ; Céline CYR, « Estimauville, Joséphine-Éléonore d' », *Dictionnaire biographique du Canada*, vol. XII, p. 322-323.

41. Pour la France, des affaires saisissantes ont été reconstituées par Élisabeth CLAVERIE et Pierre LAMAISON dans *L'impossible mariage*.

simuler à la campagne qu'à la ville où ils font parfois sensation[42]. Dans la première moitié du XIXᵉ siècle, l'appareil judiciaire n'est que très faiblement installé à la campagne où certains cas de violence meurtrière n'ont pu parvenir à l'oreille du prince. Dès lors, pour la très grande majorité de la population, l'institution, la conviction religieuses sont les seuls freins au recours extrême pour mettre fin à une union malheureuse.

Seul le pape peut lever l'interdit de mariage frappant le conjoint survivant, assassin de l'autre, lorsqu'il y a eu complicité avec l'amant ou l'amante. Une affaire du genre est survenue à Saint-Jean-Port-Joli à la fin du XVIIIᵉ siècle. Une veuve est soupçonnée d'avoir supprimé son mari avec la complicité de son amant. Vrai ou faux ? Le copieux dossier ne permet pas de trancher. On sait seulement que, incapables d'obtenir dispense, l'amant et la veuve joyeuse se marièrent devant un crucifix tenu par un témoin laïque[43]. Suivant la déclaration du curé de L'Islet – Saint-Jean n'a pas de prêtre –, plusieurs personnes ont participé à la cérémonie clandestine. L'évêque riposte par l'excommunication du couple et l'interdiction du cimetière et de l'église. Jusqu'à nouvel ordre, on n'y dira pas la messe, on n'y procédera pas aux enterrements. La sanction collective est presque aussitôt suspendue que proclamée. Mais les mariés sans prêtre demeurent

---

42. À 14 ans, Ludger Duvernay (1799-1852) quitte Verchères pour Montréal où il devient apprenti imprimeur. Il raconte, ému, au sortir du palais de Justice, une de ces affaires, à Louis Labadie (1765-1824), l'instituteur de Verchères, son protecteur qu'il vient de quitter pour occuper ce premier emploi. Un menuisier du faubourg Saint-Laurent a été empoisonné par sa femme amourachée d'un veuf, « son 3ᵢᵉᵐᵉ voisin ». Crime sur crime, « le même soir que son mari était exposé sur les planches », elle allait coucher chez son amant, « ce qui donna un soupçon de sa mauvaise conduite et de son peu d'amour et de douleur de la perte de son époux ». L'adolescent raconte l'autopsie spectaculaire qui permit de découvrir l'empoisonnement. « Quel exemple, conclut-il, pour les jeunes mariés ! » La lettre a été retranscrite par Labadie dans son *Journal* conservé aux Archives nationales du Canada, MG 23 G 111-18, cahier 5, feuillets 18, 19 et 20.

43. Gérard OUELLET, *Ma paroisse, Saint-Jean Port-Joly*, p. 42-43. Sur cette affaire, nous avons consulté le dossier manuscrit conservé aux Archives du diocèse de Sainte-Anne, dans la correspondance de la paroisse de Saint-Jean.

incapables de faire officialiser leur union. On les voit errer pendant plus de 20 ans, traîner leur malheur de Saint-Jean jusqu'en Gaspésie, tantôt chassés par les communautés qui, sans connaître toute l'affaire, les savent non mariés, tantôt réfugiés avec leurs enfants dans quelque boisé, ou hébergés *in extremis* jusqu'à ce qu'ils bricolent un nouvel abri de fortune. L'évêque de Québec, ainsi qu'il le rappelle au vicaire général de Trois-Rivières, le 28 janvier 1804, « ne peut dispenser de l'empêchement du crime, lorsqu'il y a conjugicide ».

Le décès d'un conjoint, Dieu merci, survient habituellement à la suite d'un accident, d'une mort subite, d'une maladie plus ou moins longue. La peine du deuil et du veuvage est directement proportionnelle à l'amour des époux. Certains témoignages sont émouvants, comme celui que rapporte le curé de Saint-Joseph de Soulanges, le 15 mai 1811 : « Le sieur Fr. Olivier Tremblay toujours inconsolable de la perte qu'il a faite le 25 de novembre dernier » demande des prières épiscopales pour « faire entrer dans le ciel [...] sa chère épouse, si toutefois elle n'y est pas encore ». Exemple parmi d'autres d'époux désemparés par la séparation. Louis Labadie (1765-1824), maître d'école, dut trouver pénible l'obligation de se séparer de lit d'avec sa femme atteinte de maladie pulmonaire, après une dizaine d'années de mariage. Au moment où sa maladie s'aggrave, il promet de vivre sans rapports sexuels s'il obtient sa guérison. Ayant besoin d'une femme pour les soins du ménage, il se console rapidement de sa mort survenue en janvier 1815, en se remariant avec une veuve en juillet. Pour apaiser la colère des cieux et peut-être celle des faiseurs de charivaris, il fait célébrer, trois jours avant son remariage, un service solennel en faveur de sa première épouse. Sa seconde compagne meurt six mois après leur mariage. Labadie se remarie peu après[44]... Un cas parmi d'autres illustrant une pratique courante, maintes fois observée par les historiens-

---

44. Serge GAGNON, « Labadie, Louis », *Dictionnaire biographique du Canada*, vol. VI, p. 417-419.

démographes : les veufs se remarient plus souvent que les veuves. Plus celles-ci sont chargées d'enfants, moins elles ont de chance de se remarier. La règle est inversement proportionnelle pour les veufs aux prises avec de jeunes enfants. Les veuves qui se remarient attendent plus longtemps que les veufs. Dans la ville de Québec, entre 1700 et 1739, l'intervalle entre le décès de la conjointe et le remariage de son veuf est de 2,1 ans ; de 2,8 ans pour les veuves qui se remarient[45].

Les historiens l'ont répété : avant les progrès de l'obstétrique, beaucoup de femmes mouraient en couches[46]. Le Bas-Canada n'a pas fait exception à ce que nous désignons maintenant comme de la surmortalité. Des témoignages de l'époque accablent les sages-femmes : « Un gain sordide décide ordinairement quelque femme pauvre et ignorante à faire le métier d'accoucheuse. De là tant de mères et d'enfants martyrisés, estropiés, et conduits au tombeau par une mort prématurée[47] » écrit l'abbé Thomas Maguire en 1830. Il faut nuancer ce jugement sévère, écho de la lutte des médecins pour remplacer les sages-femmes. Les prêtres ne sont pourtant pas les admirateurs inconditionnels des médecins-accoucheurs. Faut-il « détruire l'enfant in utero » dans le but de « sauver la vie à une mère dans un accouchement difficile » ? Plusieurs médecins le pensent. Les théologiens s'y opposent avec une telle vigueur[48] que plusieurs époux ont perdu leur femme, faute d'intervention médicale.

45. Danielle Gauvreau, *op. cit.*, p. 129-130 et 135.
46. Voir : Edward Shorter, *Le corps des femmes*, surtout le chapitre V ; Jacques Gélis, *L'arbre et le fruit*, ainsi que *La sage-femme ou le médecin*. Voir aussi : Hélène Laforce, *Histoire de la sage-femme dans la région de Québec* ; Danielle Gauvreau, « Jusqu'à ce que la mort nous sépare : le destin des femmes et des hommes mariés au Saguenay avant 1930 », *Canadian Historical Review*, vol. LXXI, n° 4, 1990, p. 453-454. Danielle Gauvreau, *Québec. Une ville et sa population au temps de la Nouvelle-France*, p. 164, estime qu'entre 10 % et 15 % des « unions [sont] rompues par le décès de la femme en couches » à Québec.
47. Thomas Maguire, *Recueil de notes diverses sur le gouvernement d'une paroisse* [...], p. 249-250.
48. *Ibid.*, p. 152-168.

Tu ne désireras pas la sœur de ta femme

> *Azélie* [Papineau] *morte* [en 1869], [Napoléon]
> *Bourassa ne peut songer à poursuivre sa carrière*
> [d'artiste] *en pourvoyant seul à l'entretien de cinq*
> *enfants en bas âge* [...]. *Ézilda* [sœur d'Azélie] *se*
> *chargea de remplacer la mère défunte* [...]. *Ézilda*
> [...] *n'avait pas été favorisée par la nature. Sa taille*
> *était peu élevée, environ quarante pouces* [...] *et, à la*
> *différence de ses frères et sœurs, son intelligence* [...]
> *n'était pas très vive* [...]. *Très dévote, comme les*
> *femmes de sa famille* [...]. *Travaillante* [...] *elle*
> *dépensa sans compter son énergie, réussissant à diriger*
> *la maison de Montréal et le manoir de Monte-Bello*[49].

Dans les populations anciennes, la mort fauche plus souvent que dans nos sociétés techniciennes des adultes encore jeunes, d'où le nombre élevé de veuvages et de remariages. À Sorel, entre 1740 et 1840, 18 % des unions catholiques engagent au moins un veuf ou une veuve[50]. Louis Labadie, l'instituteur de Verchères, qui se marie trois fois, n'est pas un cas si exceptionnel qu'on pourrait le croire.

On a beaucoup spéculé sur la rapidité des remariages. Nous ne saurons probablement jamais dans quelle mesure cette précipitation trahit l'hostilité ou la haine du couple dissous par la mort. Pour d'aucuns, le deuil, la peine de la séparation se déroulent prestement. D'autres accueillent la mort d'un partenaire comme une véritable libération.

Des interdits supplémentaires s'appliquent aux remariages quant au choix d'un nouveau partenaire. Les proches parents du conjoint défunt sont exclus par l'institution ecclésiastique. Un dossier considérable – que nous n'exploitons pas dans ce livre – atteste qu'il est aussi difficile d'épouser un cousin, une cousine

---

49. Roger Le Moine, *Napoléon Bourassa, l'homme et l'artiste*, p. 88.
50. Allan Greer, *Peasant, Lord and Merchant : Rural Society in Three Quebec Parishes, 1740-1840*, p. 52.

par alliance (second degré d'affinité) qu'une cousine germaine. Le remariage d'un veuf ou d'une veuve avec la nièce ou le neveu du partenaire décédé (empêchement du 1er au 3e degré d'affinité) est impossible, comme en témoigne le refus de quelques demandes de dispense soumises à l'évêque entre la fin du XVIIIe siècle et la fin des années 1820. Cette union paraît davantage réprouvée quand l'oncle et la nièce, la tante et le neveu sont consanguins (du 1er au 3e degré de consanguinité).

La loi civile et le droit canonique interdisent le remariage avec un frère ou une sœur de la personne décédée (premier degré d'affinité). Le remariage d'une femme avec le frère de son mari défunt s'appelle « lévirat », concept tiré du Lévitique. Le sororat, ou remariage d'un homme avec la sœur de sa première femme, est aussi interdit[51]. Au-delà du tabou de l'inceste, ces interdictions font partie d'une stratégie visant à maximiser les chances de réussite de l'union monogamique perpétuelle. Imaginez une jeune et jolie célibataire venant au secours d'une sœur alitée par suite d'une maladie, d'un accouchement. Quelle tentation pour un mari sevré, surtout si, d'aventure, il a déjà pris du plaisir avec sa belle-sœur ! Voilà pourquoi les prêtres insistent tant pour savoir, au moment de l'entrevue prénuptiale, si un partenaire a eu des rapports sexuels avec un proche parent de l'autre.

Quand un beau-frère et une belle-sœur espèrent se marier, et parfois cohabitent, les curés s'efforcent de les séparer. En 1808, le curé de Saint-Luc dénonce plusieurs concubinages « dont un seul est sans remède puisque le frère vit avec la femme de son défunt frère ». La cohabitation dure plus d'une dizaine d'années. Le couple ne perd pas espérance. Souhaitant légitimer des enfants sans statut, ils songent à recourir à un ministre anglican et, s'il le faut, au gouverneur lui-même. Pour faire accepter sa requête par l'Église catholique, la veuve proclame l'impuissance de son premier mari. Le mariage n'a duré qu'un mois au cours duquel il

---

51. Peter WARD, *op. cit.*, p. 36.

a passé « quinze jours au lit » par suite « d'un effort dont il est mort ». Le droit canonique n'annule-t-il pas pour cause d'impuissance ? L'évêque reste imperturbable : « comment se défendre quand on est mort ? Il n'y a pas de beau-frère qui ne puisse épouser sa belle-sœur restée veuve sans enfants, si elle est quitte pour accuser son défunt mari d'impuissance. Je conclus à la séparation quelque fâcheuse qu'elle puisse paraître selon la nature. »

Une affaire semblable est survenue à Drummondville au milieu des années 1820. Cette fois, il s'agit d'« un homme qui s'est fait marier avec la sœur de sa défunte épouse et prétend faire confirmer ou réhabiliter son mariage » contracté devant un juge de paix ou un ministre de religion protestante. Le veuf allègue lui aussi l'impuissance de sa première femme ; « étant fille elle eut un enfant » nuance le grand patron du diocèse, opposé à la réhabilitation. Dès lors, « ni lui ni elle ne sont admissibles aux sacrements jusqu'à ce qu'ils se soient séparés sans aucune espérance de se rejoindre ». Les tribunaux sont saisis de l'affaire. Plessis ne craint pas leur verdict :

> Dans un procès, il faut que l'accusé se défende. Or comment une personne défunte pourra-t-elle user de ce droit ? Rien de plus aisé que de suborner des témoins qui déposeraient contre elle. La déposition même du chirurgien qui l'a accouchée n'est pas admissible ; car il prétendrait l'avoir écorchée et rendue impuissante en l'accouchant. Mais ceci porterait contre lui. Car il l'a ainsi maltraitée ou par malice ou par ignorance. Or il ne peut, sans se diffamer s'avouer coupable de l'une ou de l'autre. Il n'est donc pas un témoin admissible, nul n'étant admis à déposer contre lui-même.

Le prêtre en service à Drummondville ne doit donc pas s'inquiéter de l'issue du procès. Au reste, comme le droit civil bas-canadien et britannique interdit lui aussi le sororat, comment une décision judiciaire eût-elle pu aller à l'encontre des vues épiscopales ? Grand bourgeois des Cantons de l'Est, Alexander Tilloch Galt fut nommé, en 1880, haut-commissaire du Canada à Londres. On ne le reçut à la cour royale qu'après une première rebuffade. Il avait épousé la sœur de sa première femme. On finit par lui pardonner, le second mariage ayant eu lieu aux États-Unis où de telles unions étaient permises[52].

Au moment où l'affaire Galt alimente les potins de la haute société londonienne, le Parlement canadien discute d'un projet de loi proposant l'abolition de l'interdit[53]. L'épiscopat du Québec s'inquiète. L'archevêque de Montréal ne peut « reconnaître à l'autorité civile le droit de se mêler de l'administration d'un sacrement ». Il saisit Rome de ce qu'il appelle « une persécution intolérable contre l'Église », et craint que la loi ne serve de tremplin pour instaurer le mariage civil. La loi permettant le mariage successif des deux sœurs fut votée en 1882 (45 Vict., c. 42). Mais les femmes demeurent privées de ce droit avec leur beau-frère. Les féministes jugent aujourd'hui sexiste ce double standard justifié à l'époque de la manière que voici : « Très souvent on voit la sœur d'une femme décédée prendre soin de ses enfants, et devenir, pour eux, une seconde mère. On a pensé que, dans l'intérêt des enfants, on devait permettre à son beau-frère de l'épouser[54]. » L'initiative fédérale fut grondée par les théologiens et les juristes conservateurs du Québec ultracatholique[55].

L'Église catholique bas-canadienne, on l'a vu, n'avait pas le pouvoir de dispenser au premier degré, ce qui explique l'extrême rareté des cas soulevés par le clergé. Mais dans l'ensemble du monde catholique, Rome avait commencé à distribuer des dispenses à ce niveau vers la fin du XVIIIe siècle[56]. Le diocèse de

---

52. Donald CREIGHTON, *John A. Macdonald, the Old Chieftain*, p. 290. Mariée le 9 février 1848, la première femme de Galt est décédée deux ans plus tard, après avoir donné naissance à un enfant. Voir Jean-Pierre KESTEMAN, « Galt, Sir Alexander Tilloch », *Dictionnaire biographique du Canada*, vol. XII, p. 385.

53. Peter WARD, *op. cit.*, p. 36-37.

54. François-Charles-Stanislas LANGELIER, *Cours de droit civil de la province de Québec*, t. 1, p. 248.

55. Eusèbe BELLEAU, *Des empêchements dirimants de mariage*, p. 85-86.

56. Jean-Marie GOUESSE, « Mariages de proches parents (XVIe-XIXe siècle) », dans ÉCOLE FRANÇAISE DE ROME, *Le modèle familial européen*, p. 45 et 52.

Québec paraît avoir été longtemps exclu des faveurs romaines. Au milieu du XIXᵉ siècle, on se plaignait de ne pouvoir « marier l'oncle avec sa nièce, et même le beau-frère avec sa belle-sœur », privilèges attribués à l'épiscopat américain depuis 1853[57]. Si l'administration centrale de l'Église a concédé ces mêmes facultés au siège épiscopal de Québec, ce fut donc après cette date[58], sans pour autant soustraire les catholiques à l'interdit légal.

Comment s'attribuaient les dispenses après l'adoption de la loi civile touchant le mariage des deux sœurs ? Un cas observé à Sainte-Julie de Verchères va nous servir d'exemple. Le veuf en cause a sollicité en vain le droit d'épouser sa belle-sœur. Conformément aux instructions reçues de l'évêché, la belle-sœur, en résidence chez le veuf, « est allée demeurer ailleurs depuis le 20 octobre » 1881, ainsi que l'apprend une requête du 8 février 1882, rédigée par un avocat intercédant en faveur de l'intéressé. Pour appuyer la demande, l'intermédiaire fait valoir les difficultés du veuf qui « ne peut compter pour la conduite de sa maison que sur les services de simples domestiques [...] pas toujours faciles à trouver dans les campagnes ». Depuis trois mois et demi, la belle-sœur « n'est retournée à la maison de » son beau-frère « que pendant cinq ou six jours, et ce pour donner les soins indispensables au plus jeune fils [...] faisant actuellement son cours classique au collège de Saint-Hyacinthe, et qui est maintenant dans sa famille, sérieusement malade ». Le médiateur est « convaincu que lorsqu'il aura perdu toute espérance d'obtenir les dispenses demandées », son client va ramener sa belle-sœur « chez lui », au grand scandale de la paroisse, « quand bien même il ne se ferait aucun mal entre les deux personnes ». Car le veuf épris de sa belle-sœur « est un

57. Jacques GRISÉ, *Les conciles provinciaux de Québec et l'Église canadienne (1851-1886)*, p. 173.

58. Théoriquement, l'administration romaine aurait pu accorder cette faveur, à défaut de conférer le pouvoir aux évêques canadiens. Parmi les juristes de tendance conservatrice, on se demande si la loi civile est constitutionnelle puisqu'elle enlève au pape le pouvoir exclusif d'accorder des dispenses. Voir Désiré GIROUARD, *Considérations sur les lois civiles du mariage*, p. 24-25.

brave et honnête homme et sincère catholique» conclut le procureur pour mieux implorer le titulaire du diocèse de Montréal. Le couple fut exaucé[59] ; il ne paraît pas y avoir eu recours à Rome.

Après le premier conflit mondial, l'administration romaine récupère son pouvoir de décision touchant la proche endogamie familiale[60], ce qui explique sans doute la chute du nombre de mariages de proches parents dans l'ensemble du monde catholique, entre les deux guerres[61].

Quand l'amour est mort

Rappelons-nous ces femmes dont le mari n'est point revenu de la guerre ou est parti un beau matin sans jamais donner signe de vie. Certains sont morts d'accidents. D'autres sont sûrement des déserteurs, abandonnant une épouse au statut civil ambigu et parfois des enfants à la charité publique. Ces hommes disparus volontairement ne pouvaient-ils plus, ne voulaient-ils plus faire face à leurs responsabilités d'époux et de pères ? À chacun sa réponse.

À la question « Quels sont ceux qui sont réputés fainéants et débauchés ? », l'auteur d'un manuel de droit criminel répond : « ceux qui menacent de s'en aller et d'abandonner leur femme et leurs enfants [...] ceux qui par pure volonté et négligence laissent leur femme et leurs enfants à charge à leur paroisse ». Ils font

---

59. Louis Brassard, veuf, et Henriette Gauthier, veuve, se sont épousés sans publication de ban le 19 janvier 1882, après avoir reçu dispense du premier degré d'affinité. La date de l'acte ne figure pas au registre paroissial. Voir Irénée JETTÉ, *Mariages de St-Bruno (1843-1967), St-Basile (1870-1967), comté de Chanbly. Ste-Julie (1852-1967), St-Amable (1913-1967), Ste-Théodosie (1880-1968), comté de Verchères*, p. 106.

60. «[...] pour empêchements du 1er au 2e degré et du 2e au 2e de consanguinité collatérale ainsi que du 1er degré d'affinité collatérale», soit le remariage de deux sœurs. Voir *La Semaine religieuse de Montréal*, 11 oct. 1923, p. 227 et suiv.

61. Jean-Marie GOUESSE, «Mariages de proches parents (XVIe-XIXe siècle)», *art. cit.*, p. 53.

aussi partie de ceux que l'on appelle « gueux et vagabonds[62] ». Criminaliser l'abandon n'améliore guère le sort des victimes, si le coupable est disparu à jamais. Faute de mieux, les laissées-pour-compte recherchent la consolation des prêtres.

En 1798, une femme de Saint-Joseph de Soulanges (Les Cèdres) s'adresse à Mgr Denaut, son ancien curé, pour recouvrer le droit d'« approcher au tribunal de la pénitence et y recevoir l'absolution » que son curé lui refuse parce qu'elle ne vit pas avec son second mari. Le désir de faire son « salut [...] quoi qu'il en puisse coûter » sert de conclusion au récit émouvant de ses tribulations :

> Je vivais dans une profonde paix, et dans l'union la plus parfaite avec cet époux chéri que Dieu m'a ôté.
>
> J'ai passé en secondes noces avec L.C., croyant de bien faire, chargée comme j'étais, de plusieurs enfants en bas âge, avec une bonne terre à cultiver et beaucoup d'affaires à diriger. J'espérais trouver du support et un aide pour moi dans ce jeune homme, avec un autre père pour mes enfants ; mais je me suis trompée. Monsieur C. n'a pas été longtemps avec moi sans vouloir m'engager à quitter mes enfants, ma terre, ma maison, et mon pays natal pour aller demeurer dans le sien, où il n'avait aucun bien, ni d'autre ressource que son métier de menuisier, me disant qu'il s'ennuyait trop à Soulanges, et qu'il ne pouvait s'accorder avec mes enfants. Ma tendresse pour eux, mon bien et le leur que je ne voulais pas laisser tomber en ruines, m'ont empêchée de me prêter aux volontés d'un mari jeune et peu raisonnable qui aurait pu dans la suite le réduire lui-même avec moi et mes pauvres enfants, à la mendicité. Alors ce mari volage et inconstant, m'a laissée, et pour se disculper d'une pareille démarche aux yeux du public, il a débité contre moi des calomnies si atroces, que le respect dû à votre grandeur ne me permet pas de vous répéter.

En l'espace de quelques mois, l'époux a quitté plusieurs fois le domicile conjugal. Sa femme est d'autant plus mal en point qu'elle a eu trois enfants de son second mariage. Elle ne peut

---

62. Joseph-François PERRAULT, *Questions et réponses sur le droit criminel du Bas-Canada dédiées aux étudiants en droit*, p. 126-128.

« faire aucune affaire dans la société civile, faute d'être autorisée » par son mari. « Je ne puis pas même, dit-elle, passer légalement le contrat de la terre [...] que j'ai vendue », celle dont le correspondant lui-même, alors curé des Cèdres, avait « écrit et signé les conventions » une dizaine d'années plus tôt. Aux dires de l'épouse, son deuxième mari l'a injustement accusée de ne pas vouloir faire l'inventaire de ses biens pour dissoudre la « première communauté ». Voudrait-elle s'exécuter qu'elle ne le pourrait, « faute d'argent ». Elle compte procéder à l'inventaire du patrimoine lorsque son fils aîné sera majeur et qu'il « voudra toucher ses droits ». Si son mari ne l'y autorise, elle compte, le moment venu, se pourvoir en justice « pour procéder à l'inventaire et au partage du peu de biens de notre communauté, avec mes premiers enfants ».

Voilà une femme qui ne paraît pas manquer du nécessaire, non plus que ses enfants. Bien que le départ du mari paraisse lié à des questions matérielles, il est possible que ce dernier ne soit plus guère attaché à une femme plus âgée que lui. D'autres femmes, abandonnées pour des raisons affectives ou autres, sont au contraire acculées à la misère. En 1815, Mgr Panet, curé de Rivière-Ouelle, explique pourquoi une femme de Kamouraska est devenue cabaretière. Elle s'était mariée à

> un homme sans énergie, et que la paresse a toujours dominé. Son père riche habitant [...] lui avait donné deux arpents de terre, chargés à la vérité d'une modique rente, lorsqu'il s'est marié avec A.B. de la Rivière-Ouelle. Après la mort de son père, il n'a pas été longtemps propriétaire de cette terre ; il l'a changée et à force de changer, et de courir d'un côté et d'autre, il est devenu si pauvre qu'il ne pouvait plus vivre avec sa femme et sa famille. La misère l'a donc obligé de s'en séparer. Il a demandé plusieurs fois de se réunir à sa femme.

Le curé a secondé ses initiatives. Mais l'épouse « connaissant sa paresse ou ses infirmités (car il s'en défendait sur elles) n'a jamais voulu » reprendre la vie commune. « Il a pris le parti d'aller à Québec [...] elle s'est mise cabaretière à Kamouraska. »

L'Église accepte comme un moindre mal la séparation de fait et la profession de la femme. Dans certaines circonstances, le clergé recommande la séparation. Le 8 août 1808, l'évêque écrit au missionnaire de Saint-Régis : « Il serait cruel d'obliger une femme de suivre son mari, lorsqu'il est reconnu pour un dissipateur duquel elle ne peut attendre que de la misère. Il suffit qu'elle lui fasse connaître la disposition où elle est de le recevoir s'il se présente. » Le départ impromptu du mari est parfois reçu comme une bénédiction. Par ailleurs, il est difficile de savoir si et dans quelle mesure les épouses sont responsables des abandons. Neuf fois sur dix, nous n'avons pas de témoignages de la contre-partie masculine.

En 1817, un homme des Éboulements demeurant « avec une veuve qui lui avait donné son bien pour le faire vivre » ne veut sous aucun prétexte retourner auprès de sa femme. Dégoûté de sa légitime, il n'en veut pas démordre : « on lui couperait [...] le col » qu'il préférerait ce sort au renouement conjugal. D'où vient la mésentente ? Mystère. D'autres dossiers sont plus concluants. En 1812, le curé de Berthier raconte l'histoire d'un mari qui a pardonné à sa femme « sa première couche six mois après son mariage ». Cinq ans plus tard, le curé des Éboulements dénonce une veuve remariée qui « a vendu son bien pour aller demeurer à La Malbaie ». Aux dires du témoin, le mari « n'est pas coupable si cette femme ne veut point rester » aux Éboule-ments. Qui prend mari prend pays... À Saint-Pierre-les-Becquets, l'année suivante, on ne sait que faire au sujet d'une femme qui a depuis longtemps déserté le domicile conjugal. L'habitant qui l'héberge prétend que la séparation a été décidée par consente-ment mutuel en raison d'une « incompatibilité d'humeur ». Le curé essaie de raccorder le couple. Il se bute à une « obstination extraordinaire du côté de la femme ». À qui la faute ?

Les stratégies de réconciliation sont précédées d'une éva-luation au cours de laquelle le curé essaie de départager les torts. Ursule est tenue « de plaire à son mari. C'est un de ses devoirs les plus essentiels. Il lui faut mépriser les railleries que les étrangers font sur sa coiffure, mais si elle continue de déplaire par là à son mari, monseigneur juge que c'est une raison suffisante de commuer son vœu, en lui prescrivant de dire, à la place, tous les jours de sa vie, une dizaine de son chapelet» [Saint-Antoine de Tilly, 1791]. La pauvre Ursule s'était engagée à la laideur pour l'amour de Dieu, sans penser qu'elle devait d'abord aimer son mari, apparemment victime d'une épouse trop pieuse. Misère conjugale mineure qui ne saurait motiver une séparation. Mais à côté de ces mésententes anodines, d'autres incitent aux solutions extrêmes.

Faut-il refuser de croire un paroissien de Saint-Polycarpe qui, au début des années 1820, affirme avoir quitté sa femme après trois ou quatre ans de vie commune, parce qu'elle avait «bien des vices [...] surtout celui d'*ivrognerie*»? Vivant depuis une dizaine d'années dans l'ouest du Québec, le fuyard se trouve à quelque 300 kilomètres de son ancien domicile, Saint-Charles de Bellechasse. Il a changé de nom et «s'est remarié depuis environ sept ans [...] aux Cèdres», sans dévoiler son mariage antérieur à sa deuxième femme. Il a besoin de savoir si sa première épouse vit toujours, désireux de «réhabiliter son mariage nul», si jamais elle est morte. Informations prises, l'aventurier est reconnu bigame. Sa première femme vient de «se retirer chez un de ses frères, habitant Saint-Gervais, où elle n'a pour soutien qu'une rente viagère de dix piastres et cinquante livres de lard que son père lui a laissées ; ayant donné sa terre pour cinq ans à un voisin qui n'a d'autre obligation que de rétablir les fossés». Puisque les droits civil et ecclésiastique interdisent la bigamie, l'homme de Saint-Polycarpe n'a d'autre choix que de «quitter le plus tôt possible, la personne avec laquelle il vit», lui laissant son bien pour la dédommager de sa mauvaise foi. Il doit partir

comme il fit la première fois, sans donner aucun soupçon de sa route, ni de ce qu'il serait devenu. Il serait même bon qu'on pût croire sur les lieux qu'il se serait noyé, ou qu'il aurait péri par quelque autre accident. Il retournerait ensuite, par des chemins détournés, se présenter à sa femme, qui a toujours droit sur lui ainsi qu'à l'entretien et éducation des enfants qu'elle lui a donnés ; et il vivrait avec elle, si elle voulait bien le recevoir, évitant, autant qu'il se pourrait, d'aller dans la ville ou dans d'autres lieux où il risquerait d'être reconnu [...] il reprendrait son vrai nom en sortant du district de Montréal, et [...] il ne confierait son secret que dans la confession au prêtre auquel il s'adresserait. Si sa femme refusait de le reprendre, son meilleur parti serait [...] de se sauver dans les États-Unis, sauf à lui de dédommager, selon son pouvoir, sa femme de son absence, et de pourvoir à son entretien, aussi bien qu'à celui de ses enfants et à leur éducation chrétienne.

Au terme d'une période jugée suffisante, le curé de Saint-Polycarpe pourrait remarier la seconde femme de l'individu, après en avoir sollicité la permission de Mgr Lartigue, celui qui a tracé, le 23 mars 1822, la marche à suivre qu'on vient de lire, en vue de régulariser une situation peu commune. Informé des procédés de réparation, l'aventurier reste ambivalent. D'un côté, il craint que sa légitime ne veuille l'accueillir. De l'autre, il ressent « une très grande répugnance d'aller [la] rejoindre ». Si ses parents vivent toujours, il se sentirait fortement motivé au retour dans son patelin. On ignore comment l'aventure s'est terminée. Quoi qu'il advint, elle prouve à quel point l'impossibilité de divorcer devait peser lourd sur le destin de certaines personnes.

D'une manière générale, ce genre d'affaire engendre des suites plus fâcheuses pour les femmes que pour les hommes. Marié à Apolline Girardin, François Labadie quitte Montréal pour gagner Détroit. En 1816, il y obtient un divorce, et se remarie. Excommunié, il poursuit le curé de Détroit pour atteinte à sa réputation. Celui-ci est trouvé coupable au terme de plusieurs années de procédure judiciaire. Emprisonné en 1823, faute de pouvoir verser l'amende, il a été considéré comme un martyr de l'indissolubilité. Ses déboires ne sauraient faire oublier la victime du divorce. En supposant même qu'elle ait reçu de son ex-conjoint des compensations réparatrices, elle n'a pu se remarier au Bas-Canada où il n'existe ni mariage civil ni possibilité de divorce[63].

La mésentente sexuelle est manifestement la cause de plusieurs échecs conjugaux. En 1803, un vieillard de Saint-Antoine de Tilly meurt privé des sacrements parce qu'il a délaissé « sa propre femme qui paraît vertueuse, et qui est très maltraitée de son mari ». Il vit chez son gendre « avec une fille qui est à son deuxième enfant ». Une vingtaine d'années plus tard, le curé de Saint-François-du-Lac se demande si « un veuf de deux mois » peut être remarié « avec une fille qu'il a séduite du vivant de sa femme et dont il a eu un enfant ». Il a « maltraité sa femme pour cette malheureuse fille » qui vivait « dans son fournil » avec « son père et sa mère qui ne valent pas mieux que leur fille », aux dires du prêtre embarrassé. L'épouse est morte dans la « douleur de voir un époux perfide la délaisser pour aller passer les jours et les nuits chez les complices de ses désordres ». Les amants ont-ils abrégé les jours de l'épouse ? s'interroge le curé. On redoute l'empêchement de crime que Rome seule peut lever.

Quelques intrigues ne paraissent pas nécessairement liées à la mort du désir. Bien au contraire ! Les maris jaloux font partie du groupe, entraînant, dans des cas extrêmes, le désespoir de leur épouse. Qu'on en juge par ce récit du 18 mars 1802, signé par le curé de Saint-Nicolas :

> Un homme jaloux au suprême degré cause beaucoup de chagrin à sa femme, il ne la bat point voilà tout, mais il lui fait mille autres duretés, parce qu'il s'imagine qu'elle en aime d'autres que lui, si bien que dernièrement la femme a voulu se détruire par deux fois différentes ; la première fois on l'a trouvée avec un rasoir à la main prête à se couper le col. La seconde fois on l'a trouvée pendue dans le grenier de sa maison ; mais elle n'était pas morte et elle en est revenue et ces accidents sont arrivés par

---

63. Le prêtre incarcéré est le sulpicien Gabriel Richard (1764-1832). Voir George PARÉ, *The Catholic Church in Detroit, 1701-1888*, p. 346-350. Dans son *Dictionnaire biographique du clergé canadien-français*, p. 471, J.-B.-A. ALLAIRE écrit : « incarcéré par les Anglais pour sa loyauté aux Américains (1812) et pour le maintien du lien conjugal (1823) ».

le désespoir où elle était ; la majeure partie de la paroisse est instruite de cette affaire et peut-être scandalisée de toutes ces choses, comment faire pour réunir ces deux personnes ; et les absoudre ; ceux de la paroisse qui savent qu'elle a voulu se détruire, seront peut-être scandalisés si ils la voient communier, si son mari ne la voit pas communier, il va s'imaginer que son soupçon est fondé, d'un autre côté les colères et les juriments qui se commettent dans leurs disputes, doivent la [?] rendre indigne de la communion ; pour moi je crois que la femme est honnête. Si son mari la chagrine encore, il pourra arriver qu'elle se détruise.

Que faire ? À l'évêché, on pense qu'il faut refuser la communion à la malheureuse « jusqu'à ce que ceux qui ont eu connaissance de son mauvais dessein soient aussi informés de son repentir ». Pour dissiper les soupçons du mari, il faut lui reprocher son manque de confiance, si possible avant la confession de sa femme. Mais il doit être privé « de la communion aussi longtemps qu'elle ». Pour favoriser la réconciliation, l'évêque souhaite que la réprimande au jaloux lui soit servie « en présence de sa femme ».

La jalousie provoque rarement des drames de cette gravité. Vécue dans l'intimité du couple, elle n'est pas toujours objet de commérages. Mais dès que la rumeur publique fait courir l'hypothèse d'une infidélité, le partenaire soupçonné, à tort ou à raison, doit s'appliquer à la démentir. Le 25 février 1807, l'évêque propose cette façon de faire au curé de Saint-Antoine de Tilly : « Dès qu'il y a des soupçons contre Pierre, son confesseur doit lui refuser les sacrements tant qu'il continuera de fréquenter Rose, même innocemment et comme on fait entre voisins. Le refus devrait avoir lieu dans le cas même où sa femme seule aurait ces soupçons [...]. Son devoir comme époux est d'éviter tout ce qui peut donner ombrage à sa femme et troubler la paix du ménage. »

L'infidélité est la manifestation la plus courante des conflits de couple. L'adultère commis avec des parents fait l'objet d'une surveillance particulière. Les mesures de dissuasion visant à combattre ce qu'on appelle « infidélité incestueuse » sont de divers ordres. Si la science morale du confesseur est au point, il a informé ses pénitents et pénitentes que la rencontre avec un beau-frère, une belle-sœur, un beau-père, une belle-mère font perdre la capacité de solliciter le devoir conjugal. Nous avons insisté sur ce genre de péchés dans *Plaisir d'amour et crainte de Dieu*, principalement sur les pénitences exceptionnelles qu'ils encourent. La gravité de telles rencontres tient à ce que de proches parents sont plus susceptibles que des étrangers de tenter de nouveau l'infidèle. L'objet du désir, l'occasion prochaine de péché n'est toutefois pas forcément de la famille. Le 16 octobre 1820, le vicaire de Yamachiche est embarrassé par un « veuf [qui] a vécu depuis cinq ou six ans dans le crime avec une femme qui habite ainsi que son mari dans la maison du veuf. Celui-ci, pour mettre fin à ses crimes, s'est marié ; peu de temps avant son mariage, il est retombé de nouveau dans le crime avec cette même personne. Je voudrais savoir si je dois l'obliger de sortir de sa maison, ou bien si je puis le laisser demeurer encore dans la même maison, vu qu'il a le remède à ses débauches. » Selon l'évêque, « le mariage n'autorise pas à demeurer dans l'occasion prochaine de péché lorsque la personne qui en a été l'occasion est continuellement présente ».

La rencontre adultère « suppose nécessairement du dégoût de sa propre femme », ainsi que le rappelle l'évêque au curé Bruneau de Verchères, le 12 mai 1824. Mais le pécheur repenti doit être reçu « avec douceur et charité, à l'exemple de Notre Seigneur qui ne voulut pas condamner la femme adultère » ; c'est la conduite suggérée au curé des Éboulements, le 19 janvier 1795. La naissance d'un enfant adultérin exige une réparation proportionnée aux conséquences : « On ne doit point admettre [à l'absolution] l'adultère qui refuse de contribuer de ce qu'il peut aux frais de l'éducation du fruit de son libertinage ou de dédommager celui qui croit en être le père. La femme attribuant cet enfant à son co-adultère et non à son mari, doit être crue » [au missionnaire de Percé, 1er août 1805]. La réparation est assujettie aux capacités de chacun. Le 28 mars 1816, le curé de Saint-François-du-Lac expose le cas d'une « femme pauvre et adultère [...] qui a donné des soupçons sur sa conduite ». La pénitente croit qu'« un enfant illégitime partagera la succession des enfants légitimes ». Le verdict épiscopal tient compte de l'ensemble des circonstances et pas seulement du degré de repentir de l'auto-accusatrice :

> Une femme adultère qui montre du repentir et qui est éloignée de l'habitude et de l'occasion prochaine du péché, doit être admise aux sacrements au moyen d'une sévère pénitence [...]. Il suffit de lui imposer pendant un an un jeûne par semaine avec liberté de le racheter par trois chapelets dans les semaines où elle ne pourra jeûner. On peut de plus lui imposer pour le même temps cinq fois l'acte de contrition tous les soirs avec cinq baisers de terre ou cinq percussions de la poitrine pour se rappeler ses péchés. Quant au dédommagement auquel l'oblige envers son mari le soupçon d'avoir un adultérin entre ses enfants, il suffit, puisqu'elle est pauvre, qu'elle travaille plus fort, afin de dédommager la maison.

La recherche de la justice est un souci constant des prêtres appelés à se prononcer sur de semblables affaires. Mais, la justice de Dieu n'est pas calquée sur celle des hommes. Un cas exposé, le 17 juin 1813, par le curé Viau de Cap-Saint-Ignace illustre bien ce qui distingue l'une de l'autre :

> Une femme, dont le mari vient de mourir, a eu depuis son mariage une fille qui est maintenant grande fille provenant d'un adultère, le mari la croyait à lui, je ne suis pas certain si sa femme ne l'en a pas averti avant sa mort. Néanmoins il n'a fait aucun arrangement et il n'a point eu d'enfants. La susdite fille croit encore qu'elle est fille du mari de sa mère. La femme elle-même a fait connaître la chose à un des frères de feu son mari, qui m'a demandé ce qu'il fallait faire, je n'ai point donné de réponse. La femme n'avait rien. Le bien vient du mari et comme il n'a point fait d'arrangement ses frères veulent partager le bien au moins après la mort de sa femme.

La réaction épiscopale présente deux volets : « On ne doit pas, commence par dire l'évêque, ajouter foi à une femme qui se dénigre elle-même [...] quand même elle persisterait à dire que sa fille est bâtarde, on ne doit pas la croire et la fille doit hériter de celui qui a passé pour son père. » Cette partie de la réponse s'applique au « for extérieur », c'est-à-dire la justice civile. La loi désigne comme père celui « à qui l'enfant est né en légitime mariage ». C'est la règle énoncée par la formule latine : « Pater est quem justæ nuptiæ demonstrant[64]. » Pour la dette contractée envers Dieu, l'évêque poursuit : « Quant au for de la conscience où les parents n'ont rien à voir, si la veuve en question vous fait le même aveu, il faut exiger d'elle que par testament elle assure la moitié du bien, dont elle se trouve en possession, aux héritiers de son mari. Elle ne pourrait faire plus sans se diffamer et sans ravir à sa fille la part de son prétendu père, qui lui est accordée par la loi. »

Le tribunal de la confession exige réparation publique d'un scandale. En 1811, un paroissien de Rivière-Ouelle qui « a commis un adultère avec une fille qui restait chez lui s'est arrangé avec ses parents, pour le soin de la mère et de l'enfant », ainsi que l'exige la loi civile. L'adultère ayant été connu du public, le pécheur repenti est frappé d'une obligation morale. On lui intime « de demeurer cinq dimanches à genoux en bas de l'église, sans pouvoir se lever excepté pendant le prône et le sermon ».

Séparer ceux que le prêtre a unis

> L'adultère, en le supposant constaté, peut bien autoriser une femme à quitter son mari, mais non à en prendre un autre. La tentation qu'une femme prétend avoir de s'ôter la vie, ne saurait seule l'exempter de retourner avec son époux, car elle peut surmonter cette tentation avec la grâce de Dieu [Plessis au vicaire de Berthier, 28 avril 1825].

Nous avons jusqu'ici pris connaissance de certaines séparations de fait. Ces situations se démarquent de la procédure régulière. Normalement, le couple malheureux doit faire approuver sa volonté de cesser toute vie commune. Le 16 mars 1816,

---

64. M. MATHIEU, *Rapports judiciaires revisés* […], t. 2, p. 368.

Mgr Plessis écrit au curé de Bellechasse : « Une femme ne peut de son autorité privée se séparer de son mari, ou un mari de sa femme. Si donc leur séparation n'est pas faite *mutuo consensu*, la partie qui refuse de rejoindre l'autre doit être privée d'absolution jusqu'à ce qu'elle exhibe à son confesseur une autorisation du juge civil, obtenue en cour, ou une permission du supérieur ecclésiastique, de demeurer séparée. »

Le manque de désir ne suffit pas pour faire prendre le projet au sérieux. Si le prêtre entrevoit la possibilité de réconciliation, il invite les partenaires à se pardonner mutuellement leurs torts. Protectrice des faibles, l'Église précise ce qui distingue sa gestion de l'échec conjugal de celle des tribunaux : « une accusation d'adultère [...] est bien reçue en Cour de la part d'un mari contre sa femme, mais non de la part d'une femme contre son mari » rappelle l'évêque, le 29 janvier 1821, à propos d'un couple venu solliciter les lumières d'un curé. Dans son *Traité du contrat de mariage*, véritable synthèse du droit du XVIIIe siècle, Robert-Joseph Pothier a doublement justifié les vues sexistes de la justice : l'adultère féminin est une atteinte à l'ordre social « parce qu'il risque de faire passer des biens à des enfants étrangers à la famille ; d'autre part, il n'appartient pas à la femme, qui est une inférieure, d'avoir inspection sur la conduite de son mari ». Pothier ne s'émeut pas outre mesure des « mauvaises manières » et des « mauvais traitements » infligés aux femmes. L'épouse doit y reconnaître « une croix que Dieu lui envoie pour expier ses péchés[65] ». Énoncé limpide sur les usages de la religion à des fins de domination.

---

65. Cité dans Jean GAUDEMET, *Le mariage en Occident*, p. 374. L'inégalité du traitement judiciaire de l'adultère est alors la règle commune de l'Occident. Nous renonçons à décliner les références. Un historien de l'Ancien Régime oppose la discrimination sexuelle des tribunaux aux vues égalitaires de l'Église : « La séparation de corps peut être demandée par le mari en cas d'adultère de la femme, sauf s'il l'a lui-même prostituée ou s'il est lui-même adultère (encore certains tribunaux considèrent-ils comme recevable la plainte maritale même dans ce dernier cas). Mais, au regard

Qu'entend-on par séparation ? « C'est un jugement rendu [...] par lequel » une cour « sépare d'habitation et de bien la femme d'avec son mari, ou de biens seulement ». Le juriste énumère les motifs de « séparation de corps et d'habitation » qu'une femme peut faire valoir devant le tribunal :

1° les sévices et mauvais traitements du mari envers elle.
2° si le mari est convaincu d'avoir attenté à sa vie.
3° si le mari lui a donné plusieurs fois la vérole et qu'il continue à vivre dans la débauche.
4° si le mari accuse sa femme d'adultère et qu'elle y succombe ou si le mari a fait des plaintes et enquêtes sur faits graves contre elle sans la convaincre.
5° la folie et la fureur qui donneraient lieu d'appréhender que le mari n'attentât à sa vie.
6° si le mari a conçu contre elle une haine capitale.

Par ailleurs, voici « les causes pour lesquelles un mari peut obtenir une séparation de corps et biens contre sa femme » :

1° si elle a intenté à sa vie ou à son honneur.
2° si elle l'a impliqué dans une accusation capitale.
3° si par intrigues et menées elle l'a fait soupçonner de conjuration.
4° si elle a commis l'adultère[66].

Un dépouillement exhaustif des archives judiciaires permettra de dire un jour dans quelle mesure les tribunaux ont reçu de manière différente les plaintes des hommes et des femmes. Retenons pour l'instant que l'adultère du mari n'est pas un motif jugé suffisant pour réclamer une séparation légale.

En matière de séparation, l'Église est subordonnée au pouvoir civil. Elle a un droit de regard exclusif sur la validité du

de la loi civile, la réciproque n'est pas vraie : la femme n'est pas admise à demander la séparation en cas d'adultère du mari. Le droit canonique, au contraire, sur la base de l'égalité de l'homme et de la femme affirmée par saint Paul, reconnaît à chacun des deux époux le même droit de formuler une telle demande en cas d'adultère du conjoint. » (François Lebrun, La vie conjugale sous l'Ancien Régime, p. 53.)

66. Joseph-François Perrault, op. cit., p. 342-345.

sacrement et la régie des pulsions sexuelles. Dans l'ensemble, elle possède un pouvoir de persuader les fidèles, soit de vivre ensemble, soit de se soumettre à la loi pour obtenir le droit de se séparer : « on ne devait point recevoir à la sainte table le mari et la femme séparés, à moins que leur séparation fût approuvée par une cour civile ». La pauvreté n'est pas une excuse pour s'éviter de recourir aux tribunaux ; les deux personnes que le curé de Saint-Ours signale à Mgr Lartigue, en 1826, « pouvaient elles-mêmes plaider leur cause, sans être obligées de prendre un avocat ». Pour inciter au respect des exigences légales, les pasteurs privent de la réception des sacrements. Le 25 mars 1824, le curé de Saint-Joseph de Beauce demande comment se comporter à l'endroit d'un couple séparé « depuis plusieurs années. La femme reproche à son mari le crime de sodomie. L'homme reproche à sa femme les mauvais traitements. » Le curé croit pouvoir les réconcilier, « mais il faut savoir lequel des deux doit aller trouver l'autre. C'est l'homme qui a quitté sa femme » ; depuis leur séparation, « l'homme [a] acquis une propriété qu'il a peine à abandonner ». Faut-il les priver de la pratique pascale, advenant que ni l'un ni l'autre ne veuille céder ? Scrupuleux, le curé Decoigne ne veut pas imiter son prédécesseur qui « les admettait aux sacrements, peut-être un peu facilement ». La réponse de l'évêché nous éclaire sur le partage des pouvoirs entre l'Église et l'État :

> S'il y a lieu de croire que cet homme soit encore adonné à la sodomie, il faut l'abandonner à son sens réprouvé et admettre la femme aux sacrements, parce que leur réunion sera sans fruit. Si, au contraire, il paraît avoir renoncé à ce vice, il faut lui faire entendre que son devoir l'oblige de revenir auprès de sa femme, avec injonction à celle-ci de le suivre dans sa nouvelle demeure lorsqu'ils auront demeuré paisiblement une année dans la première [...] s'ils ne s'accordent pas, vous les renverrez tous deux devant le juge de paix ou le commissaire, pour autoriser leur divorce.

Le 25 janvier 1825, le curé Jean-François Gagnon, depuis peu affecté au service de Saint-Pierre-les-Becquets et de Saint-Jean de Deschaillons, expose le cas de « deux personnes séparées dont la femme n'est pas demeurée fidèle à son mari ». Voulant réunir le couple, le prêtre compte demander à celui-ci de pardonner à sa femme. S'il essuie un refus, peut-il « admettre […] l'un et l'autre aux sacrements » ? Plessis lui répond, le 11 février :

> Une démarche charitable est toujours de saison. Si deux époux sont séparés efforcez-vous de les remettre ensemble. Si l'un des deux a des preuves non équivoques de l'infidélité de l'autre, par ex. si une femme est devenue enceinte pendant une longue absence de son mari ou s'il l'a surprise *in flagrante delicto*, il n'est pas obligé de la reprendre. En ce cas vous pouvez absoudre et le mari et même la femme après qu'elle sera bien convertie et qu'elle aura fait auprès de son mari les réparations et soumissions nécessaires pour qu'il la reprenne. Si les accusations ne portent que sur des soupçons ou sur des apparences équivoques, il n'en faut pas tenir compte et celui des époux qui voudrait demeurer séparé sur de pareils soupçons ne serait pas admissible aux sacrements.

Certains prêtres prennent d'audacieuses initiatives de renouement conjugal. Louis-Martial Bardy, premier curé de La Présentation, est du nombre. Ne voulant point « fatiguer » l'évêque « par des consultations sans fin », il a sollicité l'avis de confrères prêtres avant de loger au presbytère un couple séparé, dans l'espoir de les réconcilier. Alcoolique et vraisemblablement infidèle, le mari paraît transformé : « Sa conversion est constante […] il a réparé par une conduite pénitente tous ses scandales. » Recherchant l'approbation de son supérieur, Bardy l'informe que son « ministère n'en souffrira nullement » ; ses « paroissiens ont déjà été témoins des peines et des réussites » qu'il a « eues […] à réunir en cette paroisse plusieurs autres ménages divorcés ». Pour s'éviter tout reproche, le jeune prêtre assure que les fidèles en sont édifiés. L'évêque n'est pas tout à fait convaincu que l'expérience doit être poursuivie. Il craint que, si la femme « était à portée de fréquenter le presbytère », le mari, « au premier excès de boisson », ne répète « les mêmes infamies qu'il a déjà publiées » sur le dos du curé, « quelque mal fondées que soient ces injures ».

L'intervention exclusive des prêtres dans plusieurs cas de séparation n'inquiète pas le pouvoir civil pourvu que la loi soit respectée. Quant à l'Église, elle veille à préserver de la manière la plus rigoureuse le principe de l'indissolubilité. Même la présomption d'un mariage forcé ne saurait justifier une séparation avec possibilité de se remarier. C'est l'interprétation qu'il faut donner à une réponse reçue de l'évêché par deux missionnaires de la baie des Chaleurs, le 6 juin 1796 :

> Il se peut que la femme de G. n'ait jamais consenti à son mariage. En ce cas il n'y en a point. La longue cohabitation et les enfants mêmes sont bien un signe extérieur du consentement mais on ne prouve pas invinciblement son existence, parce que la violence a pu ne pas cesser. Il se pourrait donc que cette femme n'eût jamais consenti. Mais 1° cela ne peut guère se supposer, 2° quand cela serait vrai, ce n'est point une raison de dissoudre cette union, ce qui ne se pourrait faire sans un horrible scandale et sans les plus grands inconvénients. Il faut refuser l'absolution à la femme jusqu'à ce qu'elle consente d'habiter avec son mari. Si elle soutient n'avoir jamais consenti à son mariage, il faut feindre de n'en rien croire et au surplus la condamner […] à donner enfin un consentement qu'elle prétend n'avoir pas donné. Si l'aversion est tellement forte qu'il y ait danger pour la vie du mari, c'est le cas de tolérer la séparation *a thoro* [de lit] pourvu qu'il n'en résulte aucun libertinage […]. Quand même le juge prononcerait la nullité, il ne faudrait pas y souscrire dans le for intérieur, par ce grand principe que la cohabitation qui suit un mariage forcé le rend valide de nul qu'il était, si elle a été volontaire, n'eût-elle été qu'un instant. Si l'on supposait que l'usage du mariage a été extorqué par importunité, crainte ou violence, il ne le validerait pas sans doute ; mais cela, encore une fois, ne doit pas être supposé, parce que les hommes jugent de l'intention par l'action, et l'Église n'a jamais reçu une telle réclamation sans preuve. Se conduire autre[ment], ce serait ouvrir la porte à une infinité de divorces.

Le 13 juin, le mari produit une demande d'annulation accompagnée d'une déclaration de sa femme au juge de paix. L'évêque reste inflexible :

> Vos écrits et cette déclaration ne montrent que trop que vous n'étiez pas faits l'un pour l'autre. Mais rien de cela ne me prouve

qu'il n'y ait pas eu dans le principe un consentement mutuel entre vous deux, quoiqu'elle dise qu'elle y a été forcée par ses parents. La teneur de sa déclaration n'allègue point une vraie contrainte, mais une forte aversion, laquelle n'est point une cause légitime de rompre le mariage puisqu'il est indissoluble.

Des maris alcooliques et violents

Les mésententes conjugales, on l'a vu, proviennent de diverses sources : incompatibilité de caractère, insatisfaction sexuelle, conflits sur la gestion du patrimoine, indolence, alcoolisme de l'époux, plus souvent que de l'épouse. Au reste, la subordination de cette dernière au pouvoir masculin est inscrite dans le droit civil et avalisée par l'Église. Au mari abusif, elle conseille la douceur, dans l'espoir de l'attendrir. Mais son pouvoir en la matière réside dans sa capacité de convaincre. Heureuse l'épouse qui réussit à changer un conjoint peu porté aux délicatesses !

Le 17 décembre 1817, le curé de Cap-Saint-Ignace rapporte qu'une femme, « à l'insu de son mari, donne de temps en temps quelque chose à son fils pour subvenir à sa misère ; le mari qui s'en aperçoit quelquefois, entre en mauvaise humeur contre sa femme ; malgré cela touchée de l'état de ce fils et de ses enfants, elle continue de le secourir, elle demande, si elle le peut faire en conscience ». Cinq jours plus tard, l'évêque dicte au curé une règle de conduite qui révèle la marge de manœuvre assez réduite des pasteurs :

> Une femme ne peut régulièrement faire d'aumônes à l'insu de son mari. Mais s'il s'agit d'un fils vraiment pauvre et incapable d'abuser de ces petites assistances et que le mari soit déraisonnablement opposé aux secours qu'elle lui donne, je crois qu'absolument elle pourrait l'assister en cachette en chargeant sa conscience de regarder ces dons comme faisant partie de ce qu'il pourrait prétendre dans la succession maternelle, après qu'elle sera morte. Que si elle ne peut, même avec cette clause, lui donner sans troubler la paix avec son mari, il vaut mieux qu'elle s'en abstienne.

Le 5 novembre 1822, Mgr Lartigue conseille la même prudence à une femme de Saint-Luc, « obligée à restitution » d'une somme d'argent. Elle doit rembourser « quand elle pourra, sur ses épargnes et travaux particuliers, hors de la connaissance de son mari [...] sans lui rien détacher de son bien ni du travail qu'elle lui doit ». Est-il possible qu'en ces matières le mari soit considéré comme pécheur, parce qu'il manque de charité à l'égard de sa femme ou de ses enfants ? Sûrement... à condition qu'il soit pris de remords, qu'il s'en confesse parce que la loi le reconnaît seul gestionnaire du patrimoine qu'il peut administrer comme bon lui semble.

La désobéissance au mari est parfois encouragée lorsque ce dernier exige une coopération à ses excès : « Un mari pèche en faisant accroire à sa femme que la communauté est riche pour l'engager à signer des dettes et ainsi charger les actifs qui sont à elle[67]. » La femme peut refuser de cautionner pour son mari : « elle doit conserver son bien. Les menaces du mari, les mauvais traitements ne doivent pas l'y engager, elle peut les éviter par la séparation[68]. » Le 24 juin 1802, le curé de Deschambault se fait dire que « ni une femme, ni des enfants ne peuvent procurer au mari ou au père de famille, la boisson dont ils savent qu'il fera un mauvais usage [...]. Les mauvais traitements qu'ils craignent sont moins fâcheux que le péché auquel ils participeraient en lui allant chercher de la boisson dont il s'enivre. »

Les témoignages de violence conjugale sont si nombreux qu'il faut bien y reconnaître une des plus fréquentes atteintes à la dignité de plusieurs femmes. Parfois elle est clairement avérée, parfois on l'appréhende. À la fin des années 1780, le prêtre desservant l'île aux Coudres refuse l'absolution à un homme qui, selon toute vraisemblance, partage le lit d'une domestique, ainsi

---

67. Augustin Tessier, ptre, *Tractatur de matrimonio*, p. 550. Voir Archives du Séminaire de Saint-Hyacinthe. Tessier (1803-1842) est curé de Saint-Mathias de 1832 à 1838.

68. *Ibid.*, p. 551.

qu'à son épouse paraissant tolérer ces infidélités. Qui nous assure que la conjointe délaissée n'est pas subjuguée par un mari violent ? N'a-t-il pas menacé de « battre » le curé, s'il persistait « à lui refuser l'absolution à lui et à sa servante » ? Pourquoi, en 1810, une femme de Saint-Régis « s'obstine[-t-elle] à ne pas vivre avec son mari » ? L'évêque lui fait dire qu'elle est obligée de cohabiter sauf si elle est exposée à « perdre la foi et les mœurs ». Comme son époux paraît avoir « fait son possible pour se réunir à elle », elle est menacée d'être privée des sacrements si elle ne va pas le rejoindre. Cette femme aurait-elle toujours peur de cet homme dont elle aurait tu la violence ? On aimerait aussi en savoir davantage au sujet de cette « sexagénaire, remariée, depuis trois ans, à un veuf de Saint-Gervais », qui, nous apprend le curé de Saint-Charles de Bellechasse, le 14 janvier 1817, « s'est avisée de laisser son mari pour revenir prendre possession de sa chambre dans la maison de son fils, son donataire ». Le fils s'en « est allé prendre le coffre de sa mère, avec menace, à son beau-père, disant qu'il doit prendre les intérêts de sa mère ». Violence ? Le curé, narrateur de l'affaire, signale du même coup la présence d'« une veuve, nouvellement réfugiée » à Saint-Charles, qui déclare « avoir laissé son mari qui est infidèle et la maltraitait ». Sans doute, être « maltraité » veut parfois dire privé du nécessaire, mais parfois aussi victime de violence.

La violence est souvent associée à l'alcoolisme. Les curés sont attentifs aux dénonciations. L'alcoolisme sans violence n'est pas une raison suffisante pour réclamer une séparation. Avant d'occuper la cure de Chambly (1817-1866), Pierre-Marie Mignault, alors jeune missionnaire à Halifax, se l'est fait rappeler, ne sachant que répondre à une femme « dégoûtée de son mari [...] ivrogne ». « Ce n'est pas une raison de divorce » de lui répondre Plessis qui rappelle les seuls critères de séparation retenus par l'Église : « Il n'y en a que deux, l'adultère et des mauvais traitements qui feraient craindre raisonnablement à une femme la mort ou la perte de quelqu'un de ses membres. » Les coups doivent être « meurtriers », selon un traité manuscrit de la fin des années 1830[69]. Le droit civil n'est pas plus tendre pour les épouses. Le juriste Robert-Joseph Pothier écrit : « Un soufflet ou un coup de poing qu'un homme aura donné à sa femme, qui pourrait être une cause de séparation entre des personnes de condition honnête, n'en sera pas une entre gens du peuple, à moins qu'ils n'aient souvent été réitérés[70]. » Outre qu'il traduit la modulation des standards judiciaires en fonction des classes sociales, cet énoncé témoigne d'une violence répandue dans les sociétés anciennes[71].

L'Église ne dénonce pas cette violence intégrée aux cultures prémodernes. Le 2 mai 1812, Plessis avise le curé de L'Ancienne-Lorette qu'« il vaudrait peut-être encore mieux réhabiliter » un « mariage que de séparer des gens qui s'aiment, comme le prouve la grossesse de la femme, et qui pourraient bien s'entêter à rester ensemble après qu'ils seront séparés », si l'on refuse de valider leur mariage nul. Il est « très possible », soutient l'évêque, que la femme soit « attachée à ce brutal de manière à le désirer pour mari préférablement à tout autre. Il est des femmes qui n'ont point peur des coups. » Cette déclaration à nous donner la chair de poule exige un certain sens du dépaysement... À quoi bon en désirer un autre ? Qu'adviendrait-il de l'enfant à naître si la séparation avait lieu ? La protection toute aléatoire d'un conjoint n'est-elle pas préférable à la liberté assortie de conditions matérielles misérables et du mépris affiché à l'endroit des mères célibataires ? Le prix d'une rupture, toujours possible parce que le mariage du couple est invalide, est-il plus grand que le risque d'une union indissoluble ? Nous devons nous prémunir contre nos

---

69. *Ibid.*, p. 557.

70. Cité dans Alain LOTTIN, « Vie et mort du couple. Difficultés conjugales et divorces dans le nord de la France aux XVIIᵉ et XVIIIᵉ siècles », *XVIIᵉ siècle*, nᵒˢ 102-103, 1974, p. 76.

71. Il faut lire à ce propos Robert MUCHEMBLED, *L'invention de l'homme moderne*. Les juristes québécois ont reproduit pendant longtemps l'opinion de Pothier. Elle est citée dans Joseph FRÉMONT, *Le divorce et la séparation de corps*, p. 85. Frémont renchérit : « l'égalité devant la loi n'introduit jamais le même raffinement de mœurs dans la cabane du bûcheron, et les salons de l'homme d'État ». (*Ibid.*, p. 86.)

propres valeurs pour faire l'hypothèse de ces délibérations prêtées à la femme ainsi qu'aux prêtres appelés à trancher.

Parmi les péchés dont l'absolution relève de l'évêque, notons la violence faite aux vieillards. Dans les familles-souches d'autrefois, les occasions ne manquent pas de perdre patience avec ses propres parents ou ceux de son conjoint. Le 30 décembre 1802, le curé de l'île Verte reçoit de Plessis le pardon d'une « fille qui a donné des soufflets à sa mère en démence ». Il lui sera désormais permis « de souffleter sa mère [...] qu'autant qu'elle pourra répondre de le faire sans emportement ». Dans l'esprit du magistère, le viol est un péché grave. Un homme qui « a eu un commerce long mais secret avec sa belle-sœur impubère, même en supposant qu'il eût usé de violence envers elle », se voit astreint à « une année d'épreuve et de pénitence » avant d'être jugé digne de recevoir le pardon et l'eucharistie. Le viol n'est cependant pas un péché pardonné uniquement par l'évêque[72]. Combien de femmes ont pu être brutalisées par des maris en état d'ivresse ?

D'une manière générale, les prêtres compatissent au sort des femmes qui implorent leur aide. On les surprend quelquefois en train de réprimander les bourreaux au beau milieu d'une querelle. En 1812, le curé de Saint-Grégoire reproche à un homme « son inhumanité en laissant périr de faim et dans l'ordure une femme qui depuis 19 ans le faisait subsister ». En 1817, le curé de Loretteville veut faire annuler un permis de vente d'alcool. Certains buveurs laissent leurs dépendants pâtir de faim. Une femme a été blessée au bras par son mari ivre. À Châteauguay, en 1825, B.M. consent devant témoins à ne pas exiger que sa femme habite avec lui. Pour la mettre hors de danger, il faut, espère le curé, qu'elle loge loin de son mari violent.

---

72. Sur les péchés sexuels pardonnés seulement par l'évêque, nous renvoyons le lecteur à Serge GAGNON, *Plaisir d'amour et crainte de Dieu*, chap. 4.

Redoutant la vengeance des maris, des curés sont réticents à intervenir, ou du moins s'exécutent avec prudence ; « ce qui l'a animé davantage contre moi, écrit le curé Gaillard de Sainte-Anne de Beaupré, le 23 juillet 1802, c'est quand il a su que sa femme me donnait connaissance des mauvais traitements qu'il lui faisait, et qu'elle m'avait même averti par écrit que, dans la frénésie, il avait même en la frappant, menacée d'attenter à sa vie et à la mienne ». En manière de preuve qu'il a été injustement soupçonné de « quelque intelligence criminelle avec elle », le curé est disposé à faire témoigner en sa faveur des parents du mari ainsi que des « paroissiens indignés de ces honteux procédés ». On ignore s'il s'agit de l'homme qui a fait courir le bruit que le curé était alcoolique[73]...

Antoine Bédard, successeur de Gaillard à la cure de Sainte-Anne et desservant de la mission de Saint-Ferréol, relate, le 22 avril 1805, les péripéties d'un autre drame conjugal :

> J'ai à St-Ferréol une femme qui a laissé son mari qui passe pour ivrogne. Lorsqu'il est ivre, il fait vacarme de l'aveu de ses voisins dignes de foi. La femme m'a dit qu'il l'avait battue déjà deux fois et que le jour qu'elle se sauva il l'avait obligée de lui mettre son rasoir dans sa main disant qu'il voulait lui couper le cou. L'homme nie le fait. J'ai exhorté la femme à se réunir à son mari, elle ne le veut pas absolument, disant qu'elle est entre la vie et la mort lorsque son mari a bu, qu'elle a déjà retourné quatre fois espérant qu'il changerait de vie, mais qu'elle ne retournera pas la cinquième fois puisqu'il est toujours le même. L'homme me paraît violent et malin et la femme est simple, elle pourrait avoir quelque tort, je veux dire n'avoir pas assez de complaisance envers son mari, ne pas lui parler assez souvent, ce qui vient de ce qu'elle le craint beaucoup. Tantôt l'homme veut qu'elle se réunisse à lui, tantôt il ne le veut pas. Il est à peu près incompréhensible.

---

73. Curé de Sainte-Anne depuis 1786, François-Bernard Gaillard (1762-1817) abandonne sa cure l'année du drame, puis fait office de vicaire à Saint-Hyacinthe, de 1808 à 1812. Cette rétrogradation est habituellement une sanction disciplinaire.

Au jugement de l'évêque, le curé n'a pas assez de sympathie pour la victime :

> Il y aurait de la cruauté à contraindre une femme de retourner pour la cinquième fois chez son mari ivrogne avéré dont elle a été obligée de se séparer pour mauvais traitements. Vous devez l'admettre aux sacrements sans exiger qu'elle retourne. Si elle a été menacée de mort, vous devez l'empêcher de retourner, quand même elle le voudrait. Quant à son mari, vous ne le pouvez admettre [à l'absolution] jusqu'à ce qu'il ait passé au moins une année sans faire aucune intempérance. Si après cela, sa femme consent à le rejoindre, laissez-la faire. Mais ne la contraignez pas.

Combien de femmes ont cédé à des promesses d'ivrogne ? Combien s'en sont repenties ? Le scénario est à peu près toujours le même. Des maris à genoux demandent pardon au lendemain d'une cuite. Après avoir entendu les réprimandes des parents, des voisins, de l'épouse, ils paraissent si repentis que tout le monde espère leur conversion. Le 30 juin 1798, un alcoolique de Verchères dépose devant l'instituteur Louis Labadie la « soumission » que voici :

> Je confesse avoir causé beaucoup de troubles, de peines et de chagrins par ma mauvaise vie et conduite dans ma diabolique boisson, à mon père G., à ma mère G. et à ma chère épouse, leur fille. Me reconnaissant aujourd'hui je me rends et me soumets, je demande pardon à Dieu de tous mes torts, et à vous mon père et ma mère, ainsi qu'à ma fidèle et chère épouse.

> Vous avez tout le droit d'être mécontent contre moi. Je suis revenu de toutes mes erreurs. Donnez-moi place dans vos cœurs, recevez-moi s'il-vous-plaît au nom d'un Dieu tout miséricordieux, j'en ferai de même vis-à-vis de vous autres à l'avenir.

> Je vous jure, vous proteste et vous promets de ne jamais faillir davantage, ne voulant plus vous causer aucun trouble, ni tourment, je vous prie de laisser votre acte de donation à votre fille, ma chère épouse qui toujours aura soin de vous autres. Si elle ne le peut seule, je vous promets de lui donner une fille pour la soulager.

On ignore si le mari a persévéré. Dans son cas, la conversion est-elle dictée par de nobles sentiments, est-elle une feinte pour récupérer un capital agricole ? Quand les alcooliques retournent à leurs excès, leurs femmes sont souvent contraintes d'abandonner le domicile conjugal, de mettre en péril leur sécurité matérielle, si mince soit-elle, pour assurer leur intégrité physique, comme l'a fait cette « tante » réfugiée dans la famille d'Amable Dionne, fuyant un conjoint alcoolique et brutal.

Quand les tribunaux sont saisis de l'affaire, le curé, s'il est consulté, fait servir son autorité morale au soutien des victimes. Le 14 novembre 1822, le desservant de la paroisse de Champlain reçoit un avis en ce sens : « Quelle que soit » la décision du tribunal, « il n'appartient pas au mari de faire les soustractions qu'on lui conseille ni à son ami d'en être le dépositaire ou l'acquéreur simulé. La probité dont des chrétiens doivent faire profession leur interdit toutes ces fraudes. »

Faute de pouvoir divorcer, heureuses les femmes qui ont contracté un mariage nul ! Il peut s'agir de personnes ayant fait des déclarations inexactes au moment d'une demande de dispense. Les prêtres ne sont pas forcément favorables à la rupture, même s'il y a mésentente ; ne voulant pas laisser croire qu'il est facile de se désengager, ils favorisent la réhabilitation ou revalidation du mariage. D'ailleurs, le retour d'une fille dans sa famille serait-il bien accueilli par son père ? Le 18 novembre 1823, le curé de Saint-François de Montmagny signale à son supérieur une jeune fille ayant déclaré avoir 15 ans alors qu'elle en avait 21. Elle a, réplique l'évêque, « obtenu une dispense subreptice », c'est-à-dire sans effet. Le 21 janvier 1824, le curé se demande si l'on peut discrètement — car le public ignore la nullité — revalider le mariage. L'époux, craint-on, « serait probablement tenté de laisser la partie ; c'est un ivrogne qui n'a guère de religion ». L'épouse ne semble pas disposée à recouvrer sa liberté, si mal mariée qu'elle paraisse. En juillet 1826, une paroissienne de Pierre Clément, curé fondateur de Beauharnois, desservant de

Sainte-Martine et de Saint-Timothée, entreprend des démarches pour faire annuler une union qui l'a déçue. Mariée aux États-Unis par le ministère d'un homme de loi, elle a confié au curé que « si son mariage est nul elle ne veut plus » de son conjoint ivrogne. « Ils ont eu chicane il y a quelque temps, ils se sont séparés, la femme est venue dans ma paroisse chez ses enfants où il est venu la rejoindre » depuis sa résidence de Saint-Timothée. Réputé protestant, l'homme aurait abjuré avant son mariage pendant un séjour à « l'hôpital de Montréal », en 1812. Si l'épouse met la main sur l'acte d'abjuration, elle sera en mesure de prouver que, étant tous deux catholiques, ils se sont mariés frauduleusement devant le magistrat de la Nouvelle-Angleterre. Tenant à son mariage, le mari proteste, n'ayant pas « fait sa première communion. Faisant consister sa conversion dans » celle-ci, il n'a pas abjuré suivant les formes. Mariage valide !

Certains dossiers nous portent à croire que des mariages comportant des vices de procédure ont été conclus ainsi dans le but de retrouver la liberté, advenant la chicane. Or, même dans ces situations, les prêtres réagissent habituellement dans le sens d'une préservation du principe de l'indissolubilité. En 1824, des conjoints de Saint-François de Montmagny se trouvent dans une situation irrégulière parce qu'on a appris, après la célébration du mariage, qu'ils étaient liés du troisième degré de consanguinité. Le curé n'est pas tout à fait favorable à une réhabilitation. Le mari se présente au presbytère en compagnie de son beau-père. Il veut « arranger cela tout de suite, n'ayant pas encore été à confesse, s'offrant pourtant par forme d'y aller tout de suite [...]. Sa femme est même séparée de lit depuis une quinzaine de jours. » Celle-ci se déclare disposée à quitter le domicile conjugal si son époux « ne veut pas faire les choses d'une manière plus chrétienne ». De quelle conduite pécheresse le mari est-il réputé coupable ? Il est « presque toujours enivré et [...] répète sans cesse » à sa femme « de s'en aller, quoiqu'il ne le désire probablement pas » raconte le curé embarrassé, parce que, en définitive, « toutes les pièces » justificatives du mariage existent. La réhabilitation n'y ajouterait rien. Et si le mari ivrogne, voulant pré-cipiter les choses, s'adressait aux avocats… Il ne faut pas craindre, repartit l'évêque, d'« être traduit en justice pour ne pas admettre aux sacrements deux personnes dont le mariage est publiquement réputé nul ». La revalidation est nécessaire, dût-elle se faire au prix d'un sacrilège. Le mari « étant ivrogne, il ne faut pas s'at-tendre qu'il soit corrigé ni qu'il se soit rendu digne d'absolution pour réhabiliter son mariage ». Pécheur d'habitude, l'alcoolique doit normalement se corriger avant d'être pardonné. Mais attendre « mènerait trop loin. Dès qu'il se sera confessé », le curé peut « le remarier, après l'avoir néanmoins averti dans le for inté-rieur qu'il n'est pas suffisamment préparé pour recevoir le sacre-ment et qu'en se mariant dans l'habitude de l'ivrognerie, il se rend coupable de sacrilège, mais que c'est son affaire, et que vous [le curé] vous en lavez les mains ». Nul ne sait quel sort attend cette femme plus docile à l'Église que son ivrogne de mari. Cer-taines, peut-on présumer, ont mené de tristes vies, comme cette épouse qui, le 17 juillet 1826, attire la compassion du curé de Beauharnois :

> J'ai depuis quelques jours, dans ma paroisse, une femme […] de Saint-Timothée qui s'est séparée d'avec son mari pour cause de mauvais traitements. Dans le moment elle ne veut plus retourner avec lui […]. Je connais très bien cette femme […]. Elle a fait bon ménage avec son premier mari, tout le monde est pour elle, je n'en connais point un seul pour lui. Elle m'a dit que l'an passé il l'a frappée, il est innombrable [?] les injures qu'il lui disait jusqu'à appeler le diable (pour me servir de son expression) à son secours, lui demandant avec instance d'emporter sa femme, il lui a dit […] qu'elle périrait par sa main, dernièrement il l'a rejointe, il l'a écrasée par terre sans autre traitement, elle crevait de faim avec lui elle était surchargée d'ouvrage pénible jusqu'à piocher des souches dans de la terre neuve, elle était maltraitée en paroles, par un de ses enfants à lui dont l'homme ne faisait aucun cas lorsqu'elle s'en plaignait […] il lui a fait rendre son anneau, elle est partie avec ses enfants dans un mauvais temps pour venir ici […]. Elle ne veut plus se résoudre à retourner avec lui […] elle en a vraiment peur […]. Plusieurs pensent qu'il arrivera malheur à cette femme. Il fait beaucoup d'instances

maintenant pour la ravoir [...]. Il est en confession générale dans ce temps-ci mais je vous dis bien que je n'ai aucune confiance dans ces confessions. Finalement la femme se trouve bien ici chez ses enfants. Elle voudrait y rester à manger sa rente tranquillement et faire son salut. Cette femme est réduite à se tenir enfermée dans certaines occasions [...] elle tremble quand il entre quelqu'un chez elle.

L'existence du divorce aurait probablement permis d'adoucir davantage qu'une séparation sans possibilité de remariage le sort de cette martyre d'un mari terroriste. Le divorce n'existant pas, l'incapacité juridique des femmes, le sexisme des magistrats, le défaut de ressources qui les privait communément du recours aux tribunaux incitaient les épouses à solliciter la protection des prêtres.

Le 14 juin 1817, Laurent-Thomas Bédard, nouveau curé de Sainte-Croix de Lotbinière, trace un portrait moral de sa paroisse. Il a dénombré entre 4 et 6 ivrognes, de 15 à 20 buveurs occasionnels et 2 ménages séparés. Le curé croit ses fidèles ignorants des principes de la morale chrétienne. Son évaluation traduit autant sa volonté d'évangélisation qu'une situation exceptionnelle. Chaque vieille[74] paroisse devait avoir ses deux ou trois ménages en difficulté : misères sexuelles dans un cas, alcoolisme, infidélité, violence dans d'autres. Quelles que soient les causes de mésentente, les femmes en sont beaucoup plus souvent les victimes que les hommes. Les curés prêtent une oreille attentive à leurs plaintes. Dans la France du Nord, au XVIIIe siècle, l'historien Alain Lottin a établi, au terme d'une importante recherche, que les épouses faisant appel au tribunal ecclésiastique (l'officialité) du diocèse de Cambrai étaient nettement surreprésentées : des 445 demandes de séparation reçues entre 1737 et 1791, les trois quarts ont été faites par des femmes. Quatre sur cinq veulent être délivrées d'un mari violent. L'alcoolisme est dénoncé soit comme circonstance aggravante, soit comme cause

---

74. Car le niveau de moralité est plus bas dans les zones de peuplement. Voir Serge GAGNON, *Plaisir d'amour et crainte de Dieu*, p. 60-72.

d'agressivité. L'adultère, le deuxième motif de séparation le plus fréquemment invoqué, incrimine en grande majorité des hommes. Les requêtes sont exaucées quatre fois sur cinq, deux fois plus souvent en faveur des épouses[75].

Dans le diocèse de Cambrai, contrairement au reste de la France ainsi qu'au Bas-Canada, le tribunal ecclésiastique a juridiction non seulement sur les séparations de corps mais aussi sur les séparations de biens. Cette intéressante particularité permet de constater que les juges ecclésiastiques sont favorables aux femmes. Le Bas-Canada ne possède pas de tribunal ecclésiastique. Les curés, après consultation de l'évêque, jugent des litiges, autorisent des séparations de corps, privent des sacrements les personnes refusant de se plier à leur arbitrage ou renvoient les couples aux notaires[76], aux tribunaux, avec ou sans avocats, pour les séparations de biens.

L'incapacité sexuelle

Une procédure complexe est mise en œuvre pour vérifier la véracité d'une accusation d'impuissance portée par un conjoint, une conjointe à l'endroit de son ou de sa partenaire. Mais ici, point d'affaires obscènes, tel le test d'érection dans la France monarchique, pour savoir si l'impuissance masculine est réelle ou simulée dans le but d'obtenir une annulation[77].

Pour être valide, le sacrement doit être consommé. L'impuissance antérieure au mariage entraîne la nullité de l'engagement et la possibilité de remariage pour la partie capable de rapports sexuels. Par contre, si, par suite d'un accident ou d'une maladie, l'incapacité survient après les épousailles, le sacrement

---

75. Alain Lottin, « Vie et mort du couple. Difficultés conjugales et divorces dans le nord de la France aux XVIIe et XVIIIe siècles », art. cit., p. 59-78. Voir aussi Alain Lottin (dir.), La désunion du couple sous l'Ancien Régime, p. 154.

76. Allan Greer, op. cit., p. 55.

77. Pierre Darmon, Le tribunal de l'impuissance.

demeure valide et dès lors indissoluble[78]. Mgr Lartigue reprend les dispositions du droit canonique lorsqu'il écrit au vicaire de L'Assomption, le 5 septembre 1821 :

> [...] le droit donne aux parties trois ans pour s'essayer depuis le temps où l'une a cru remarquer l'impuissance de l'autre. Ensuite, supposé que le *triennum* soit expiré, le cas est pour le moins douteux, puisque le mari ne paraît pas convenir de son impuissance, et que la femme pourrait s'y tromper. Or la présomption étant en faveur du mariage, qui est certainement valide, puisque la prétendue impuissance n'est que subséquente, il me paraît que la femme doit continuer à rendre le devoir, et ne plus le refuser sous ce prétexte, jusqu'à ce qu'elle ait des preuves certaines de cette impuissance.

L'impuissance constatée après le mariage entraîne de tels inconvénients qu'on essaie de la connaître avant l'union du couple. La visite prénuptiale était vraisemblablement très rare. On la pratiquait lorsque circulaient des rumeurs d'incapacité. À Cap-Santé, au début du XIXe siècle, une jeune fille est soupçonnée d'impuissance. Le curé y trouve matière à faire rompre la promesse de mariage. Mécontent, le père de la future accuse le curé de « réduire [sa fille] à la charge de ses parents le reste de ses jours ». Visitée par des sages-femmes, la jeune fille est déclarée apte au mariage.

Après la formation du couple, il est normal que des partenaires n'ayant jamais eu de rapports sexuels doivent faire face à des difficultés d'adaptation. La condamnation du plaisir par une pastorale rigoriste a certainement déclenché, chez certaines personnes scrupuleuses, un processus d'inhibition mettant obstacle à leur épanouissement sexuel. Les manuels des confesseurs laissent deviner l'inquiétude des conjointes s'accusant d'avoir pris du plaisir à faire leur devoir, ou simplement d'avoir étreint leur partenaire sans avoir beaucoup songé à la procréation. Bref, des confesseurs scrupuleux sont sûrement à l'origine d'une certaine

---

78. *Ibid.*, p. 28-29. Voir aussi Eusèbe BELLEAU, *op. cit.*, p. 27-30.

frigidité[79]. Le souvenir d'expériences précoces en compagnie d'un adulte pédophile produit les mêmes effets. Une épouse manifeste des symptômes d'épilepsie lorsqu'elle met le pied chez elle, alors que « partout ailleurs, elle se porte bien » [Saint-Gervais, 1794]. Est-elle victime d'un mari maladroit, a-t-elle peur du coït ? Mariée depuis quelques mois, une autre n'arrive pas à lubrifier[80]. Le curé y voit une forme curable d'impuissance. La frigidité, croit-on en milieu populaire, peut provenir d'un mauvais sort créé par des pratiques magiques. Le 23 janvier 1800, l'évêque rappelle au curé de Saint-Antoine de Tilly qu'il ne faut pas absoudre une femme refusant de cohabiter avec son mari, mais qu'on doit blâmer « ceux qui ont usé envers cette femme de remèdes ridicules », de même que « ceux qui ont conseillé le recours au prétendu sorcier ». Les prêtres croient pourtant eux aussi à l'efficacité des pratiques magiques. En 1824, le curé de Saint-Nicolas, desservant de Saint-Gilles, rapporte un autre cas semblable : le mari se plaint de ne pouvoir éjaculer dans le vagin de sa femme[81]. Toujours en usage, le rituel de Mgr de Saint-Vallier reproduit des « Prières pour les personnes mariées, qui sont empêchées par maléfice ou sortilège, d'user du mariage ».

Aux yeux des canonistes, les misères sexuelles d'origine psychique ne sont pas véritablement de l'impuissance. Les confesseurs autorisent, à l'occasion, des approches susceptibles de faciliter la rencontre sexuelle rendue difficile par l'obésité ou quelque autre obstacle. Certes, la position idéale est celle où l'épouse est

---

79. Nous suivons l'argumentation de Jean DELUMEAU, *Le péché et la peur*, p. 491.

80. « [...] nimis areta ad copulam carnalem perficiendam ».

81. « Adest homo in St-Egidii parochia qui suspicatur aliquod maleficium in suo matrimonio. Dixit se non posse consummare in vase debito, sed tantummodo in partibus exterioribus sua uxoris quæ nihil ominis duos infantes habuit, et est perfecta honesta. Quid, oro, faciendum est. » Le 9 février, l'évêque répond à cette question du 31 janvier : « Non leviter fides adhibenda est maleficiis. Abstineatur tamen ab usu matrimonii quandiu durabit infirmitas. Deinde identidem tentetur. Si autem absque successu tunc recurri poterit ad preces ecclesiæ. »

couchée sur le dos[82], mais l'accès par derrière est toléré s'il facilite le coït[83].

Pour être retenue comme cause de séparation, l'impuissance masculine est déterminée par des « critères légaux de virilité : l'érection, l'intromission, l'émission[84] ». « Nous avons examiné J.R. » certifie le médecin montréalais George Selby, le 13 février 1827. Cet habitant de l'île Jésus « n'est pas impuissant, mais il a détruit le goût » des rapports hétérosexuels « par des pratiques dénaturées ». En 1804, les médecins montréalais Charles Blake et François-Xavier Bender attestent que A.T. n'a pas de testicules. Voilà la véritable impuissance masculine. En général, les tests externes administrés aux hommes sont rapides et sans douleur. Les femmes, au contraire, subissent des examens infiniment plus pénibles.

Le 10 mars 1804, le curé de Montmagny expose « un cas tout à fait nouveau » pour lui, « quoiqu'il ne le soit pas ailleurs ». Le père atteste qu'il ne connaissait pas les infirmités de sa fille. Le curé en doute. Le beau-père de la femme infirme « de son consentement l'a visitée », s'attirant les blâmes du curé parce qu'il n'était pas mandaté pour effectuer un tel examen. Celui-ci révèle la présence de « deux boutons de chair longs de la moitié du doigt chaque côté de la naissance de sorte qu'il n'y a aucune entrée pour la consommation du mariage ». D'après le curé, il serait inutile d'attendre les trois ans « que l'Église accorde [...] d'ailleurs son mari ne peut plus la souffrir », et les deux conjoints souhaitent l'annulation. Le 3 mars, l'évêque constate à son tour que « ladite impuissance paraît perpétuelle et antécédante au

---

82. Sur les positions approuvées, voir Jean-Louis FLANDRIN, *Le sexe et l'Occident*, p. 127-135.

83. L'évêque écrit au curé de l'île Verte, le 19 février 1791 : « Accessus viri ad conjugem a parte posteriori (servato vase, nec deperdito semine) non est ex se ipso malus. Potest tamen fieri peccaminosus ratione affectus pravi vel bestialis, vel alicujus alterius circonstantiæ. Ido semper consulendum est conjujibus ab hujus modi coitu abstineant. »

84. Pierre DARMON, *op. cit.*, p. 52.

mariage », mais il s'oppose à une rupture immédiate. Le mari doit vivre « trois ans d'épreuves après lesquels on pourra juger plus sûrement de la chose ». L'homme « ne doit point écouter ses répugnances, ni prendre sur lui de rebuter ou abandonner sa femme dont l'infirmité n'est peut-être que passagère. J'ai sous les yeux, conclut l'évêque, un exemple tout récent d'une femme réputée hermaphrodite, déclarée impuissante par son mari, tenue pour telle pendant quatre ans au moins, et enfin devenue enceinte depuis quelques mois. » Le 6 juin 1801, le curé de Saint-Antoine de Tilly annonçait en ces termes l'existence de cette personne à deux sexes :

> Une sage-femme âgée et bien instruite ayant eu occasion de faire un examen sérieux sur le corps de cette jeune femme qui ne veut point habiter avec D.A. son mari, m'a fait rapport qu'elle était également homme et femme et même plus homme que femme, et que son mari s'est absolument trompé quand il a cru avoir consommé avec elle, la mère de cette prétendue femme savait qu'elle était ainsi quand elle l'a mariée, mais la jeune enfant ignorait sa situation, étant dans une heureuse ignorance ; la femme qui m'a fait le rapport est dirigée par un docteur assez habile, et étudie elle-même de bons auteurs sur son métier : Mme est à présent dangereusement malade, je lui ai administré l'ex-trême-onction, si elle se rétablit quelle conduite tiendrai-je, envers elle ?

Plessis, encore coadjuteur, ne souscrit pas entièrement à cette version des faits : « Les hermaphrodites sont des monstres de la nature. Beaucoup de physiciens croient qu'il n'en existe pas. » Les conjoints doivent cohabiter, ressayer d'avoir des rapports sexuels ; « seulement il faudrait être un peu plus indulgent sur le refus du devoir conjugal » de la part de la femme, puisque la rencontre lui est « plus difficile ou plus douloureuse ». Cette réaction du 3 juillet ne paraît pas avoir apaisé les malheureux époux. Le 27 août, D.A. adresse une requête à Mgr Denaut, l'évêque en titre : marié en octobre 1799, l'époux déclare avoir habité avec sa femme « un mois et demi [...] pendant ce temps elle s'est toujours refusée à consommer licitement le mariage ». Elle a « abandonné inconsidérément » son conjoint, quoiqu'il l'ait toujours traitée avec douceur [...] depuis l'absence de ladite C.C., votre humble représentant l'aurait souvent demandée et fait demander de retourner avec lui, mais qu'elle a toujours refusé de le faire, sans dire ni déclarer les raisons qui l'obligeaient de s'absenter de lui [...] votre humble représentant n'ayant pu jouir de ladite C.C. comme son épouse, ni consommer licitement son mariage avec elle, n'ayant jamais voulu le souffrir, ne peut dire [...] par lui-même [...] la construction de son corps, mais [...] il a été informé et assuré par des personnes discrètes, qu'icelle M.-C.C. était absolument impuissante et hors d'état de consommer son mariage.

L'infirme accepte, dit-on, « sans aucune contrainte » l'examen d'un médecin et d'une sage-femme. Les experts confirment son incapacité. On l'a trouvée « dans un état à ne pouvoir jamais consommer le mariage et à parvenir au but où il tend », soit la procréation. Le certificat médical la reconnaissant « incapable de consommer le mariage [...] à cause des douleurs extrêmes qu'elle ressentait » est contresigné par le curé et le beau-père de l'épouse, mari de sa mère remariée. Au cours du délai prescrit par le droit canon, l'infirme réussit à grand-peine la rencontre sexuelle. Devenue enceinte, elle meurt en couches au cours de l'année 1804. Triste histoire !

On ne doit point s'étonner que des femmes se soient discrètement rebellées contre de pénibles tests d'aptitude aux relations sexuelles, quand des étreintes douloureuses justifiaient de non moins pénibles interventions chirurgicales. Le 5 janvier 1814, un habitant de Montréal « se plaint de l'impuissance de sa femme ». Pour éclairer son représentant sur la marche à suivre, l'évêque envoie au vicaire général de la ville la procédure suivie pour une affaire semblable, en 1790 : « L'évêque nomma [alors] un official *ad litum* et un greffier pour l'assister. L'official cita les parties, ordonna les visites nécessaires en pareil cas, d'abord sur le mari par les chirurgiens, puis sur l'épouse par les mêmes assistés d'une sage-femme et sur leur rapport prononça. » On doit « suivre ce précédent » tranche le chef diocésain, ou « faire venir les parties devant l'évêque en personne », au risque de donner « de l'éclat ou enfin renvoyer l'affaire au civil qui n'a pas droit de connaître du lien sacramentel. » Les instructions arrivent trop tard. Le vicaire général de l'île avait décidé que « la femme devait être visitée par deux docteurs. Elle a consenti, avec grand-peine, à se faire visiter par M. Selby seul. » Le médecin a conclu que « l'empêchement pouvait être aisément levé, par une opération qui n'était pas dangereuse ». Si l'impuissance peut être guérie, le sacrement est valide. La femme en a jugé autrement. Elle « a refusé de se faire opérer [...] il ne restait donc que deux partis à prendre, ou de vivre comme frère et sœur, ou de se séparer ». Parions que la jeune femme est partie pour ne plus jamais reparaître. Si seulement elle avait su qu'un cas de 1790 devait servir de précédent pour juger du sien, elle se fût sans doute félicitée de sa décision ! Prenons connaissance de cette fameuse affaire.

Dans l'église de Verchères, le 14 janvier 1782, A.B. unissait sa destinée à M.-A.L. La mariée avait 17 ans, son époux, 20 ou 21. Ni l'un ni l'autre ne soupçonnait les tribulations qui les attendaient. Interrogée le 27 janvier 1789, M.-A.L déclarera : « Je me suis mariée sans réflexion et sans prévoir les suites du mariage. » L'interrogation porte sur un septennat de malheurs : « Aussitôt après mon mariage, j'ai aperçu que je ne pouvais le consommer. » Sympathique à leur cause, le curé de Verchères confirme qu'ils ont « essayé à diverses reprises inutilement ». D'où la conduite du mari « qui en use mal avec elle l'accablant de reproches ».

L'évêque, par l'intermédiaire de leur curé, invite les conjoints à se déplacer vers Montréal, au moment où il y séjourne lui-même. Le curé de Verchères les y fait conduire, « obligé de leur procurer une voiture [...] car étant très pauvres ils sont hors d'état d'y aller autrement et encore moins d'y vivre ». Il faut, recommande le curé, « accélérer leur affaire le plus possible et sans frais ». La discrétion est de rigueur : « le public regarde leur mariage comme bon parce que ayant fait bruit au commencement, ils ont paru ensuite vivre en bonne intelligence[85]».

Le 25 janvier, l'évêque forme une commission chargée d'entendre les plaintes des témoins principaux, et d'aviser s'il y a lieu de prononcer l'annulation. Les commissaires sont Joseph-Octave Plessis, alors secrétaire épiscopal, et Jean Brassier, sulpicien, vicaire général de la région de Montréal.

On apprend durant les audiences que, conformément aux rigueurs canoniques, Mgr Briand (mort en 1784) a ordonné trois ans d'essai en guise de réaction à leurs doléances : « Après les trois années, dépose le mari, j'ai été 4 ans sans faire aucune démarche.» Les intéressés déposent devant le tribunal une demande d'annulation de mariage. L'époux souhaite se remarier. Sa femme «ne désire cette séparation [...] qu'autant que les reproches» de son mari «lui rendent la cohabitation cruelle et amère». Les commissaires terminent leur travail par la désignation d'experts pour l'examen des époux.

Le médecin a «trouvé les parties génitales du dit A.B. bien et dûment conformées dans toutes leurs dimensions, figure et nombre». Il est réputé «propre à accomplir tous les devoirs du mariage». Médecin et matrone ont ensuite inspecté conjointement l'épouse. Ses organes génitaux sont de forme normale, «excepté l'orifice de la matrice entièrement fermé par une membrane très forte». La femme déclare n'avoir jamais été menstruée. En ce 28 janvier 1790, le lendemain de l'audience, le médecin juge qu'une intervention chirurgicale va rendre l'épouse apte aux rapports sexuels...

---

85. Hélène LAFORCE, *op. cit.*, p. 49, note 74, a brièvement évoqué le cas qui va être exposé, renvoyant ses lecteurs aux Archives du diocèse de Nicolet. La cote est exacte, mais il s'agit du diocèse de Saint-Jean de Québec. Pour reconstituer l'affaire, nous avons mis à contribution cette documentation de base. Des pièces capitales se trouvent aux Archives de l'archidiocèse de Québec, *Registre des insinuations*, D, du feuillet 209 verso au feuillet 212 recto, du feuillet 282 verso au feuillet 284 verso.

Que faire ? Les avis sont partagés. Le curé de Verchères ne veut pas qu'on charcute l'épouse. Ne l'a-t-il pas « élevée et assez mal mariée » ? N'est-elle pas devenue « pauvre et même misérable par la faute de son prétendu mari » ? Près de ses sous, le pasteur avertit que, si on rejette ses avis, il refuse de payer « les frais que l'on a faits et que l'on voudra faire [...]. On ne saurait l'obliger à une opération [...] qui n'est peut-être pas des plus dangereuses mais qui certainement [...] sera coûteuse. » Si, un jour, l'ex-conjointe veut se marier, elle pourra librement accepter la chirurgie. L'intervention écartée, le curé est convaincu que l'infirme « vivra mieux séparée que mariée parce qu'il n'y avait point d'amitié de part ni d'autre [...]. La Providence pourvoira à sa subsistance. »

L'expertise canonique et médicale eut raison du bon sens du curé. L'infirme se soumit à l'opération qui eut lieu en octobre 1790. Au moment de l'intervention, le chirurgien s'aperçut qu'il ne pourrait réussir : « Je trouvai la personne dans un état tel à devoir craindre pour les conséquences [...]. Je suspendis. » Un autre chirurgien recommença la chirurgie, en janvier, puis en février 1791. Sa déposition postopératoire tient à la fois du rapport médical et de l'autojustification : « cette femme [...] m'ayant peint de la manière la plus vive sa triste position, et combien elle désirait que je fis une nouvelle tentative, je cédai à ses instances avec bien peu d'espoir pourtant de réussir ». Le médecin enfonça un instrument à ponction « au moins un bon pouce et demi dans la substance de la membrane ». Résultat ? Beaucoup de sang, beaucoup de douleur, point de libération du vagin. Après ce troisième essai, jugeant que « de nouvelles tentatives [...] exposeraient ladite M.-A.L. au danger de perdre la vie », le second chirurgien se retira du dossier, conseillant à la victime de redemander l'annulation.

Les époux furent finalement séparés par un jugement épis-copal du 30 mai 1792 : « permettons audit A.B. de se pourvoir librement en autres noces, défendons sous peine d'excommunication à ladite M.-A.L. de contracter un nouveau mariage, les renvoyons l'un et l'autre aux cours de justice pour ce qui regarde les effets civils ». Après le prêtre et le médecin, le juge et peut-être l'avocat pour diviser un bien maigre patrimoine...

L'affaire n'eut sans doute pas langui une dizaine d'années si le couple n'avait été formé de petites gens analphabètes et à peu près démunies. Vous vous souvenez, lecteurs, du médecin Pierre de Sales Laterrière (vers 1740-1815), celui qui aimait Marie-Catherine Delezenne (1755-1831), fille du célèbre orfèvre. Sans le sou, il dut se résigner à ce qu'elle épouse un riche industriel de la région trifluvienne. La mort de cet homme, que Marie-Catherine avait épousé en 1775 quand il avait 46 ans, a permis à celle-ci d'épouser son amant, en toute légalité, le 10 octobre 1799. Le 24 février suivant, leur fille Dorothée épousait à son tour un homme qui la rendit malheureuse. Vraisemblablement homosexuel, l'époux aurait pris femme pour plaire à sa mère, tandis que Dorothée s'était résignée à un mariage de raison qui s'avéra un échec. Les conjoints en vinrent aux coups. Il n'y eut jamais de rencontre sexuelle. Le gendre du médecin retourna Dorothée à sa famille après cinq ans de mariage. L'ex-épouse fut « séparée de corps, avec une pension, et confiée à son père ». La rente fut homologuée par acte notarié. Cette entente à l'amiable évita toute publicité. Suivant le témoignage de Laterrière, le recours aux tribunaux eût « excité une risée mortifiante » pour sa fille qu'il jugeait « délicate et vertueuse[86] ».

Dans la bourgeoisie, dans l'aristocratie, la participation des familles au processus de séparation réduisait d'autant l'intervention des meneurs habituels du jeu pour les couples appartenant aux classes populaires. Le malheureux de Verchères était à la merci des pouvoirs ecclésiastique, médical et judiciaire. En

---

86. L'affaire a été reconstituée à partir de Pierre DE SALES LATERRIÈRE, *Mémoires de P. De Sales Laterrière et de ses traverses*, p. 201-222. Voir aussi Pierre DUFOUR et Jean HAMELIN, « Sales Laterrière, Pierre de », *Dictionnaire biographique du Canada*, vol. V, p. 808-811.

revanche, le conjoint déçu pouvait se remarier, contrairement à Dorothée. De retour chez ses parents « par la porte de probité », elle aurait déclaré, selon son père, s'être tirée du pétrin « sans autre tache que d'avoir eu pour mari l'homme qui ne l'est qu'aux yeux de la morale et des lois trop rigides en pareil cas. Il faudra, déplorait-elle, que je porte son nom jusqu'au tombeau, puisque je ne pourrai obtenir un acte de juste divorce. » Le père rajoute son dépit au refus d'« admettre le divorce dans ce pays, rempli de fanatisme et de préjugés ». À ses yeux, les pouvoirs « laissent périr les innocents faute de leur accorder ce prudent et sage recours. Que d'âmes [...] ils mettraient par là en paradis, qui vont remplir l'enfer[87] ! » L'enfer des prêtres, on le sait, accueille plutôt les personnes qui, après une rupture, vivent en union libre, faute de pouvoir se remarier.

---

87. Pierre de Sales Laterrière, *op. cit.*, p. 222-223.

CONCLUSION

*Il convient de vérifier avec un scrupule tout particulier
[…] une version ethnocentrique d'un évolutionnisme
mélioriste. Considérer, comme le fait Shorter dans son
histoire de la famille moderne, que l'expression « le
bon vieux temps » [the bad old days] est une anti-
phrase, et partir de là pour découvrir les « progrès »
accomplis depuis lors, en fermant les yeux sur
l'incidence élevée des divorces, des suicides et des
dépressions nerveuses, est une démarche assez peu
objective*[1].

Les États modernes se sont assuré un contrôle accru de
l'institution matrimoniale. En définissant le mariage comme « un
contrat civil revêtu » par les chrétiens « de la dignité de sacrement », les rédacteurs de l'*Encyclopédie* exprimaient un point de
vue laïque et traduisaient un processus de sécularisation qui devait
aboutir au mariage civil. Mgr Plessis dut s'incliner devant l'emprise
croissante du pouvoir politique. Les patriotes ne réussirent pas à
enlever aux prêtres l'enregistrement des mariages. Mais l'État
trouva d'autres moyens d'affirmer sa suprématie grâce à la complicité de quelques couples rebelles au monopole ecclésiastique.

Que des catholiques menacent de se faire conjoindre autrement que par le « propre curé », que des jeunes franchissent la
frontière pour échapper aux interdits canoniques, qu'un alcoolique
réclame et obtienne la bénédiction nuptiale moyennant sacrilège,
voilà autant de situations devant lesquelles les prêtres étaient
impuissants à refuser le « sacrement ». Les réhabilitations ou reva-

---

1. Jack GOODY, *L'évolution de la famille et du mariage en Europe*, p. 14.

lidations postérieures aux engagements nuptiaux n'étaient-elles pas autant de reconnaissances que le contrat était subordonné au sacrement ? Les évêques Plessis et Panet ont peut-être lu sans surprise la définition du mariage proposée par les philosophes des Lumières.

La consolidation de l'Église-pouvoir et la montée de l'idéologie ultramontaine sont de nouveaux éléments de situation à l'origine de réflexes légalistes et antimodernistes caractéristiques du siècle qui a suivi l'échec des rébellions de 1837-1838. En 1909, l'épiscopat canadien réuni en concile réclame une loi fédérale « punissant l'adultère public et édictant des peines sévères contre toute personne vivant en concubinage public[2] ». Les évêques du Bas-Canada n'auraient même pas songé à une telle requête, tellement elle était peu susceptible de rencontrer l'aval du gouverneur et l'appui du Parti patriote massivement soutenu par l'électorat catholique et français.

L'Église-pouvoir qui prend forme au milieu du XIXe siècle va multiplier les initiatives en vue d'imposer, par voie législative, la morale religieuse et le strict respect du mariage-sacrement. L'autorité de l'institution catholique est pleinement reconnue par les rédacteurs du Code civil entré en vigueur, pour plus d'un siècle, au cours des années 1860. En revanche, la sécularisation du mariage a suivi son cours grâce à de retentissantes causes matrimoniales instruites devant les tribunaux civils.

En se mariant, en 1904, le couple Despatie-Tremblay ignorait qu'il était lié par un empêchement du quatrième degré de consanguinité. La découverte de l'empêchement légitima l'an-

---

2. Lettre de l'archevêque de Québec au délégué apostolique, 28 déc. 1911, citée dans Jean HAMELIN et Nicole GAGNON, *Histoire du catholicisme québécois*, t. 1 : *1898-1940*, p. 320. La position de l'Église catholique n'est pas isolée. Elle s'insère dans un mouvement canadien, dominé par les protestants, en vue de solidifier les bases de l'institution matrimoniale. Voir James G. SNELL, « The White Life for Two : the Defence of Marriage and Sexual Morality in Canada, 1890-1914 », *Histoire sociale*, mai 1983, p. 119-120.

nulation prononcée par le tribunal ecclésiastique (l'officialité) du diocèse de Saint-Hyacinthe. En 1911 et l'année suivante, deux décisions des tribunaux civils entérinèrent la décision du juge d'Église. Portée en appel au Conseil privé de Londres, la cause aboutit, en 1921, au renversement des décisions antérieures. Pour une première fois, un mariage réputé nul aux yeux des prêtres était déclaré valide par l'instance politico-judiciaire. La décision impériale fut considérée comme une nouvelle percée de la « tendance sécularisatrice[3] », renforcée par des affaires antérieures. Parmi celles-ci, la cause Delpit-Côté concerne « deux catholiques mariés devant un pasteur protestant, dont le mariage, en juillet 1900, est déclaré nul » par l'Église « à la demande d'un conjoint invoquant l'autorité du Concile de Trente[4] ». En 1901, la décision épiscopale est renversée par les tribunaux : pour les juges civils, le mariage de deux catholiques en présence d'un pasteur protestant est valide.

Chaque fois que l'État affirme sa suprématie, le pouvoir religieux subit un recul. L'Église se tourne alors vers ses fidèles, les menaçant de sanctions symboliques allant jusqu'à l'excommunication pour insoumission aux exigences canoniques. Mais les prêtres savent que seule la conviction peut obliger. Prenons l'exemple des mariages mixtes. L'Église peut les déplorer ; elle n'a pas le pouvoir de les empêcher.

Après la conquête britannique, en vertu d'une déclaration du pape Benoît XIV, les mariages mixtes contractés devant un magistrat ou un ministre protestant sont reconnus comme valides par l'Église catholique. Or, en 1907, un décret pontifical (Ne temere) rend caduque la déclaration papale. Désormais, les mariages mixtes célébrés par d'autres témoins que les prêtres catholiques sont invalidés par l'Église de Rome. Cette volonté d'exercer un pouvoir réel de contrainte, prérogative de l'État, fut

---

3. Auguste LEDUC, « Les conséquences d'un jugement (Tremblay-Despatie) », *Revue dominicaine*, janv. 1922, p. 9.
4. Jean HAMELIN et Nicole GAGNON, *op. cit.*, t. 1, p. 321-322.

mise en échec dans une autre cause type. Une cour québécoise, jugeant que le mariage était matière civile et non sacramentelle, déclare valide une union mixte scellée par un ministre du culte protestant[5].

Au lendemain de la décision impériale touchant le mariage Despatie-Tremblay, un dominicain déplora « l'amoindrissement du caractère religieux du mariage[6] ». Le ton péremptoire de certaines dénonciations ne changea rien à la suprématie du pouvoir civil. Au début des années 1930, un canoniste oblat va « condamner avec une énergie particulière les lois statuant l'antériorité des formalités civiles sur la cérémonie religieuse ». Le mariage civil est dénoncé comme un « sacrilège » contraire aux « droits imprescriptibles de la religion chrétienne[7] ». Pour le canoniste, la décision du tribunal impérial de 1921 a institué au Québec « l'équivalent du mariage civil facultatif[8] ».

Malgré des reculs apparents ou temporaires, le processus séculaire de laïcisation du mariage parvient à terme avec l'établissement du mariage civil, le 14 novembre 1968. Que cette nouveauté n'ait pas suscité de grandes controverses dans l'opinion publique québécoise est en partie attribuable au contexte de libéralisation des mœurs des années 1960. Les catholiques du Québec et d'ailleurs n'ont-ils pas boudé l'interdiction des anovulants, proclamée solennellement par Paul VI, dans son encyclique *Humanæ vitæ*, parue la même année que l'instauration du divorce et du mariage civil ?

Le contexte moral de l'époque n'est pas le seul facteur susceptible d'expliquer le silence relatif des opposants à la nouvelle loi matrimoniale. On l'a vu, de nombreux mariages civils

---

5. *Ibid.*, t. 1, p. 321-323.

6. Auguste LEDUC, « Les conséquences d'un jugement (Tremblay-Despatie) », *art. cit.*, p. 8.

7. Arthur CARON, « Législation matrimoniale et canonique au Canada », *Revue de l'Université d'Ottawa*, section spéciale, 1933, p. 36-37.

8. *Ibid.*, p. 248.

« officieux » avaient préparé la reconnaissance légale de cette forme d'union, nécessitée par la désaffection massive à l'égard des prescriptions ecclésiastiques.

Dans le Québec de 1970, le recours au mariage civil a été tout compte fait limité. Cinq ans après son établissement, moins de 7 % des couples s'unissent civilement, deux fois moins que dans le reste du Canada[9]. Parmi les catholiques, le quart des divorcés préfèrent un mariage religieux non catholique à des cérémonies civiles[10]. Le recours au mariage civil va croître avec la montée du divorce, les catholiques ne pouvant se remarier devant les prêtres de leur Église. Au milieu des années 1980, à peu près la moitié des mariages civils était le fait de divorcés[11].

Dans le Québec des années 1980, une nouveauté s'est progressivement affirmée. La formation du couple continue d'être présidée par un prêtre catholique chez les jeunes célibataires caté-chisés par l'institution scolaire. Mais le fait marquant de cette décennie demeure le recul de la nuptialité. Pour l'année 1990, l'indice de nuptialité, c'est-à-dire le pourcentage de célibataires de moins de 50 ans « qui se marieraient [...] s'ils se conformaient au taux observé de l'année », est passé à 41,9 % chez les hommes et à 46,6 % chez les femmes. C'est le plus bas pourcentage jamais enregistré dans les populations soumises à ce genre de calcul[12].

*
* *

9. Laurent ROY, « Le mariage civil au Québec : étude socio-démographique de ses principales caractéristiques », *Cahiers québécois de démographie*, août 1977, p. 5.
10. *Ibid.*, p. 14.
11. Jean-Paul BAILLARGEON, « Les mariages religieux, 1976-1985 », *Recherches sociographiques*, n°s 2-3, 1987, p. 345.
12. ANONYME, « Les Québécois se marient de moins en moins », *La Presse*, 9 juin 1991, p. A4. Entre 1983 et 1986, le taux de nuptialité pour 1 000 habitants est passé de 5,5 à 5,1 au Québec alors qu'il s'est maintenu à 8,0 en Ontario avant de chuter à 7,8 en 1986. Voir *Annuaire du Canada* pour les années en question.

Pionniers du divorce dans la civilisation atlantique, les Américains vont en être aussi les champions. Pendant que, dans la vallée du Saint-Laurent, au temps de Papineau, la réconciliation ou la séparation d'habitation (on dira plus tard de corps) sans possibilité de remariage sont les seuls choix offerts aux couples en conflit, plusieurs États américains redonnent aux époux séparés leur statut de célibataires. Graduellement, on remplace le divorce législatif (loi spéciale pour chaque demande) par le divorce judiciaire. Vers la fin des années 1850, seule la Caroline du Sud interdit le divorce[13].

À la fin du XVIIIe siècle, le précédent américain inspire les révolutionnaires français. Le mariage civil facultatif apparaît au même moment que la première loi sur le divorce. L'ancienne France catholique vit alors une vague de déchristianisation aux effets multiples. En quelques années, le monopole de l'Église catholique est battu en brèche : des prêtres se marient, des laïcs se sachant liés par un empêchement canonique font de même sans demander dispense. De 25 000 à 30 000 divorces sont accordés entre 1792 et 1816[14], année du rappel de la loi. Jusqu'à l'adoption d'une nouvelle loi sur le divorce (1884), les couples malheureux, en France comme au Québec, n'ont plus droit qu'à la séparation de corps.

En Angleterre, le divorce judiciaire succède au divorce législatif en 1857. Entre 1700 et 1857, le Parlement britannique avait accordé 338 divorces en faveur des maris fortunés, pendant que les plus audacieux parmi les pauvres recouraient à des procédés expéditifs de rupture. Une sorte de droit populaire parfaitement illégal autorisait le mari à vendre sa femme sur la place du marché. On estime à environ 300 les ventes d'épouses effec-

---

13. Voir : Roderick PHILLIPS, *Putting Asunder*, chap. 4 et p. 439-440 ; Auguste CARLIER, *Le mariage aux États-Unis*, p. 168.

14. Voir : Francis RONSIN, *Le contrat sentimental*, p. 95 et 258 ; André LATREILLE, *L'Église catholique et la Révolution française*, t. 2, p. 71.

tuées entre 1780 et 1850[15]. À compter des années 1860, le nombre de divorces va augmenter graduellement en Grande-Bretagne. De 700 par année entre 1910 et 1913, la moyenne annuelle de divorces y passe à 2 740 entre 1918 et 1921. Malgré une fréquence anormalement élevée due au conflit mondial, les Britanniques restent toujours loin derrière les Américains. Aux États-Unis, plus de 100 000 divorces sont accordés annuellement entre 1914 et 1918, plus de 150 000 entre 1919 et 1921, même si la population américaine est seulement un peu plus que le double de celle de l'ancienne métropole[16].

La popularité du divorce en terre américaine soulève l'ire du clergé et des ultramontains québécois[17]. Pour combattre l'annexionnisme et vanter les mérites du projet de confédération, l'évêque du diocèse de Trois-Rivières dénonce les États-Unis où, à ses dires, le mariage ressemble à « un concubinage plus ou moins bien réglé[18] ». Mais dans le Canada-Uni de l'époque (1841-1867), l'opposition au divorce est loin d'être généralisée. Au cours des années 1860, l'épiscopat québécois apprend avec stupeur qu'une fraction de la classe politique songe à doter le pays de tribunaux destinés à la dissolution des unions matrimoniales[19]. Les Maritimes qu'on souhaitait annexer au Canada-Uni n'avaient-elles pas établi, longtemps avant la Grande-Bretagne, leurs propres cours de divorce ?

À l'époque du Canada-Uni, les divorces, obtenus par voie législative, sont à peu près inexistants. Au milieu des années 1840, un couple réussit à faire voter une loi aussitôt désavouée

---

15. Lawrence STONE, *Road to Divorce*, p. 143-148. Sur les divorces législatif et judiciaire, voir p. 432-433 et 435-436.

16. Roderick PHILLIPS, *op. cit.*, p. 463 et 517.

17. Pierre SAVARD, *Jules-Paul Tardivel, la France et les États-Unis (1851-1905)*, p. 208-211.

18. Louis-François LAFLÈCHE, *Quelques considérations sur les rapports de la société civile avec la religion et la famille*, p. 138.

19. Jacques GRISÉ, *Les conciles provinciaux de Québec et l'Église canadienne (1851-1886)*, p. 243.

par la Grande-Bretagne. En 1853, un mari obtient un divorce pour cause d'infidélité et de désertion. Comme dans le cas précédent, le vote est serré. Le « bill privé » est adopté par 33 voix contre 32, un seul député catholique ayant voté pour le projet. À la fin des années 1850, une autre loi est de nouveau adoptée de justesse[20].

Les députés catholiques du Québec contraignent les rédacteurs de la Constitution canadienne à confier au gouvernement fédéral la compétence en matière de divorce. Après l'union fédérale, le divorce législatif demeure le seul recours possible dans les deux provinces centrales du Canada. Le demandeur doit débourser 200 dollars pour en acquitter les frais[21]. Le prix est prohibitif. De 1867 à 1900, le Parlement canadien va accorder deux divorces en moyenne par année[22], jamais en faveur de couples catholiques. Dans les Maritimes, les cours matrimoniales prononcent moins de 200 divorces entre 1867 et 1900[23]. Au début du XXᵉ siècle, le nombre absolu de ruptures légales augmente rapidement au Canada, suivant en cela la tendance occidentale. La moyenne canadienne est de 539 par année entre 1921 et 1925. Elle passe à 1 038 entre 1931 et 1935, à 2 013 entre 1936 et 1940. L'augmentation spectaculaire est due à l'avènement du divorce judiciaire en Ontario. À partir de 1930, la Cour suprême de cette province entend les causes de divorce. Désormais, il s'y prononce de 10 à 15 fois plus de divorces qu'au Québec. Au cours des années 1930, la divortialité québécoise est marginale. Au Canada sans le Québec, le rapport du nombre de divorces à la population totale augmente de un pour 9 000 à un pour 3 500 durant la décennie de la Crise. Est-il nécessaire d'ajouter que les catho-

20. Joseph Frémont, *Le divorce et la séparation de corps*, p. 52-57.
21. *Ibid.*, p. 64.
22. Roderick Phillips, *op. cit.*, p. 437.
23. Peter Ward, *Courtship, Love and Marriage in Nineteenth-Century English Canada*, p. 37.

liques de langue française ne recourent pas au divorce avant la fin des années 1960[24] ?

En vertu d'une loi fédérale du 1er février 1968, le Québec a rejoint les sociétés de tradition catholique ayant tardivement opté pour le divorce judiciaire. Adoptée en 1970, la loi italienne sur le divorce est contestée par les démocrates chrétiens. En 1974, le gouvernement italien tient un référendum. Une majorité des électeurs se prononce en faveur de la loi votée quatre ans plus tôt. Au Portugal, le divorce était légal depuis le début du xxe siècle, mais une entente avec le Vatican rendait les catholiques inaptes à solliciter une dissolution de mariage. La loi fut revisée en 1977, généralisant l'accès aux ruptures légales. En Espagne, une loi sur le divorce remontant à 1932 est radiée par Franco en 1939. Le droit de dissolution est réintroduit en 1981. Parmi les pays occidentaux de tradition catholique, seule l'Irlande reste opposée aux ruptures légales. Deux électeurs sur trois y ont voté contre une loi sur le divorce à un référendum tenu en 1986[25].

Avant la loi fédérale de 1968, les divorces étaient rares au Québec. L'adultère était le seul motif jugé acceptable par le législateur qui exigeait des déboursés d'environ 2 000 dollars. L'abandon du divorce législatif et son remplacement par le recours judiciaire, moins onéreux, fit augmenter notablement les demandes de dissolution. Avant 1968, environ 250 couples montréalais réclamaient le divorce chaque année. Entre le 1er juillet 1968 et le 9 septembre 1970, plus de 11 000 requêtes sont soumises par des couples de la métropole. En vain l'épiscopat catholique continue-t-il à proclamer l'indissolubilité du mariage. Très peu de couples paraissent éprouver du remords en mettant fin à leur vie commune[26]. Cette étape ultime de la laïcisation du mariage

24. James G. SNELL, In the Shadow of the Law : Divorce in Canada, 1900-1939, p. 10-11. C'est nous qui avons estimé la divortialité canadienne et québécoise.

25. Roderick PHILLIPS, op. cit., p. 572-581.

26. Jean HAMELIN, Histoire du catholicisme québécois, t. 2 : De 1940 à nos jours, p. 278-279 et 329.

montre à quel point le sacrement était devenu pour un grand nombre une nécessité légale plutôt qu'un engagement fondé sur la conviction religieuse[27].

En Espagne comme au Portugal, en Italie comme au Québec, les lois sur le divorce ont été adoptées en pleine révolution sexuelle. La poussée de l'individualisme, la recherche de l'épanouissement personnel, stimulées par l'influence grandissante des thérapies postfreudiennes, provoquent l'érosion du sujet moral au profit d'un nouveau type de personnalité en quête de déculpabilisation[28]. Pour s'adapter à cette évolution des mœurs, les législateurs de plusieurs pays occidentaux modifient les lois sur le divorce de manière à éviter à un conjoint l'obligation d'accuser l'autre. Désormais, le duel entre la partie jugée innocente et le conjoint réputé coupable est de plus en plus rare dans les processus de rupture légale[29]. Le divorce sans égard à la faute – adopté au Québec au milieu des années 1980 – traduit une évolution fondamentale des valeurs occidentales[30].

Jean-Paul II l'a répété 40 ans après Pie XII : le péché par excellence du xxe siècle « est la perte du sens du péché ». Le pape polonais en fournit l'explication suivante :

---

27. Renée B.-DANDURAND, « Les dissolutions matrimoniales : un phénomène latent dans le Québec des années 1960 », *Anthropologie et sociétés*, no 3, 1985, p. 87-114.

28. La littérature scientifique sur ce changement de la personnalité occidentale est extrêmement abondante. Pour une rapide initiation, voir : Christopher LASCH, *Le complexe de Narcisse* ; Robert N. BELLAH (dir.), *Habits of the Heart*. Pour une acclimatation de cette littérature au contexte québécois, voir Roland CHAGNON, « Individualisme et éthique thérapeutique. La perspective critique de Robert N. Bellah », dans Pierre FORTIN (dir.), *L'éthique à venir : une question de sagesse ? une question d'expertise ?*, p. 437-446.

29. Roderick PHILLIPS, *op. cit.*, p. 561-572.

30. En Ontario, longtemps après l'adoption du divorce législatif, on n'accorde pas de divorce quand « il y a collusion ou connivence entre les parties, ou encore quand la partie offensée a pardonné l'adultère coupable ». (J.-Lucien BEAUDOIN, *La dissolution du lien matrimonial en droit canonique et en droit civil canadien*, p. 284.) Le cas ontarien est typique des pratiques occidentales.

Ce sens du péché disparaît [...] à cause des équivoques où l'on tombe en accueillant certains résultats des sciences humaines. Ainsi, en partant de quelques-unes des affirmations de la psychologie, la préoccupation de ne pas culpabiliser ou de ne pas mettre un frein à la liberté porte à ne jamais reconnaître aucun manquement [...] on en vient [...] à reporter sur la société toutes les fautes dont l'individu est déclaré innocent. Également, une certaine anthropologie culturelle [...] à force de grossir les conditionnements indéniables et l'influence du milieu [...] limite sa responsabilité au point de ne pas lui reconnaître la capacité d'accomplir de véritables actes humains et, par conséquent, la possibilité de pécher[31].

Cette évolution pose un problème particulier aux théologiens catholiques, car l'existence du péché est matière de foi[32]. Les récits évangéliques sont remplis d'allusions au péché[33]. Jésus pardonne aux infirmes qu'il guérit. Dans le Notre Père, celui qui s'est proclamé fils de Dieu a demandé à ses fidèles de solliciter miséricorde : « pardonnez-nous nos offenses, comme nous pardonnons à ceux qui nous ont offensés ». Cette injonction à pardonner fut maintes fois soulignée par la spiritualité chrétienne du mariage. Le *Petit catéchisme* en usage au Québec en 1791 formulait cette exigence dans les termes suivants : les conjoints s'engagent à « supporter patiemment les défauts et les humeurs l'un de l'autre[34] ». Ce souci de la réciprocité du pardon est repris durant les admonitions prénuptiales, ces rencontres intimes du prêtre et des futurs avant la messe de mariage[35].

Pourquoi les sociétés modernes ont-elles tourné le dos à la forme la plus institutionnalisée du christianisme ? Nous risquerons une réponse.

---

31. Jean-Paul II, *Réconciliation et pénitence*, p. 64-66.
32. Serge Gagnon, *Plaisir d'amour et crainte de Dieu*, p. 79.
33. L'historien Henri Marrou a commenté cette fréquence. Voir Jean-Marie Mayeur (dir.), *Crise de notre temps et réflexion chrétienne (de 1930 à 1975)*, p. 450-455.
34. Cité dans Jacques Mathieu et Jacques Lacoursière, *Les mémoires québécoises*, p. 139.
35. Serge Gagnon, *op. cit.*, p. 87-92.

Le christianisme historique a souvent contredit les positions du christianisme évangélique. Que de prédications aberrantes sur la subordination des épouses aux maris[36], souvent prononcées à coup de citations tronquées des textes fondateurs[37] ! Cette caricature du Nouveau Testament a été servie aux femmes, aux classes sociales ainsi qu'aux peuples opprimés[38]. Il s'agit d'une évolution historique capitale, idéologie de pouvoirs qui culpabilisent en s'innocentant. La déchristianisation, sûrement la perte du sens du péché, est un des résultats les plus tangibles de cet usage politico-social du christianisme que Karl Marx a été un des premiers à dénoncer, au cours de la révolution industrielle. On connaît sa phrase célèbre : « La religion est le soupir de la créature opprimée, l'âme d'une société sans cœur [...] elle est l'opium du peuple[39]. » Les prolétaires de tous les pays ont été exposés à cette sorte de religion utile à la paix sociale[40]. Ces usages politiques du christianisme contribuèrent à culpabiliser les pauvres, en leur inculquant l'horreur du « péché » de révolte. Les ouvriers

---

36. Jacques MATHIEU et Jacques LACOURSIÈRE, *op. cit.*, p. 156, en reproduisent un exemple extrême.

37. Saint Paul a bien dit : « Que les femmes soient soumises à leur mari », avalisant un trait de la civilisation méditerranéenne de son époque. Mais il a ajouté : « Vous, les hommes, aimez votre femme, à l'exemple du Christ : il a aimé l'Église, il s'est livré pour elle [...] le mari doit aimer sa femme : comme son propre corps [...]. Bref, en ce qui vous concerne, que chacun aime sa femme comme lui-même, et que la femme respecte son mari. » (Cité dans JEAN-PAUL II, *Résurrection, mariage et célibat*, p. 141-142.)

38. Dans Serge GAGNON, *Le Québec et ses historiens de 1840 à 1920*, nous nous sommes servi des analyses sociologiques attribuant à la religion le statut de valeur-refuge parmi les populations colonisées.

39. Cité dans NGOC VU, *Idéologie et religion d'après Karl Marx et F. Engels*, p. 133.

40. En 1892, le capucin Alexis de Barbezieux cautionnait en ces termes la religion dénoncée par Marx : « Aujourd'hui que l'on ne croit plus au paradis, comment se résigner aux injustices de la vie et à la misère ? C'est impossible. » La même année, l'abbé Henri Defoy, au cours d'un sermon devant des représentants de la classe ouvrière, incitait ses auditeurs à se soumettre à la « charité » patronale. Si le chef d'entreprise refuse d'obtempérer aux revendications ouvrières, « baisez la main de Dieu qui vous éprouve ; jamais, non jamais ne levez un bras rebelle ». (Cité dans Jean

exploités devaient croire qu'ils étaient les artisans de leurs malheurs : telle fut la position de la prédication contre l'alcoolisme considéré comme péché grave, avant qu'il n'acquière le statut de maladie sous l'action de l'instance psycho-médicale.

Le droit qui subordonnait la femme à l'homme était, on l'a vu, une fabrication de la société civile : « En droit, le mari et la femme sont une seule personne et le mari est cette personne[41]. » Ce proverbe anglais traduit les visées des États modernes. Le juriste Pothier est allé jusqu'à prétendre que les mauvais traitements pouvaient être acceptés comme un châtiment envoyé par Dieu aux épouses pour expier leurs fautes... et mériter le paradis. Voilà comment la religion est devenue l'opium de certaines malheureuses, légitimation du pouvoir masculin au sein de la société conjugale. En ne dénonçant pas cette utilisation du christianisme, les gens d'Église se sont trouvés à la cautionner implicitement.

Les cours de justice, Mgr Plessis le reconnaissait volontiers, n'étaient pas sympathiques aux femmes trompées. Le double standard sexuel influença aussi les rédacteurs des premières lois sur le divorce. Au cours des débats entourant la loi anglaise de 1857, un parlementaire s'indigna que les hommes eussent fait des lois dont les femmes étaient les victimes[42]. Le temps jouait en faveur de ces dernières. Après 1857, près de la moitié des demandes de divorce proviennent des femmes[43]. L'époque où les maris trompés pouvaient poursuivre les séducteurs pour obtenir des compensa-

---

DE BONVILLE, *Jean-Baptiste Gagnepetit*, p. 154-155.) En 1929, un magistrat du Québec proclamait l'utilité des ordres mendiants : « s'ils ne rapportent pas d'argent, on peut dire qu'ils en assurent la jouissance à ceux qui le possèdent. Ils restent en contact avec les pauvres et la sympathie qui s'établit entre eux ne peut que contribuer à la paix sociale. » (Cité dans Serge GAGNON et René HARDY (dir.), *L'Église et le village au Québec, 1850-1930*, p. 29.)

41. Cité dans Peter WARD, *op. cit.*, p. 38 : « In law husband and wife are one person, and the husband is that person. »

42. « [...] men make the laws and the women are the victims ». (Cité dans Lawrence STONE, *op. cit.*, p. 375.)

43. *Ibid.*, p. 385.

tions en espèces était désormais révolue. Le corps des femmes n'était plus la propriété des maris. Celles-ci obtinrent finalement le droit d'épouser leur compagnon d'adultère.

De façon générale, dans les pays de tradition protestante, la loi matrimoniale subit des modifications réclamées par les mouvements féministes. Devant cette évolution vers des rapports moins inégalitaires, que firent les États de tradition catholique ? Inspirés par une hiérarchie dont le sommet est composé exclusivement d'hommes, ils continuèrent de dénoncer le divorce. L'Église institution et pouvoir réussit à combattre les ruptures d'unions, aussi bien pour ses commettants interpellés par l'idéal évangélique que pour un nombre croissant de citoyens non seulement désireux d'en finir avec un mariage malheureux, mais souhaitant connaître une nouvelle vie de couple pleinement reconnue par la loi civile.

Que deux êtres se considèrent comme unis devant Dieu pour la vie, qu'ils se pardonnent mutuellement leur manque d'amour ne concerne qu'eux-mêmes ; aucune loi humaine ne peut imposer cet engagement. À ceux qui voulaient le proclamer roi des Juifs, Jésus a répliqué que son royaume n'était pas de ce monde. Les lois civiles du mariage des pays à majorité catholique n'ont-elles pas longtemps contredit les positions de celui qui s'est proclamé fils de Dieu ?

Il faudra un jour raconter la lutte menée par le clergé québécois contre la dissolubilité du lien conjugal. L'accès réduit au divorce législatif fut béni par les théologiens d'obédience catholique. En 1929, un an avant que l'Ontario n'obtienne des cours de divorce, un dominicain, le doyen de la faculté de philosophie de l'Université de Montréal, plaidait pour qu'on maintienne au Québec les dispositions de 1867 : « On objecte encore, disait-il, que le divorce tel qu'on peut l'obtenir aujourd'hui est une chose de luxe, peu accessible aux classes pauvres. À supposer que ce fût vrai, nous répondrions encore : tant mieux[44]. » Les adversaires du divorce n'étaient pas sans remarquer que les ruptures légales étaient plus nombreuses dans les provinces où existaient des cours de divorce qu'au Québec et en Ontario où il fallait recourir au législateur. Le chanoine Cyrille Labrecque, rédacteur de la *Semaine religieuse de Québec*, partageait les vues du dominicain montréalais. Il incitait les couples à se réconcilier : « il leur en coûtera moins de faire bon ménage que d'éprouver l'aventure du divorce[45] ». À la fin des années 1930, un journal torontois émit l'opinion que, pour répondre aux pressions des fidèles, l'Église catholique du Québec s'apprêtait à reconnaître le divorce. Le clergé s'opposa vivement à ce qu'il perçut comme une croisade anticatholique de la protestante Ontario[46]. Au lendemain de la guerre, les promoteurs du divorce judiciaire firent valoir que quantité de « mariages hâtifs, mal assortis » justifiaient leurs demandes[47]. Ils furent de nouveau déboutés par le puissant lobby de l'Église catholique.

En maintenant son opposition au divorce avec possibilité de remariage, les théologiens catholiques croient répondre à un vœu du Christ lui-même. Or, il faudrait se demander si Dieu était vraiment toujours présent dans la conscience des époux mariés devant un prêtre catholique au cours d'un siècle marqué par la déchristianisation. En supposant que le couple ait cru à la dimension sacramentelle au moment des épousailles, rien n'empêche de penser que la foi religieuse ait pu s'éteindre au fil des ans. Il existe par ailleurs des échecs conjugaux que la justice et la charité imposent de reconnaître. La situation a pu s'avérer particulièrement

---

44. M.-Ceslas Forest, *Le divorce au Canada*, p. 17. De son côté, Henri Bourassa s'attaquait au féminisme, à ses yeux responsable de la montée du divorce. Voir Louis Lalande, *Au service de la famille*, p. 192-199. Le grand patron du *Devoir* réclamait l'abolition des cours canadiennes de divorce. Voir Andrée Lévesque, *La norme et les déviantes*, p. 45.

45. Cyrille Labrecque, *Consultations théologiques*, p. 576.

46. *Ibid.*, p. 569.

47. Louis-C. de Léry, « Québec et les tribunaux de divorce », *Relations*, juin 1946, p. 166.

odieuse pour un conjoint resté fidèle à l'idéal chrétien du mariage. Cette évolution rendit vulnérables, exposa aux pires injustices des personnes qui, contrairement à leur partenaire, se sentaient liées pour la vie.

Le Christ lui-même n'a jamais déclaré que le remariage devrait être réservé aux veufs et aux veuves. Au début du christianisme, une mesure d'exception appelée par la tradition « privilège paulin ou paulinien[48] » permettait à une personne de rompre son mariage, lorsque, liée à l'infidèle non converti, elle subissait des entraves au respect de ses engagements religieux. Dès lors, « le néophyte pouvait contracter un nouveau mariage[49] » reconnu par les élites religieuses. Dans un sermon du Carême en 1936, l'archevêque de Québec, dénonçant le divorce avec vigueur, affirmait que le privilège s'appliquait seulement aux « pays de mission[50] » ; la plupart des ci-devant populations catholiques de l'Occident ne sont-elles pas, aujourd'hui, territoires missionnaires ? Les théologiens de Rome devraient réfléchir à ce précédent qui leur permettrait de libérer des consciences emprisonnées dans la culpabilité. Des partenaires conjugaux ont subi un divorce même s'ils préféraient la réconciliation. Plutôt que de multiplier les annulations, comme la mode en est récemment venue, ne devrait-on pas aussi reconnaître le divorce ? Pourquoi des personnes divorcées ne pourraient-elles pas obtenir, si tel est leur désir profond ainsi que celui de leur nouveau partenaire, un remariage devant le prêtre catholique ? S'appuyant sur la même Bible que les catholiques, les théologiens protestants en sont venus à la conclusion que le mariage transformé en esclavage doit être rompu, sans entraîner de rupture avec Dieu.

À la fin des années 1980, la presse annonce que l'Assemblée des évêques du Québec a reconnu la responsabilité indirecte

---

48. J.-Lucien BEAUDOIN, *op. cit.*, chap. V.
49. Jean GAUDEMET, *Le mariage en Occident*, p. 311.
50. Jean-Marie-Rodrigue VILLENEUVE, *Le mariage*, p. 50-51. La réfutation du divorce occupe 25 pages sur 111.

de l'Église « dans la violence conjugale ». L'épiscopat s'engage à la combattre au nom de la charité chrétienne[51]. C'était peut-être admettre enfin que des femmes ont vécu dans le mépris, asservies à une religion qui opprime, se considérant comme immolées au nom d'une vieille théologie de la souffrance que, heureusement, on commence à répudier :

> L'idée traîne encore en beaucoup de consciences, écrit le jésuite Gustave Martelet, que « Dieu » aurait besoin de sang pour « s'apaiser », du moins que la souffrance nous serait par « lui » imposée en vertu d'une loi injustifiable et pourtant absolue [...]. Le christianisme sera le dépassement *justifié* de toute image vindicative de Dieu ou il devra céder le pas à une forme d'athéisme où l'homme aura au moins le mérite d'être meilleur que cet être sans cœur qu'on oserait encore appeler « Dieu »[52].

Cette représentation d'une divinité sadique n'est pas une fabrication exclusivement élitaire. Elle surgit dans la conscience religieuse chaque fois qu'un malheur frappe. D'où cette survivance tenace d'un Dieu pervers, le Dieu du *Dies iræ*, l'Être courroucé du *Minuit chrétiens*, étranger aux Évangiles, auquel tant de nostalgiques demeurent attachés. La souffrance propre à la condition humaine est un mystère. Il faut dénoncer cette idée masochiste d'une souffrance réputée salvatrice quand elle est le produit de la haine[53].

L'extinction massive de la foi chrétienne et l'érosion du sens du péché sont apparues d'abord chez les hommes appartenant au petit monde des élites laïques du savoir et du pouvoir. Papineau trouvait la religion aussi utile que Napoléon. Outre qu'elle cautionnait les injustices sociales, elle était la panacée garantissant

---

51. Voir : Jean-Pierre PROULX, « L'Église reconnaît sa responsabilité dans la violence conjugale », *Le Devoir*, 22 nov. 1989, p. 3 ; ANONYME, « Les évêques du Québec recommandent aux prêtres de combattre la violence conjugale », *La Presse*, 23 janv. 1990, p. B7.

52. Gustave MARTELET, *Libre réponse à un scandale*, p. 160, note 8.

53. Sur la distinction entre la souffrance propre à la condition humaine et la souffrance produite par la haine, voir Serge GAGNON, *Mourir hier et aujourd'hui*, chap. 4.

la paix des ménages. Elle consolait Julie de l'épreuve tout en servant à justifier l'autorité du mari. Que Julie assistât aux cérémonies religieuses ne heurtait pas Louis-Joseph. Il était seulement agacé qu'elle fréquentât le confessionnal[54]. La conduite de cet homme des Lumières était assez répandue dans sa classe sociale. On y combattait, de concert avec les élites protestantes, l'existence du sacrement de pénitence[55].

Le déclin de la pratique de la confession[56] chez les femmes des milieux catholiques remonte à la révolution sexuelle. Il a précédé l'avènement de la guerre des sexes. Réputés innocents, les hommes ont été soudainement chargés de tous les péchés du monde par les leaders féministes assurées de leur propre innocence. Dans la conscience moderne, plus de pécheurs, plus de pécheresses.

Le mariage a-t-il fait son temps ? La monogamie sérielle ou successive est-elle une forme de vie de couple destinée à se généraliser ? Bien malin qui pourrait prédire l'avenir. Mais on ne saurait nier que le nombre élevé d'échecs, la montée de l'accou-

---

54. Fernand OUELLET, « Le destin de Julie Bruneau-Papineau (1796-1862) », *Bulletin des recherches historiques*, avril-mai-juin 1958, p. 46.

55. Serge GAGNON, *Plaisir d'amour et crainte de Dieu*, p. 23-39.

56. Selon plusieurs indices, après les hommes des classes dominantes, imités plus tardivement par leurs épouses, les hommes des milieux populaires, ruraux comme urbains, se seraient à leur tour affranchis du sacrement des aveux, suivis de leurs femmes à compter du milieu du siècle. Vers 1900, un prédicateur de retraite dénonce « tant de jeunes gens, et même de pères de famille » qui ne se confessent plus depuis des années, tout en passant pour « des hommes respectables ». Voir Charles GUAY, *Conférences familières*, p. 233-235. « Venez vous confesser ! Il est des hommes qui refusent d'aller se confesser », proclament, en 1921, les oblats chargés de la paroisse montréalaise de Saint-Pierre-Apôtre. Au milieu du XIXᵉ siècle, moment de la formation de la paroisse, alors composée d'immigrants ou de migrants venus de la campagne québécoise, les pères oblats notèrent que « peu d'hommes se confessaient ». Voir Lucia FERRETTI, *Entre voisins*, p. 65 et p. 239, note 6.

plement à durée limitée mettent en péril le sens de la filiation[57], celui de la famille, peut-être même la survie des sociétés et des cultures. L'érosion de la mémoire vivante des générations prépare l'amnésie du sens historique, l'éclipse du souci de pérennité. La survie de la civilisation, comme l'a si bien proclamé Sigmund Freud, ce célèbre athée du XXe siècle, exige des sacrifices, des renoncements, un souci du dépassement que nous ne paraissons plus disposés à consentir[58]. On ne désire pas s'engager à reprogrammer la vie – et par là transmettre la culture – quand on sait que la charge familiale risque à tout moment d'être perturbée par une rupture d'union.

Les choix individuels ne sont pas seuls responsables de la fragilisation des unions. Le refus de pérenniser la vie s'explique aussi par le chômage, la précarité de l'emploi ainsi que d'autres facteurs sociopolitiques. Comme le proclamaient les défenseurs de l'indissolubilité, le mariage intéresse « au plus haut point la prospérité de la nation [...]. Le divorce disloque la famille, le plus ferme appui de l'État[59]. »

Quand on sait que les Québécois de la fin des années 1980 divorçaient plus que les Allemands, les Français, les Britanniques, les Italiens et tant d'autres nations européennes, il faut s'interroger sur leurs capacités de perpétuer la culture française en Amérique. Par rapport à une vingtaine de pays d'Europe, seul le Danemark paraît dépasser la divortialité québécoise. Entre 1985 et 1988, les ruptures légales ont régressé en Suède alors qu'elles augmentaient au Québec. Il est vrai que le taux de 45 divorces pour 100 mariages atteint au Québec en 1987 dépassait à peine

---

57. Entre 1950 et 1985, le taux de naissances hors mariage est passé au Québec de 5 % à 25 %. Sa progression depuis lors est le corollaire de la chute de la nuptialité. Voir Renée B.-DANDURAND, *Le mariage en question*, p. 158. C'est une tendance occidentale dont nous représentons peut-être le niveau extrême. Au milieu des années 1980, le taux était de 21 % en Grande-Bretagne. Voir Lawrence STONE, *op. cit.*, p. 445.

58. Voir à ce sujet la conclusion de Serge GAGNON, *Plaisir d'amour et crainte de Dieu*.

59. Louis-C. DE LÉRY, « Québec et les tribunaux de divorce », *art. cit.*, p. 169.

la moyenne canadienne[60], qu'il était légèrement inférieur à la divortialité américaine, mais on conviendra que l'Amérique anglophone peut assimiler les immigrants plus facilement que six millions de Franco-Québécois. Si le Québec français veut survivre, il doit pouvoir compter sur une natalité plus élevée que le reste du continent. Or, plus les unions sont fragiles, moins elles sont fécondes.

La chute de la nuptialité appartient à la même famille de phénomènes que la montée du divorce. Les échecs conjugaux des uns détournent les autres d'un engagement à long terme. La multiplication des accouplements à durée limitée entraîne à son tour le refus de l'enfant. Le nombre élevé de mères de familles monoparentales et leur situation misérable incitent les femmes à refuser la vie par souci de protection et par peur de l'abandon. Livrées au règne de l'éphémère, les sociétés, les cultures, les nations se donnent la mort. Les nostalgiques font leur *mea culpa*. Les indifférents et les cyniques entonnent le *requiem* pour les peuples condamnés à disparaître.

---

60. Les statistiques sur lesquelles s'appuie la comparaison proviennent de Alain MONNIER et Catherine GUIBERT-LANTOINE, « La conjoncture démographique : l'Europe et les pays développés d'outre-mer », *Population*, juill.-août 1991, p. 941-964. Les chiffres québécois sont reproduits dans Simon LANGLOIS (dir.), *La société québécoise en tendances, 1960-1990*, p. 141.

BIBLIOGRAPHIE

La documentation exploitée est essentiellement manuscrite. Les Archives de l'archevêché de Québec (AAQ) ont fourni la part du lion : outre les Registres des lettres des évêques, principale série documentaire, la correspondance des vicaires généraux a fait l'objet d'un dépouillement systématique, de même que les Cahiers des dispenses parfois appelés « Cahiers des componendes ». Les Registres des insinuations ecclésiastiques ont été consultés de façon ponctuelle.

Les Archives de la chancellerie de l'archevêché de Montréal (ACAM) sont le deuxième dépôt le plus souvent mis à contribution. Outre le Registre des lettres Lartigue, quelques dossiers ont été utiles.

Les lettres reçues par les évêques de Québec et de Montréal, conservées dans les dépôts d'archives diocésaines de Rimouski, Sainte-Anne-de-la-Pocatière, Trois-Rivières, Nicolet, Saint-Hyacinthe, Joliette, Saint-Jérôme, Saint-Jean de Québec et Valleyfield, ont été dépouillées de façon systématique. Les lettres reçues des curés de paroisses appartenant aujourd'hui aux diocèses de Québec et de Montréal ont été consultées aux archives épiscopales des deux diocèses en question.

Nous avons consulté certaines pièces conservées aux Archives des collèges-séminaires de Québec, de Saint-Hyacinthe et de Sainte-Anne-de-la-Pocatière.

Trois livres de raison déposés aux Archives nationales du Canada (ANC) ont été mis à contribution ; ce sont ceux des notaires François-Hyacinthe Séguin et Nicolas-Gaspard Boisseau, et celui de l'instituteur Louis Labadie.

ALLAIRE, J.-B.-A., *Dictionnaire biographique du clergé canadien-français. Les anciens*, Montréal, Imprimerie de l'École catholique des sourds-muets, 1910.

ANDRÉ, Michel, *Cours alphabétique et méthodique de droit canon*, Paris, L'auteur, 1853, 5 vol.

—————, *Cours alphabétique et méthodique de droit canon dans ses rapports avec le droit civil ecclésiastique concernant tout ce qui regarde les concordats* [...], 3ᵉ édition, Paris, F. Boulotte, 1860.

Annuaire statistique du Québec, 1914.

ANONYME, *De la juridiction de l'Église sur le contrat de mariage considéré comme matière du sacrement par un ancien vicaire général*, 2ᵉ édition, Lyon et Paris, Librairie catholique de Périsse Frères, 1837.

—————, « Les évêques du Québec recommandent aux prêtres de combattre la violence conjugale », *La Presse*, 23 janv. 1990, p. B7.

—————, « Explication des cas réservés dans le diocèse de Québec », manuscrit, Archives du Séminaire de Nicolet, entre 1810 et 1830.

—————, « Les Québécois se marient de moins en moins », *La Presse*, 9 juin 1991, p. A4.

ARBOUR, Guy, *Le droit canonique particulier au Canada*, Ottawa, Éditions de l'Université d'Ottawa, 1957.

AUBIN, Florian, *La paroisse de Saint-Cuthbert, 1765-1980*, t. 1, Saint-Cuthbert, Comité du livre de Saint-Cuthbert, 1981.

AURELL, Martin, « Le triomphe du mariage chrétien », *L'Histoire*, mai 1991, p. 18-23.

BAILLARGEON, Jean-Paul, « Les mariages religieux, 1976-1985 », *Recherches sociographiques*, nᵒˢ 2-3, 1987, p. 341-348.

BARNARD, Julienne, *Mémoires Chapais*, Montréal, Fides, 1961, 2 vol.

B.-DANDURAND, Renée, « Les dissolutions matrimoniales : un phénomène latent dans le Québec des années 1960 », *Anthropologie et sociétés*, nᵒ 3, 1985, p. 87-114.

—————, *Le mariage en question. Essai sociohistorique*, Québec, Institut québécois de recherche sur la culture, 1988.

BEAUDOIN, J.-Lucien, *La dissolution du lien matrimonial en droit canonique et en droit civil canadien*, Ottawa, Université d'Ottawa, 1949.

BELLAH, Robert N. (dir.), *Habits of the Heart. Individualism and Commitment in American Life*, Berkeley, University of California Press, 1985.

BELLEAU, Eusèbe, *Des empêchements dirimants de mariage*, Lévis, Mercier et Cie, 1889.

BELLEFEUILLE, E. Lef. DE, *Thèse sur les mariages clandestins, soutenue le 28 nov. 1859, dans les salles de l'école de droit du Collège Ste-Marie*, Montréal, Des Presses de l'Ordre, 1860.

—————, « Une autre question de mariage. De la célébration du mariage des catholiques devant un ministre protestant », *Revue canadienne*, 5, 1868, p. 240-264.

BENOÎT, Monique, « Le Canada de la fin du 19ᵉ siècle dans les Archives de la Propagande », *Bulletin de l'Institut canadien de la Méditerranée*, vol. 7, nº 3, juill. 1987, p. 3.

BERGIER, abbé, *Dictionnaire de théologie*, Toulouse, Chez Jean-Matthieu Douladoure, 1819.

BERNOS, Marcel, et collab., *Le fruit défendu. Les chrétiens et la sexualité de l'Antiquité à nos jours*, Paris, Le Centurion, 1986. (Coll. « Chrétiens dans l'histoire ».)

BERVIN, George, *Québec au XIXᵉ siècle. L'activité économique des grands marchands*, Sillery, Septentrion, 1991.

BERVIN, George, et France GALARNEAU, « La coutume de la dot au Québec », *Justice*, déc. 1985, p. 4.

BONVILLE, Jean DE, *Jean-Baptiste Gagnepetit. Les travailleurs montréalais à la fin du XIXᵉ siècle*, Montréal, L'Aurore, 1975.

BOUCHARD, Gérard, et Marc DE BRAEKELEER (dir.), *Histoire d'un génôme. Population et génétique dans l'est du Québec*, Sillery, Les Presses de l'Université du Québec, 1991.

BOULLE, Pierre-H., et Richard-A. LEBRUN (dir.), *Le Canada et la Révolution française*, Montréal, Centre interuniversitaire d'études européennes, 1989.

BOYER, Raymond, *Les crimes et les châtiments au Canada français du XVIIᵉ au XXᵉ siècle*, Montréal, Cercle du livre de France, 1966.

BRAUN, Antoine, s.j., *Instructions dogmatiques sur le mariage chrétien*, Montréal, s.éd., 1873.

BRUNET, Louis-Alexandre, *La famille et ses traditions*, Montréal, Sénécal, 1881.

BURGUIÈRE, André, et collab. (dir.), *Histoire de la famille*, Paris, Armand Colin, 1986, 2 vol.

CARLIER, Auguste, *Le mariage aux États-Unis*, Paris, Librairie de L. Hachette et Cie, 1860.

CARON, Arthur, « Législation matrimoniale et canonique au Canada », *Revue de l'Université d'Ottawa*, section spéciale, 1933, p. 24-40 et 241-257.

CASTONGUAY, Jacques, *Philippe Aubert de Gaspé, seigneur et homme de lettres*, Sillery, Septentrion, 1991.

Catalogue général des livres imprimés de la Bibliothèque nationale, Paris, Paul Catin, 1929.

CENTRE DE RECHERCHE D'HISTOIRE QUANTITATIVE, Université de Caen, *Rapport d'activité 1981*, *Rapport d'activité 1984*.

CHARBONNEAU, Hubert, *Vie et mort de nos ancêtres. Étude démographique*, Montréal, Les Presses de l'Université de Montréal, 1975.

CHAUSSÉ, Gilles, *Jean-Jacques Lartigue, premier évêque de Montréal*, Montréal, Fides, 1980.

CLAVERIE, Élisabeth, et Pierre LAMAISON, *L'impossible mariage. Violence et parenté en Gévaudan, 17e, 18e et 19e siècles*, Paris, Hachette, 1982.

CODIGNOLA, Luca, « Conflict or Consensus ? Catholics in Canada and in the United States, 1780-1820 », dans SOCIÉTÉ CANADIENNE D'HISTOIRE DE L'ÉGLISE CATHOLIQUE, *Sessions d'étude 1988*, p. 43-59.

_____, « Roman Sources of Canadian Religious History », dans SOCIÉTÉ CANADIENNE D'HISTOIRE DE L'ÉGLISE CATHOLIQUE, *Sessions d'étude 1983*, p. 73-87.

COURVILLE, Serge, *Entre ville et campagne. L'essor du village dans les seigneuries du Bas-Canada*, Québec, Les Presses de l'Université Laval, 1990.

CREIGHTON, Donald, *John A. Macdonald, the Old Chieftain*, Toronto, The Macmillan Company of Canada Limited, 1966.

CRÉMAZIE, Jacques, *Manuel des notions utiles sur les droits politiques, le droit civil, la loi criminelle, et municipale, les lois rurales, etc.*, Québec, Chez J. et O. Crémazie, libraires-éditeurs, 1852.

CRUBELLIER, Maurice, *L'enfance et la jeunesse dans la société française, 1800-1950*, Paris, Armand Colin, 1979.

DARMON, Pierre, *Le tribunal de l'impuissance. Virilité et défaillances conjugales dans l'ancienne France*, Paris, Le Seuil, 1979.

DEBAY, Auguste, *L'hygiène et la physiologie du mariage*, [éditions multiples].

DELUMEAU, Jean, *Le péché et la peur. La culpabilisation en Occident (XIIIe-XVIIIe siècles)*, Paris, Fayard, 1983.

_____ (dir.), *Histoire vécue du peuple chrétien*, Toulouse, Privat, 1979, 2 vol.

DESPLAND, Michel, *Christianisme, dossier corps*, Paris, Éditions du Cerf, 1987.

DES RIVIÈRES BEAUBIEN, Henry, *Traité sur les lois civiles du Bas-Canada*, Montréal, Duvernay, 1832-1833, 3 vol.

DES RUISSEAUX, Pierre, *Le livre des proverbes québécois*, Montréal, Hurtubise HMH, 1978.

Dictionnaire biographique du Canada, Québec, Les Presses de l'Université Laval, 1966-1990, 12 vol. parus.

Dictionnaire des philosophes, Paris, Éditions Seghers, 1962.

Dictionnaire de théologie catholique, Paris, Letouzey et Ané, 1923-1950, 30 vol.

Dictionnaire encyclopédique de la théologie catholique, Paris, Ancienne maison Gaume, 1900.

DIOCÈSE DE MONTRÉAL, *Mandements, lettres pastorales, circulaires et autres documents* [...] *publiés dans le diocèse de Montréal*, t. 6, Montréal, Imprimés par J.-A. Plinguet, 1887 ; t. 12, Montréal, Arbour et Dupont, 1907.

—————, *Questions sur le mariage. Résumé des Conférences ecclésiastiques du diocèse de Montréal dans les années 1857 et 1858*, Montréal, Presses de Plinguet et Laplante, [1859].

DIOCÈSE DE QUÉBEC, *Extrait du rituel de Québec* [...], Québec, T. Cary et Cie, 1836.

—————, *Formule des annonces des fêtes et solennités qui doivent être lues au prône, dans les églises du diocèse de Québec* [...], Québec, Fréchette et Frère, 1849.

—————, *Recueil d'ordonnances synodales et épiscopales du diocèse de Québec*, publié par monseigneur l'administrateur du diocèse, Québec, Atelier typographique J.-T. Brousseau, 1859.

DUCHENY, Louis-André, *Décision verbale ecclésiastique donnée par monseigneur l'évêque de Québec* [...], Québec, s.éd., 1827.

DUCHESNE, Louis, « Vingt ans de divorces au Québec : 580,000 promesses rompues », manuscrit.

DURKHEIM, Émile, « La prohibition de l'inceste », *L'Année sociologique*, 1896-1897, p. 2-70.

DUVIC, Jean, o.m.i., *Les fiançailles et le mariage. Leur célébration canonique*, 2ᵉ édition, Ottawa, Scholasticat St-Joseph, Imprimerie Le Droit, 1918.

ÉCOLE FRANÇAISE DE ROME, *Le modèle familial européen. Normes, déviance, contrôle du pouvoir*, Rome, Palais Farnèse, 1986.

FERRETTI, Lucia, *Entre voisins. La société paroissiale de Saint-Pierre-Apôtre de Montréal, 1848-1930*, Montréal, Boréal, 1992.

FLANDRIN, Jean-Louis, *Les amours paysannes. Amour et sexualité dans les campagnes de l'ancienne France (XVIᵉ-XIXᵉ siècles)*, Paris, Gallimard-Julliard, 1975.

—————, *Familles, parenté, maison, sexualité dans l'ancienne société*, Paris, Hachette, 1976.

—————, *Le sexe et l'Occident*, Paris, Le Seuil, 1981.

FOREST, M.-Ceslas, *Le divorce au Canada*, Montréal, Imprimerie Adj. Ménard, 1929.

FORTIN, Pierre (dir.), *L'éthique à venir: une question de sagesse? une question d'expertise?*, actes du colloque tenu les 29, 30 et 31 octobre 1986 à l'Université du Québec à Rimouski, 1987, p. 437-446.

FRÉMONT, Joseph, *Le divorce et la séparation de corps*, Québec, Imprimerie générale A. Côté et Cie, 1886.

FREUD, Sigmund, *Totem et tabou. Interprétation par la psychanalyse de la vie sociale des peuples primitifs*, Paris, Payot, 1989. [D'abord paru sous forme d'articles de revue en 1912-1913.]

FROMM, Erich, *L'art d'aimer*, Paris, Éditions de l'Épi, 1968.

GADOURY, Lorraine, *La noblesse de Nouvelle-France. Familles et alliances*, Montréal, Hurtubise HMH, 1991.

GAGNON, Serge, *Mourir hier et aujourd'hui*, Québec, Les Presses de l'Université Laval, 1987.

—————, *Plaisir d'amour et crainte de Dieu. Sexualité et confession au Bas-Canada*, Sainte-Foy, Les Presses de l'Université Laval, 1990.

—————, *Quebec and Its Historians. The Twentieth Century*, Montréal, Harvest House, 1985.

—————, *Le Québec et ses historiens de 1840 à 1920*, Québec, Les Presses de l'Université Laval, 1978.

GAGNON, Serge, et René HARDY (dir.), *L'Église et le village au Québec, 1850-1930*, Montréal, Leméac, 1979.

GATIEN, F.-X., *Histoire de la paroisse de Cap-Santé*, Québec, Brousseau, 1884.

GAUDEMET, Jean, *Le mariage en Occident. Les mœurs et le droit*, Paris, Éditions du Cerf, 1987.

GAUVREAU, Danielle, « Jusqu'à ce que la mort nous sépare : le destin des femmes et des hommes mariés au Saguenay avant 1930 », *Canadian Historical Review*, vol. LXXI, n° 4, 1990, p. 441-461.

——————, *Québec. Une ville et sa population au temps de la Nouvelle-France*, Sillery, Les Presses de l'Université du Québec, 1991.

GÉLIS, Jacques, *L'arbre et le fruit. La naissance dans l'Occident moderne (XVIᵉ-XIXᵉ siècle)*, Paris, Fayard, 1984.

——————, *La sage-femme ou le médecin. Une nouvelle conception de la vie*, Paris, Fayard, 1988.

GIROUARD, Désiré, *Considérations sur les lois civiles du mariage*, Montréal, Typographie du Nouveau Monde, 1868.

——————, *La loi du mariage*, Montréal, s.éd., 1874.

GIROUX, Paul-Émile, *L'enquête prénuptiale*, Montréal, Fides, 1953.

GOODY, Jack, *L'évolution de la famille et du mariage en Europe*, Paris, Armand Colin, 1985.

GOUESSE, Jean-Marie, « Démographie et couples à l'époque moderne », *Rapport d'activité du Centre de recherche d'histoire quantitative de l'Université de Caen*, 1981.

GOY, Joseph, et Jean-Pierre WALLOT (dir.), *Évolution et éclatement du monde rural [...]*, Paris, Éditions de l'École des hautes études en sciences sociales, et Montréal, Les Presses de l'Université de Montréal, 1986.

GREER, Allan, *Peasant, Lord and Merchant : Rural Society in Three Quebec Parishes, 1740-1840*, Toronto, University of Toronto Press, 1985.

GRISÉ, Jacques, *Les conciles provinciaux de Québec et l'Église canadienne (1851-1886)*, Montréal, Fides, 1979.

GUAY, Charles, *Conférences familières*, s.éd., 1907.

HAMELIN, H., *Le mariage ou la grande question. Instructions pratiques, claires et simples*, 2ᵉ édition revue et corrigée, Montréal, Arbour et Dupont, 1915.

HAMELIN, Jean, *Histoire du catholicisme québécois. Le XXᵉ siècle*, t. 2 : *De 1940 à nos jours*, Montréal, Boréal Express, 1984.

HAMELIN, Jean, et Nicole GAGNON, *Histoire du catholicisme québécois. Le XXᵉ siècle*, t. 1 : *1898-1940*, Montréal, Boréal Express, 1984.

HUDON, Paul-Henri, *Rivière-Ouelle de la Bouteillerie, 1672-1972*, Rivière-Ouelle, Comité du tricentenaire, 1972.

JEAN-PAUL II, *Réconciliation et pénitence*, Sherbrooke, Éditions Paulines, 1985.

_____, *Résurrection, mariage et célibat. L'évangile de la rédemption du corps*, Paris, Éditions du Cerf, 1985.

JETTÉ, Irénée, *Mariages de St-Bruno (1843-1967), St-Basile (1870-1967), comté de Chambly. Ste-Julie (1852-1967), St-Amable (1913-1967), Ste-Théodosie (1880-1968), comté de Verchères*, Québec, B. Pontbriand, 1969.

LABERGE, Claude, « La consanguinité des Canadiens français », *Population*, sept.-oct. 1967, p. 861-896.

LABRECQUE, Cyrille, *Consultations théologiques*, Québec, s.éd., 1945.

LA CROIX DE CHEVRIÈRES DE SAINT-VALLIER, Jean-Baptiste DE, *Rituel du diocèse de Québec*, 2ᵉ édition, Paris, s.éd., 1703.

LAFLÈCHE, Louis-François, *Quelques considérations sur les rapports de la société civile avec la religion et la famille*, Montréal, Sénécal, 1866.

LAFORCE, Hélène, *Histoire de la sage-femme dans la région de Québec*, Québec, Institut québécois de recherche sur la culture, 1985.

LAGRÉE, Michel, *Mentalités, religion et histoire en Haute-Bretagne au XIXᵉ siècle. Le diocèse de Rennes, 1815-1848*, Paris, Klincksieck, 1977.

LALANDE, Louis, s.j., *Au service de la famille*, Montréal, Imprimerie du Messager du Sacré-Cœur, 1929.

LAMBERT, James H., « Monseigneur, the Catholic Bishop : Joseph-Octave Plessis. Church, State and Society in Lower Canada : Historiography and Analysis », thèse de Ph.D, Université Laval, 1981.

LANGELIER, François-Charles-Stanislas, *Cours de droit civil de la province de Québec*, Montréal, Wilson et Lafleur, 1905-1911, 6 vol.

LANGLOIS, Georges, *Histoire de la population canadienne-française*, Montréal, Éditions Albert Lévesque, 1934.

LANGLOIS, Simon (dir.), *La société québécoise en tendances, 1960-1990*, Québec, Institut québécois de recherche sur la culture, 1990.

LASCH, Christopher, *Le complexe de Narcisse. La nouvelle sensibilité américaine*, Paris, Laffont, 1981.

LATREILLE, André, *L'Église catholique et la Révolution française*, Paris, Hachette, 1946-1950, 2 vol.

LEBLOND, Sylvio, « Le drame de Kamouraska d'après les documents de l'époque », *Les Cahiers des Dix*, nᵒ 37, 1972, p. 239-273.

LEBRUN, François, *La vie conjugale sous l'Ancien Régime*, Paris, Armand Colin, 1975.

LECLERC, Paul-André, « Le mariage sous le Régime français », *Revue d'histoire de l'Amérique française*, sept. 1959, p. 230-246 ; déc. 1959, p. 374-401 ; mars 1960, p. 525-543 ; juin 1960, p. 34-60 ; sept. 1960, p. 226-245.

LEDUC, Auguste, « Les conséquences d'un jugement (Tremblay-Despatie) », *Revue dominicaine*, janv. 1922, p. 5-16.

LEFEBVRE, Jean-Jacques, « La vie sociale du grand Papineau », *Revue d'histoire de l'Amérique française*, mars 1958, p. 463-516.

LEMIEUX, Denise, *Les femmes au tournant du siècle, 1880-1940*, Québec, Institut québécois de recherche sur la culture, 1989.

LEMIEUX, F.-X., *Le mariage clandestin des catholiques devant la loi du pays. Dictum de M. le juge F.-X. Lemieux, suivi de quelques articles analytiques par M. l'abbé Élie-J. Auclair*, Montréal, Arbour et Laperle, 1901.

LEMIEUX, Lucien, *L'établissement de la première province ecclésiastique au Canada, 1783-1844*, Montréal, Fides, 1968.

——————, *Histoire du catholicisme québécois. Les XVIIIe et XIXe siècles*, t. 1 : *Les années difficiles (1760-1839)*, Montréal, Boréal, 1989.

LEMIRE, Maurice, et collab., *Dictionnaire des œuvres littéraires du Québec*, t. 1, Montréal, Fides, 1978.

LE MOINE, Roger, *Le catalogue de la bibliothèque de Louis-Joseph Papineau*, Ottawa, Centre de recherche en civilisation canadienne-française, 1982.

——————, *Napoléon Bourassa, l'homme et l'artiste*, Ottawa, Éditions de l'Université d'Ottawa, 1974.

LÉRY, Louis-C. DE, « Québec et les tribunaux de divorce », *Relations*, juin 1946, p. 166-169.

LEVASSEUR, Roger (dir.), *De la sociabilité. Spécificités et mutations*, Montréal, Boréal, 1990.

LÉVESQUE, Andrée, *La norme et les déviantes. Des femmes au Québec pendant l'entre-deux-guerres*, Montréal, Éditions du Remue-ménage, 1989.

LÉVI-STRAUSS, Claude, *Les structures élémentaires de la parenté*, Paris et La Haye, Mouton, 1968 (1re édition : 1947).

LITTRÉ, Émile, *Dictionnaire de médecine [...]*, 16e édition, Paris, Baillière et Fils, 1886.

LOTTIN, Alain, « Vie et mort du couple. Difficultés conjugales et divorces dans le nord de la France aux XVIIe et XVIIIe siècles », *XVIIe siècle*, n°s 102-103, 1974, p. 59-78.

_____ (dir.), *La désunion du couple sous l'Ancien Régime. L'exemple du Nord*, Lille, Éditions universitaires de l'Université de Lille III, 1975.

MAGUIRE, Thomas, *Recueil de notes diverses sur le gouvernement d'une paroisse* [...], *l'administration des sacrements, etc., adressées à un jeune curé de campagne, par un ancien curé du diocèse de Québec*, Paris, Imprimerie de Decourchant, 1830.

MAILLOUX, Alexis, *Manuel des parents chrétiens*, Québec, Augustin Côté et Cie, 1851.

MARION, Marcel, *Dictionnaire des institutions de la France aux XVIIe et XVIIIe siècles*, Paris, Éditions A. et J. Picard et Cie, 1968.

MARTELET, Gustave, *Libre réponse à un scandale. La faute originelle, la souffrance et la mort*, Paris, Éditions du Cerf, 1986.

MASSON, Henri, *Joseph Masson, dernier seigneur de Terrebonne, 1791-1847*, Montréal, L'auteur, 1972.

MATHIEU, Jacques, *La Nouvelle-France. Les Français en Amérique du Nord, XVIe-XVIIIe siècle*, Paris, Belin, et Québec, Les Presses de l'Université Laval, 1991.

MATHIEU, Jacques, et Jacques LACOURSIÈRE, *Les mémoires québécoises*, Sainte-Foy, Les Presses de l'Université Laval, 1991.

MATHIEU, M., *Rapports judiciaires revisés* [...] *de la province de Québec*, Montréal, Beauchemin, 1891-1905, 29 vol.

MAYEUR, Jean-Marie (dir.), *Crise de notre temps et réflexion chrétienne (de 1930 à 1975)*, Paris, Éditions Beauchesne, 1978.

McCARTHY, Justin, *Dictionnaire de l'ancien droit du Canada* [...], Québec, John Neilson, 1809.

McCULLOUGH, A.-B., *La monnaie et le change au Canada des premiers temps de la colonie jusqu'à 1900*, Ottawa, Parcs Canada, 1987.

MILOT, Maurice, « Drummondville au XIXe siècle », *Les Cahiers nicolétains*, déc. 1989, p. 109-179.

MONNIER, Alain, et Catherine GUIBERT-LANTOINE, « La conjoncture démographique : l'Europe et les pays développés d'outre-mer », *Population*, juill.-août 1991, p. 941-964.

MUCHEMBLED, Robert, *L'invention de l'homme moderne*, Paris, Fayard, 1988.

Naz, Raoul, et collab., *Dictionnaire de droit canonique*, Paris, Letouzey et Ané, 1935-1965, 7 vol.

Ngoc Vu, *Idéologie et religion d'après Karl Marx et F. Engels*, Paris, Aubier-Montaigne, 1975.

Ouellet, Fernand, *Le Bas-Canada, 1791-1840. Changements structuraux et crise*, Ottawa, Éditions de l'Université d'Ottawa, 1976.

―――――――, « Le destin de Julie Bruneau-Papineau (1796-1862) », *Bulletin des recherches historiques*, janv.-févr.-mars 1958, p. 7-31 ; avril-mai-juin 1958, p. 37-63.

―――――――, *Louis-Joseph Papineau, un être divisé*, Ottawa, Société historique du Canada, 1960.

―――――――, « Mgr Plessis et la naissance d'une bourgeoisie canadienne (1797-1810) », dans Société canadienne d'histoire de l'Église catholique, *Rapport 1955-56*, p. 83-99.

―――――――, *Papineau, textes choisis*, Québec, Les Presses de l'Université Laval, 1964.

Ouellet, Gérard, *Ma paroisse, Saint-Jean Port-Joly*, Québec, s. éd., 1946.

Paquet, Gilles, et Jean-Pierre Wallot, *Patronage et pouvoir dans le Bas-Canada (1794-1812)*, Sillery, Les Presses de l'Université du Québec, 1973.

―――――――, « Le système financier bas-canadien au tournant du xixe siècle », *L'Actualité économique*, sept. 1983, p. 456-513.

Paré, George, *The Catholic Church in Detroit, 1701-1888*, Detroit, réédition Waine State University Press, 1983.

Pascal, Mgr Albert, *La famille et le mariage chrétien*, Prince Albert, s. éd., 1916.

Perrault, Joseph-François, *Questions et réponses sur le droit civil du Bas-Canada dédiées aux étudiants en droit*, Québec, s. éd., 1810.

―――――――, *Questions et réponses sur le droit criminel du Bas-Canada dédiées aux étudiants en droit*, Québec, Imprimé par C. Le François, 1814.

Le petit catéchisme du diocèse de Québec, nouvelle édition approuvée et autorisée, Québec, De la Nouvelle Imprimerie, 1815.

Phillips, Roderick, *Putting Asunder. A History of Divorce in Western Society*, Cambridge, Cambridge University Press, 1988.

Pillorget, René, *La tige et le rameau. Familles anglaise et française, xvie-xviiie siècle*, Paris, Calmann-Lévy, 1979.

PLANTE, Clément, *Maskinongé, L'Ormière, Carufel, seigneurs et seigneuries*, Maskinongé, Société d'histoire de L'Ormière, 1981.

POTHIER, Robert-Joseph, *Œuvres de Pothier*, t. VI : *Traité du contrat de mariage*, Paris, Bugnet, 1861.

PROULX, Jean-Pierre, « L'Église reconnaît sa responsabilité dans la violence conjugale », *Le Devoir*, 22 nov. 1989, p. 3.

PROVENCHER, Jean, *C'était l'hiver. La vie rurale traditionnelle dans la vallée du Saint-Laurent*, Montréal, Boréal Express, 1986.

Rapport de l'archiviste de la province de Québec, 1932-1933, 1953-1955, 1955-1957, 1957-1959.

Rapport des Archives publiques du Canada, 1914-1915.

RICHARD, Michel, *Besoins et désir en société de consommation*, Lyon, Chronique sociale de France, 1980.

RONSIN, Francis, *Le contrat sentimental. Débats sur le mariage, l'amour, le divorce, de l'Ancien Régime à la Restauration*, Paris, Aubier, 1990.

—————, *Les divorciaires. Affrontements politiques et conceptions du mariage dans la France du XIXᵉ siècle*, Paris, Aubier, 1992.

ROUSSEL, Alice, *La belle histoire de Saint-Timothée, 1829-1979*, s.l., Comité de l'album-souvenir, 1979.

ROY, Jean-Louis, *Édouard-Raymond Fabre, libraire et patriote canadien (1799-1854)*, Montréal, Hurtubise HMH, 1974.

ROY, Joseph-Edmond, *Histoire de la seigneurie de Lauzon*, Lévis, Mercier et Cie, 1897-1904, 5 vol.

ROY, Laurent, « Le mariage civil au Québec : étude socio-démographique de ses principales caractéristiques », *Cahiers québécois de démographie*, août 1977, p. 3-24.

ROY, Pierre-Georges, *La famille Aubert de Gaspé*, Lévis, J.E. Mercier, 1907.

—————, *La famille Taché*, Québec, J.-A.-K. Laflamme, 1904.

SALES LATERRIÈRE, Pierre DE, *Mémoires de P. De Sales Laterrière et de ses traverses*, Montréal, Leméac, 1980.

SAVARD, Pierre, *Jules-Paul Tardivel, la France et les États-Unis (1851-1905)*, Québec, Les Presses de l'Université Laval, 1967.

SEGALEN, Martine, *Amours et mariages de l'ancienne France*, Paris, Bibliothèque Berger-Levrault, 1981.

—————, *Mari et femme dans la société paysanne*, Paris, Flammarion, 1980.

_____, *Sociologie de la famille*, Paris, Armand Colin, 1981.

SÉGUIN, Robert-Lionel, *La civilisation traditionnelle de l'« habitant » aux 17ᵉ et 18ᵉ siècles*, Montréal, Fides, 1967.

La Semaine religieuse de Montréal, 11 oct. 1923.

SHORTER, Edward, *Le corps des femmes*, Paris, Le Seuil, 1982.

_____, *Naissance de la famille moderne, XVIIIᵉ-XXᵉ siècles*, Paris, Le Seuil, 1977.

SHORTT, Adam, et Arthur G. DOUGHTY (éd.), *Documents relatifs à l'histoire constitutionnelle du Canada, 1759-1791*, 2ᵉ édition, première partie, Ottawa, Imprimeur du roi, 1921.

SNELL, James G., *In the Shadow of the Law : Divorce in Canada, 1900-1939*, Toronto, University of Toronto Press, 1991.

_____, « The White Life for Two : the Defence of Marriage and Sexual Morality in Canada, 1890-1914 », *Histoire sociale*, mai 1983, p. 111-128.

SOLÉ, Jacques, *L'amour en Occident à l'époque moderne*, Paris, Albin Michel, 1976.

STONE, Lawrence, *The Family, Sex and Marriage in England, 1500-1800*, New York, Harper and Row, 1979.

_____, *Road to Divorce. England, 1530-1987*, Oxford, Oxford University Press, 1990.

SYLVAIN, Philippe, et Nive VOISINE, *Histoire du catholicisme québécois. Les XVIIIᵉ et XIXᵉ siècles*, t. 2 : *Réveil et consolidation (1840-1898)*, Montréal, Boréal, 1991.

TÊTU, Henri, et Charles-Octave GAGNON (éd.), *Mandements, lettres pastorales et circulaires des évêques de Québec*, Québec, Imprimerie générale A. Côté et Cie, 1887-1888, 4 vol.

TREMPE, Jean-Pierre, *Lexique de la psychanalyse*, Sillery, Les Presses de l'Université du Québec, 1977.

TRUDEL, Marcel, *Initiation à la Nouvelle-France*, Montréal, Holt, Rinehart et Winston, 1968.

_____, « La servitude de l'Église catholique du Canada français sous le Régime anglais », dans SOCIÉTÉ CANADIENNE D'HISTOIRE DE L'ÉGLISE CATHOLIQUE, *Rapport 1963*, p. 11-33.

VILLENEUVE, Jean-Marie-Rodrigue, *Le mariage*, Québec, s.éd., 1936.

VOISINE, Nive (dir.), *Histoire du catholicisme québécois*, Montréal, Boréal, 1984-1993, 4 vol. parus.

WARD, Peter, *Courtship, Love and Marriage in Nineteenth-Century English Canada*, Montréal et Kingston, McGill-Queen's University Press, 1990.

WOODWARD, C. Vann, « L'interprétation du passé », *Dialogue*, n° 3, 1984, p. 49-52.

YOUNG, Brian, *George-Étienne Cartier, bourgeois montréalais*, Montréal, Boréal Express, 1982.

TABLE DES MATIÈRES

Cet ouvrage a été composé
en caractères Goudy par l'atelier
Caractéra production graphique inc.,
de Québec, en août 1993.